国家社会科学基金重大项目（项目编号：17ZDA329）
北京市社会科学基金项目（项目编号：17YTC036）

中国学校体育政策变迁研究

（1904—2014）

高晓峰　著

北京体育大学出版社

策划编辑： 李志诚
责任编辑： 李志诚　仝杨杨
责任校对： 韩培付
版式设计： 李沙沙

图书在版编目（CIP）数据

中国学校体育政策变迁研究：1904—2014/高晓峰著. --北京：北京体育大学出版社，2021.1
ISBN 978-7-5644-3093-1

Ⅰ.①中… Ⅱ.①高… Ⅲ.①学校体育-政策分析-中国-1904—2014 Ⅳ.①G807

中国版本图书馆 CIP 数据核字（2018）第 299066 号

中国学校体育政策变迁研究（1904—2014）
ZHONGGUO XUEXIAO TIYU ZHENGCE BIANQIAN YANJIU（1904—2014）　高晓峰　著

出版发行：北京体育大学出版社
地　　址：北京市海淀区农大南路 1 号院 2 号楼 4 层办公 B-421
邮　　编：100084
网　　址：http：//cbs. bsu. edu. cn
发 行 部：010-62989320
邮 购 部：北京体育大学出版社读者服务部 010-62989432
印　　刷：北京建宏印刷有限公司
开　　本：787mm×1092mm　1/16
成品尺寸：157mm×235mm
印　　张：17.5
字　　数：281 千字
版　　次：2021 年 1 月第 1 版
印　　次：2021 年 1 月第 1 次印刷
定　　价：118.00 元

自　序

清末民初至今，我国从封建君主专制向人民民主专政的社会主义国家转型。时代的巨大变革，使得中国这一时期各种政策法规不仅变动较大，且断层明显，这也直接影响了我国学校体育的发展方向及进程。但这一时期我国学校体育政策从无到有，在某些阶段还成为中国历史上体育教育发展最快的时期，一些学校体育政策至今仍对我国的体育教育产生着深刻的影响。

这些遗留下来的法规文件和组织管理机构情况，为人们呈现了不同时期官方对学校体育的认知和要求，也为我们深刻地认识今天学校体育的来龙去脉和经验教训等提供了宝贵的思考线索。

2012 年特殊的工作机遇，使笔者有幸一窥全国学校体育工作的开展。在工作中笔者发现，随着时间的流逝，越来越多的政策史料在历史长河的变革中消逝、被遗忘。作为一名学校体育领域的博士，笔者有必要更有义务对学校体育政策变迁史进行系统研究，从而避免我国学校体育政策百余年演变的历史缺失。

为了全面、系统、深入地对我国百余年学校体育政策变迁史进行研究，笔者查阅了教育部、国家体育总局档案馆的相关档案，查阅了国家图书馆、北京体育大学图书馆、首都体育学院图书馆、成都体育学院体育史研究所的珍藏典籍，最终呈现了不同历史条件下学校体育政策发展的历程和特征，并为当今政策发展提供启示。在书中按照清末、国民政府、中华人民共和国成立至今 3 个时间维度系统地收录了 1000 多条学校体育专门性或相关性政策名目。

这些研究成果具有一定的学术价值和现实意义，可以为学校体育研究者提供珍贵的政策资料和有益的参考，对广大学校体育工作者制定政策和开展工作也能发挥一定的科学咨询作用。但由于笔者水平有限，且学校体育涉及内容较多，书中难免有不妥甚至疏漏之处，恳请广大读者批评指正。

高晓峰

2020 年 12 月于京西永定河畔居所

目　录

第一章 概 述

第一节 研究缘起

中国学校体育在不同历史时期呈现出不同的发展特点，它们共同形成了今天中国学校体育的基础。历史遗留下来的法规文件和组织管理机构情况，为人们呈现了不同时期官方对学校体育的认知和要求，也为我们深刻地认识今天学校体育的来龙去脉和经验教训等提供了宝贵的思考线索。

清末民初至今，我国从封建君主专制向人民民主专政的社会主义国家转型。时代的巨大变革，使得中国这一时期各种政策、法规不仅变动较大，且断层明显，这也直接影响到我国学校体育的发展方向及进程。但这一时期我国学校体育政策从无到有，某些阶段还成为中国历史上体育教育发展最快的时期，一些学校体育政策至今仍对我国的体育教育产生着深刻的影响。

一、学校体育政策研究的史学缺失

我国学校体育政策，是在“西学东渐”和抵御外辱的过程中逐步建立和发展起来的。1904 年，清政府颁布《奏定学堂章程》，标志着学校体育政策初步建立，截至 2014 年已走过 110 年的历程。然而，在此期间鲜少有人对学校体育政策的研究进行完整的梳理和提炼。笔者作为体育人文社会学方面的博士，有必要以史实为根据，以1904年至2014年的学校体育政策变迁为研究对象，回顾与梳理变迁的主要内容、主要特征，解读变迁的动因，总结与反思取得的成绩和存在的问题，以丰富学校体育史学研究内容。

二、学校体育政策研究的重要性

学校体育工作需要依靠政策的引导与调控，同时学校体育的发展也需要政策的约束和规范。它们规定了学校体育的性质、任务、管理实施模式和运行机制，在很大程度上影响着体育在国民生活和教育中的地位与作用。这是因为学校体育政策具有导向功能、调控功能和分配功能，对学校体育的发展具有关键性作用。

发展与完善学校体育政策，不仅需要研究其政策发展的历史进程，还要深入研究其变迁历程。唯有此，对学校体育的政策供给才能更好地满足政策需求，更好地规范和指导未来学校体育的发展。尽管学界及社会绝大多数人认为学校体育政策化及政策研究至关重要，然而，教育政策本身还是一项发展不成熟的政策，学校体育政策研究更是一个新兴的领域，因此学校体育政策研究尚未受到重视，还处于研究的薄弱阶段。

只有将政策变迁纳入政策研究的视野，才能构建完整的政策知识和动态的政策变迁过程。从清末《钦定学堂章程》（“壬寅学制”）至今的100多年里，学校体育政策的变迁勾勒出了一幅学校体育发展的历史图画。对学校体育政策变迁的研究也正是以历史为切入点来对学校体育发展进行历史回顾、当下反思与未来预测。历史学家克罗齐说：“一切真历史都是当代史。”其意在说明任何对历史问题的把握都蕴含着一种现实关怀。因此，对学校体育政策变迁的研究既包含着对学校体育政策的现实关照，也包含着对未来学校体育政策的探索。

第二节 研究目的

研究政策变迁（“变了什么”）不是目的，学术研究不能止步于表层现象描述，而应探究事件、现象背后深层次的东西。换言之，政策变迁背后是规则调整，更是秩序演变。

本研究紧扣“学校体育政策变迁”这一核心议题，利用多源流理论，以学校体育政策在中国的变迁为研究对象，围绕着以下若干问题展开：(1) 在不同历史时期学校体育的政策环境如何（变迁的背景）？(2) 什么政策正在变迁（变迁的主题）？ (3) 变迁的模式形态如何（变迁的特征）？(4) 变迁的规律如何（变迁的动因）？试图理解学校体育政策的变迁，即什么正在变迁，在哪里变迁，为什么变迁，怎么样发生变迁，从而对长达 110 年的历史进行分阶段性的总结，并进行理论性的提炼，得出客观的判断与研究成果，从而得到学校体育政策变迁的启示。

第三节 研究意义

一、理论意义

本研究可以丰富我国学校体育政策研究的内容。学校体育缘起至 2014 年已有 110 年，其发展经历了跌宕起伏的变迁过程，实践总能为理论添上浓重的一笔，如何记录、阐释、总结这不平凡的历程，对每一个学者都十分重要。

本研究以 1904—2014 年的学校体育政策变迁为研究对象，回顾与梳理其变迁的主要内容、主要特征，审视其变迁的影响因素及作用，解读其变迁的动因，并总结与反思其取得的成绩和存在的问题，将在一定意义上丰富学校体育政策变迁研究的内容，并成为学术与社会互动的有力实践。

二、实践意义

（一）为学校体育变迁刻画轨迹

以史为鉴，可以知兴衰。学校体育政策不仅体现了学校体育百余年的沧桑与沉浮，也折射出中国社会的时代更迭和发展轨迹。梳理和把握我国学校体育政策变迁的基本脉络，可研究和揭示我国学校体育政策变迁过程中所积累的基本经验，进而刻画学校体育从创始至今的发展脉络。学校体育政策和组织管理机构是影响学校体育发展状况及其社会作用的决定性因素，它们规定了学校体育的性质、任务、管理实施模式和运行机制，在很大程度上影响着体育在国民生活和教育中的地位与作用。1904 年，颁布实施的《奏定学堂章程》标志着中国现代教育体制的开端和学校体育体系的建立。此后，学校体育随着社会和教育制度的变化而发生过多次大的变动。国民政府的建立、倡导科学与民主的新文化运动、中华人民共和国成立和改革开放这些重大事件，把学校体育的发展历程划分为 4 个大的时期，各个时期又呈现出若干不同的阶段性。不同时期和阶段学校体育的目标、任务和实现的途径由当时的法律、法规决定，根据相关法规组建的学校体育管理机构加以管理，并由相应的权威性社团和组织协助推动实施。中国学校体育在不同的历史时期和阶段呈现出不同的发展特点，并共同形成了今天中国学校体育的基础。由于历史渐渐远去，今天和以后的人们已经不可能再去亲身感受当时学校体育的状况，但历史遗留下来的法规文件和组织管理机构的情况，却为人们保留了不同时期官方对学校体育的认识和要求，这就为我们深刻地认识今天学校体育的来龙去脉和经验教训等提供了宝贵的思考素材。

（二）为学校体育管理总结经验

研究学校体育政策变迁，可揭示学校体育发展规律，总结学校体育经验教训，寻求其与我国当前学校体育尤其是学校体育政策的密切联系。首先是对前人努力和智慧的尊重与总结，我们站在前人的肩膀上，所以起点更高，看得更远；其次是为学校体育政策方面的完善与超越储存智慧、启迪思绪；最后是为当前学校体育实践提供宝贵的思想资源，使我国学校体育工作继往开来，为其谋求更好的发展。

正是基于这样的考虑，希望本书可以为学校体育工作者开展学术研究和体育实践提供借鉴性和引导性的帮助。

第四节 文献综述

当今大多数研究都是在前人研究的基础上开展的，本研究也不例外。而在这个资讯发达的时代，前人创造出了浩瀚如海的与本研究相关的文献资料，在这里不可能将所有的具体文献或学者一一列举，本研究会根据现实所需剔除一些重复性的研究，重点选择具有代表性的文献进行综述，旨在为学校体育政策变迁的研究提供借鉴和思路，为本研究的顺利展开夯实基础。

一、相关教育政策研究

学校体育属于教育的一种特殊形态，因此对学校体育政策变迁的研究，亦不能脱离其本源。

孙培青对中国教育史进行了近 30 年的研究，从原始时期的教育到中华人民共和国成立初期的教育，其中，维新运动到清末新政时期教育、民国时期教育、新文化时期教育、国民政府时期教育以及中国共产党领导下的革命根据地教育 5 个章节[1]为本研究提供了中国教育发展的重要背景。徐建平对教育政策与法规进行了研究，讲述了教育政策与法规的现状以及需要人们认识和了解的教育政策[2]。王伦信对清

〔1〕 孙培青．中国教育史［M］．上海：华东师范大学出版社，2009：5 -7.
〔2〕 徐建平．教育政策与法规［M］．重庆：重庆大学出版社，2013.

末国民政府时期中学教育制度的建立与演变进行了较为系统的论述，作为学校体育的制度主体，很有参照价值[1]。

李赐平对我国近现代教育立法的探索与实践进行立著，从考察清末教育立法开始，较为全面地认识国民政府教育立法的基本状况，比较深入地考察了中华人民共和国成立早期教育法规和教育政策之间的消长，辩证地审视了改革开放以来教育立法的辉煌成就与不足，在借鉴中外经验教训的基础上，提出了优化我国当前教育立法的策略，对推进我国教育立法状况、依法治教进程有所助益[2]。其研究对文献资料的掌握非常充足，其研究思路和构架为本研究提供了绝佳的范本，但其以教育为主线，体育教育政策涉及较少。

张翼用新制度经济学对我国改革开放后的教育制度变迁进行研究，考察了基础教育、高等教育、民办教育的不同政策选择所带来的不同结果。其以这些教育基本要素的构成来审视我国当前教育制度的发展以及创新，从而理解和解释我国教育制度的变迁轨迹[3]。

对教育政策和制度的研究很多，不同学者采用不同的理论或视角研究教育政策、制度背后的本质。它们为本学校体育政策研究提供了良好的思路与研究范式。因体育是教育的一种特殊形态，在教育学科中处于附属及弱势地位，而未能突出。在诸多教育研究成果中，不少学者在研究宏观性教育政策时较少涉及学校体育。但是各教育政策的研究为本学校体育政策研究提供了良好的切入视角。

二、相关体育政策研究

从严格意义上来讲，我国近现代体育是伴随着“西学东渐”这一

---

〔1〕 王伦信. 清末国民政府时期中学教育研究［M］. 上海：华东师范大学出版社，2002：224.

〔2〕 李赐平. 我国近现代教育立法的探索与实践［M］. 北京：中国社会科学出版社，2013.

〔3〕 张翼. 教育发展与制度选择：我国二十五年来教育制度变迁分析［M］. 广州：暨南大学出版社，2012.

过程而兴起的。目前学界普遍认为，体育是鸦片战争后由基督教青年会引入中国的，一经传播，便成了一种重要的文化活动，而体育政策也就孕育而出。

然而，不同历史阶段体育政策的侧重点并不相同，这可以以中华人民共和国的成立为分界点。1902 年，清朝大臣张百熙拟定《钦定学堂章程》，掀开了体育政策的篇章，此阶段政策主要倾向学校体育，即便国民政府初期的《推广体育计划案》中全篇都是浓浓的学校体育政策色彩。到 1932 年全国体育会议中通过《国民体育实施方案》，开始涉及群众体育，但是竞技体育依然比较薄弱[1]，直至中华人民共和国成立，竞技体育才开始繁荣。

而学者对体育政策变迁研究呈现了多元化的发展趋势。孙成林对晚清至国民政府体育设施政策进行探究，认为政策目标具有体育救国的价值理想，军事化色彩浓厚。政策执行体现了实施结果的局限性和目标的主观差异性的特点[2]。由于此阶段颁布的体育政策都以学校体育为主，因此研究主要还是对学校体育中的体育设施政策进行梳理。不过这是他研究的逻辑起点，随后他对我国体育设施政策演进脉络进行了梳理，推演了此方面政策演进，总结了不同历史时期的政策特点，并提出了优化建议[3]。刘斌等人将当下的《中华人民共和国体育法》与国民政府体育法规进行了比较与思考，以现实社会为起始点和落脚点，对现行《中华人民共和国体育法》与国民政府时期的《国民体育法》《国民体育实施方案》《修正国民体育法》在总则、大众体育、学校体育、竞技体育、体育社会团体、保障条件和法律责任等各方面进行了比较，分析了国民政府体育法规值得借鉴的地方[4]。

---

〔1〕 黄正岚．国民政府体育法规研究［D］．苏州：苏州大学，2010.

〔2〕 孙成林．晚清至国民政府体育设施政策研究［J］．体育文化导刊，2011（11）：127－130.

〔3〕 孙成林．我国体育设施政策演进及优化［D］．武汉：华中师范大学，2013.

〔4〕 刘斌，成双凤．现行《体育法》与国民政府体育法规的比较及思考［J］．武汉体育学院学报，2007（10）：10－13.

张庆文等人对当代中国体育政策的变迁进行研究，认为从中华人民共和国成立之初《全民健身方略》的提出，到《全民健身计划》与《奥运争光计划纲要》的制定，我国体育政策经历多次调整，论述了不同历史阶段的体育政策，概述了当代中国体育发展、变化的规律和自身特点〔1〕。但是，作者抓取的主要还是竞技体育、全民健身等体育政策，并未涉及学校体育政策。金世斌认为改革开放后体育政策经历竞技体育优先发展、深化体育改革、备战北京奥运会、和谐体育全面发展4个阶段。政策价值取向体现为：从政府独自办体育到与社会资本同办；从竞技体育优先发展向群众体育和竞技体育全面发展；从注重政治价值到注重经济、人文价值等〔2〕。但此研究忽视了学校体育政策的颁布，将其安插到群众体育政策中。肖谋文认为体育政策具有引领体育事业发展的作用，其变迁与体育功能演绎具有潜在联系。我国从改革开放以来，对体育功能的认识经历了从政治功能、经济功能再到人的发展功能的转变。与其互动的体育政策也随之从重点发展竞技体育到群众体育与竞技体育协调发展，再到和谐体育政策的变迁过程。此项研究通过对政策过程和政策效果的分析和评价，在一定程度上揭示了我国体育政策的演进和未来发展方向〔3〕。中华人民共和国成立后，体育政策的研究大多都沿着张庆文、金世斌、肖谋文几位学者的研究范式，对学校体育政策涉及很少，但是为宏观的体育政策发展路径提供了研究思路。

刘洪涛对我国体育科技政策变迁的历程、特征、动力机制进行研究，指出体育科技政策存在政策体系不健全、政策变迁的科学化和民主化程度不高、政策前瞻性不强等问题，政策受政治路线左右、均衡与非均衡性并存的变迁特征，影响变迁的主要有政策制度因素、外在

---

〔1〕 张庆文，杨刚，万莹莹．当代中国体育政策的变迁与思考［J］．上海体育学院学报，2013（6）：20－23.

〔2〕 金世斌．改革开放以来我国体育政策演进与价值嬗变［J］．体育与科学，2013（1）：36－41.

〔3〕 肖谋文．从功能演绎到制度变迁：改革开放后我国体育政策的演进［J］．北京体育大学学报，2012（2）：16－18，38.

环境因素、政策网络因素和政策属性因素，并提出了我国体育科技政策调整与完善的思路、原则和策略[1]。白旭盛梳理了我国反兴奋剂政策变迁的历程，归纳了变迁特点与动力机制，认为反兴奋剂政策具有弱波动性、事件导向性、外部驱动性显著等变迁特点；从自身国情出发，我国坚持反兴奋剂的原则不动摇，坚持提高反兴奋剂政策法制化水平，制定反兴奋剂政策规划；政策主体为政府，政策客体变迁主要是对反兴奋剂问题认识的不断加深；政策执行则是采用行政命令主导的自上而下、落实责任的模式；政策变迁是以触发机制为起点，由其动力机制发生作用的结果[2]。陈爱辉对我国体育产业政策变迁问题进行研究[3]。蔡治东等人对我国大众体育政策进行发展脉络梳理，划分了变迁时期，确定了变迁模式。这两项研究除去研究政策的对象不同外，其研究路径和上述几项研究基本相同[4]。

诸位学者对体育政策、体育设施政策、体育科技政策、反兴奋剂政策、体育产业政策、大众体育政策等方面的历史变迁都做了博士学位论文或者专题性质的研究，这些研究涵纳了竞技体育和社会体育中的各种政策变迁，但是，以学校体育政策变迁为主题的专题研究还没有出现。因此，对学校体育政策变迁的研究将会扩充体育政策变迁的领域，而以上各位学者对体育政策变迁的相关研究也会为本研究从研究方法、路径上提供借鉴思路。

三、国外对我国学校体育政策的研究

对国外的文献进行检索主要依靠“Web of Science”与“PubMed”这两个数据库，从检索整体情况来看，国外学者主要关注本国的学校体育政策演进、课程改革、体育教师等方面的问题，对我国学校体育

〔1〕 刘洪涛．我国体育科技政策历史变迁研究［D］．北京：北京体育大学，2011.
〔2〕 白旭盛．我国反兴奋剂政策变迁研究［D］．北京：北京体育大学，2014.
〔3〕 陈爱辉．我国体育产业政策变迁的研究［D］．北京：北京体育大学，2015.
〔4〕 蔡治东，汤际澜，虞荣娟．中国大众体育政策的历史变迁与特征［J］．体育学刊，2016（4）：35－39.

政策稍有涉及。这些关注我国学校体育政策的外籍学者，以韩国学者为主。

Shen L 等人对我国 1949—2010 年的学校体育政策史进行研究。他们指出中国体育政策的起源和连续性，以及国家政策塑造过程中政治和社会经济转型对中国体育教育的强烈影响。研究认为，中国学校体育政策的形成和发展一直受到政治、文化和意识形态的影响。从 20 世纪 50 年代到 70 年代，中国输入了苏联的体育教育技术和强调体质导向的体育技能学习，放弃了以培养学生个性为重点的美国体育概念。自从 20 世纪 70 年代末中国改革开放以来，中国的学校体育不仅脱离了军事化，而且从国家利益要求向服务多目标转变，是以学生为本[1]。但是，此研究只是指出了对中华人民共和国成立后长达 60 年的时间内苏、欧模式的转变，没有涉及更多重要的政策变化。Jin A J 从体育教师的角度出发运用扎根理论，研究了我国的学校体育课程改革，对 18 名中小学体育教师进行了访谈，认可了当下我国学校体育“健康第一”的指导思想，绝大多数教师赞同当今的课程改革方向[2]。Li Ming 等人对大陆某地区的青少年身体质量指数与学校环境因素的相关性进行了研究，指出体育课程和周边环境对研究对象影响较大，但是，政府缺乏环境干扰因素，建议同时改善学校课程以促进健康的行为政策指引[3]。

Wu R H 对我国大学高水平运动队政策进行探讨，认为此政策是特殊的教育过程，指具有一定运动特长的学生运动员被大学接受，并提供相关的教育，以提高他们的文化及运动水平，并为学校获得优秀的运动成绩。自 1986 年中国开展此政策之后成绩颇多，但也存在一些问题，如资金来源有限、学生招聘渠道狭窄、大学体育比赛体系滞后、

〔1〕 SHEN L, Fan H. Historical review of state policy for physical education in the People's Republic of China［J］. International Journal of the History of Sport, 2012, 29 (4): 583 – 600.

〔2〕 JIN A J. Physical education curriculum reform in China: a perspective from physical education teachers［J］. Physical Education & Sport Pedagogy, 2013, 18 (1): 1 – 13.

〔3〕 LI M, DIBLEY M J, YAN H. School environment factors were associated with BMI among adolescents in Xi'an City, China［J］. BMC Public Health, 2011, 11 (1): 1 – 6.

大学体育运动管理和组织效率低下等。研究提出了应该将社会化、市场化、法制化和先进的运动水平作为高水平运动队发展的基本目标。具体措施包括建立法律和政策制度、优化竞争机制和筹资制度、完善管理模式以及加强思想创新和保护学生运动员的合法权利[1]。他对我国学校体育的某项政策进行了全面的研究，但与21世纪我国学者的研究相重合，其研究深度还略显不足。

Sun C Z等人对毛泽东时期的体育政策进行了研究，认为毛泽东政府的体育政策是以苏联体育政策为基础，实施以集中化、计划经济等社会主义为特色的国家体育政策。其实施加强了学校体育教育，促进了精英体育和公共体育的发展。通过积极和有计划地传播政府主导的体育运动，为学校体育、竞技体育和社会体育的发展做出了贡献，并提高了民族声望和民众自豪感。但是，政府对体育的计划指导一定程度上阻碍了体育运动本身的发展[2]。Tan T C从社会学角度看待了中国体育政策，认为中国政府管理和实施体育运动政策符合国际运动趋势，是以国家意志为主要驱动，是民族主义和社会主义意识形态的结合[3]。Tan T C等人在全球化背景下审视了中国体育政策，提出了中国体育过度地步入文化同质化的道路[4]。

从国外学者的研究成果中，本研究收获了不同的研究视野，但由于不同文化差异和空间的隔阂，国外学者从研究内容上对学校体育政策的关注还是不足，在研究深度上对学校体育政策乃至体育政策的本质把握不够。

---

〔1〕 WU R H. The Status Quo of College – Sports in China and The Issues of Legal and Policy [J]. The Journal of Sports and Entertainment Law, 2014, 17 (2): 25 – 46.

〔2〕 SUN C Z, HWANG E R. A Study on Sports Policy before Reform and Opening – up Policy in China [J]. The Korean Society of Sports Science, 2011, 20 (1): 3 – 11.

〔3〕 TAN T C. Assessing the sociology of sport: on globalisation and sport policy [J]. International Review for the Sociology of Sport, 2015, 50 (4 – 5): 612 – 616.

〔4〕 TAN T C, BAIMER A. Globalization and Chinese Sport Policy: The Case of Elite Football in the People's Republic of China [J]. China Quarterly, 2010, 203 (9): 581 – 600.

四、对清末至国民政府时期的学校体育政策的相关研究

清末至国民政府这一历史时期，史料非常丰富，国家专门成立了中国第一历史档案馆和中国第二历史档案馆，分别以明清和国民政府各种史料构成这两个档案馆的主体。近年来，伴随着“国民热”的掀起，清末至国民政府期间的学校体育也常被提及，但对其研究是以碎片化的史学事件为主，体系化的研究虽有涉及但是数量较少。

（一）碎片化研究

自清末制度化的学校体育出现至今，体育理论工作者从未中断过对学校体育发展史的介绍和总结。另外，近几年由于“国民热”的兴起，国民政府时期的学校体育也常被作为连带或独立的研究主题，但多偏重学校体育思想和课程方面的研究。目前来讲对学校体育政策主要以碎片化的政策解读和制度性的体系化研究为研究重点，相对体系化研究来说，碎片化的政策解读研究更为深刻。

郭红娟等人对晚清学校体育教育制度进行了述评，认为清政府武举的落后到“癸卯学制”的颁布以及有关体操科目的规定，意味着学校体育从“重文轻武”到“文武兼课”的制度化转变[1]。张爱玲等人论证了“癸卯学制”与我国学校体育制度确立时间考，通过大量史料得出“癸卯学制”准确的颁行时间为1904年1月13日[2]，这对于本研究的时间准确起点有重要参考意义。自此开始体操科构成了学校体育的主体内容，然而在实施过程中受军国民政府主义思潮的影响，兵操进入学校并出现许多问题。朱本建论述了中国近代的学校兵操废存，政策作为重要的发展指向，直接影响了兵操废存。1923年，新学制课

〔1〕郭红娟，马乃欣．从“重文轻武”到“文武兼课”——晚清学校体育教育制度述评［J］．江西社会科学，2003（4）：103－107.

〔2〕张爱玲，余万予，沈丽玲．“癸卯学制”与我国学校体育制度确立时间考［J］．体育学刊，2007（1）：89－90.

程标准起草委员会公布的《中小学课程纲要》正式把“体操科”改为“体育科”。学校体育中流行了20多年的学校兵操，被球类、田径等运动项目取代，自此这场争论方告一段落[1]。中国台湾学者吕凤英认为1902—1919年为军国民教育时期，从“壬寅学制”到“癸卯学制”，在内容和实施方法上都是直接翻译自日本，受当时日本军国主义影响甚重。此阶段是政府对学生进行身体改造的一个历程，试图将学生身体改造成为政治化身体，身属国家财产，为国家所用，通过体育教育落实改造学生身体，以达到教育救国的目的[2]。一些学者将四川、江西等区域性的学校体育发展也纳入研究视野，并依据此区域颁发的国家层面、区域层面的学校体育法规、政令，划分本区域的学校体育历史发展阶段，从区域样本看待国家层面学校体育[3]，这对于本研究亦有借鉴意义。江姗姗等人探索了1941—1944年国民政府学校体育视导制度，发现当时是由教育部门管理全国体育发展的，她绘制了当时学校体育组织架构图，认为此阶段国民政府重视体育管理队伍的人员素质和组织建设，出台政策限制体育权力腐败，提高对体育资源的利用和管理[4]。

抗日战争时期，我国学校体育的发展也是学者们的关注点。在国民党统治区、共产党领导的根据地以及日伪政府占据的沦陷区3块区域，学校体育政策呈现出了多样化的形态。陈彩祥等人论述了抗战时期国民政府的国防体育政策，从长期抗战、培养民力的角度出发，着重把体育转换到战时体制上来，加强国防技能训练，并要求“切实联络有关体育之军训、国术、童子军训练等机关团体，以增加提倡之功

---

〔1〕 朱本建．略论中国近代学校兵操废存之争［J］．西安体育学院学报，1987（2）：94－98.

〔2〕 吕凤英．军国民教育时期学生身体改造的历程初探（1902—1919）［J］．身体文化学报，2005（12）：259－280.

〔3〕 王栋．国民政府时期江西体育教育问题研究（1912年至1945年）［D］．南昌：江西师范大学，2009.

〔4〕 江姗姗，黄瑾．1941—1944年的国民政府学校体育视导制度的内容及启示初探［J］．南京体育学院学报：社会科学版，2007（2）：35－38.

效”[1]。中国共产党根据地的学校体育也被各界学者津津乐道。邓彩兰等人对陕甘宁根据地的体育做了研究，此阶段陕甘宁边区政府创办了大量各种规格的学校，颁布了《边区国民教育实施办法》《一年来边区的国防教育》《陕甘宁边区战时教育方案》等法案，要求学校均设置体育课程。各类文件的主旨精神体现了“体育教学和课外活动必须与军事化相结合”的军事化卫国色彩[2]。1937 年，在日伪统治区也颁布了所谓的“新学制”，体育是学校的必设课程，随后“伪满洲国民生部”公布了“满洲国学校体炼科教授要目”规定了学校体育开展细则等政策[3]。王华倬对我国从鸦片战争至今 160 多年的中小学体育课程进行了探究，以历届中国政府颁布的相关中小学学制、课程计划体育课程标准为主要历史发展线索，分析了不同历史时期体育课程的演变过程与特点，并对其历史价值进行了评述，是对学校体育课程政策的一个很好的梳理[4]。

对清末至国民政府时期学校体育政策的碎片化研究，从时域片段、地域片段及事件片段丰富了学校体育政策研究的深度，为本研究提供了有益的背景借鉴。但是，这些研究在整体政策研究视域中缺乏连续和衔接，在某些时间节点还出现强弱不均的现象。为此，学校体育政策变迁的研究在借鉴前人碎片化研究的基础上亟须从整体视域中探寻政策变迁的模式、形态。

（二）体系化研究

体系化研究是指对有关学校体育政策、制度进行全方位的梳理，构成体系的研究形态。

---

〔1〕 陈彩祥，马廉祯．论抗战期间国民政府的国防体育政策［J］．体育文化导刊，2007（12）：88－90.

〔2〕 邓彩兰，陈玉忠．抗日战争时期陕甘宁边区和国统区体育发展述略［J］．青海师范大学学报：哲学社会科学版，2016（4）：115－118.

〔3〕 李浩波．抗战时期中国三大区域的体育发展探析［D］．长沙：湖南师范大学，2009.

〔4〕 王华倬．论我国近现代中小学体育课程的发展演变及其历史经验［D］．北京：北京体育大学，2003.

苏竟存对清末至国民政府时期的各种社会及人物思潮作为形式背景着重描绘，对此时期的学校体育行政管理和体育法规只进行了简单的介绍[1]。谭华将近代中国的体育立法划分为晚清和北京政府统治时期、国民政府统治时期两个阶段，对这两个时期体育立法的时代背景、法规内容及其影响进行了分析，并对近代的体育立法情况做了比较中肯的评价。他还将国民政府的体育立法分为体育基本法、体育行政机构组织法、学校体育法和社会体育法 4 大类进行了梳理[2]。蒲志强等人认为中国学校体育制度史比较薄弱，建议进行全面的研究，并指出民国时期（1927—1949）国民政府在三民主义教育宗旨的指导下，在继承 1922 年新学制优点的基础上，通过教育立法，制定了一整套的学校体育管理制度，在学校体育主管部门的相关法规、各种学校体育实施方案与课程纲要以及形式多样的学校体育实践活动等方面形成了一个完整的制度体系[3]。

赵卓对近代体育制度进行了研究，认为晚清学校体育从制度上废除了晚清时期提倡的兵操训练，强化竞技运动，提倡国术指导思想由军国民教育观转向实用主义教育观。此后政府在体育发展中的主导地位得以确立。《国民体育法》的颁布使体育有了最高层次的立法规范，包含学校体育、社会体育、体育竞赛等各个方面的体育制度体系初步建立。抗日战争爆发后的国民政府统治时期是体育制度发展的成熟期。修订和新颁布的政策与法规数量大大超过抗战前的 10 年，尤其是体育行政、体育师资、体育经费等得到重视，政策的逻辑性和计划性更强，比较注重强调其实施效果。近代中国政府在每一阶段又随着社会环境和体育基础的变化、决策层对体育认识的变化呈现出不同的特点，存在不同的问题[4]。一些学者对国民政府时期的重要法规进行了归纳，在学校体育主管部门的相关法规、各种学校体育实施方案及课程纲要

---

〔1〕 苏竟存．中国近代学校体育史［M］．北京：人民教育出版社，1994：1 –4.

〔2〕 谭华．旧中国的体育立法活动［J］．体育文史，1989（2）：15 –17，21.

〔3〕 蒲志强，赵道卿，董淑道．民国时期（1927—1949）中学学校体育制度的演变过程、特点及其历史价值［J］．北京体育大学学报，2005（10）：1386 –1389.

〔4〕 赵卓．中国近代体育制度发展研究［D］．北京：北京体育大学，2011.

以及形式多样的学校体育实践活动等方面，形成了一个完整的制度体系，他们认为制度是国民政府时期学校体育快速发展的关键[1]。

这些研究从政策文本延伸到制度背景，给予了本研究丰富的背景资料。但是，这些研究未能解决清末至国民政府时期这一历史阶段的每个时间节点学校体育政策变迁的形态特征及变化形式。本研究将在现有基础上继续延伸。

（三）工具性研究

由于本研究对象的性质，政策文本汇集的工具性成果是本研究的重要基础。目前，近代体育政策类资料汇编书目有国家体委体育文史工作委员会编著的《中国近代体育决议案选编》，主要汇集的是1915—1945 年 3 个不同政权（国民政府、日伪政府和苏区政府）的重要政策[2]。成都体育学院体育史研究所编著的《中国近代体育史资料》按照专题以及政策出台时间对近代以来的体育政策进行汇集，其中亦有零散涉及有关学校体育政策[3]。这两本政策与法规选编对近代体育政策有所收录，但是，时代大背景下的综合性法律、教育法规涉及较少。

与之相反的是，这一时期对有关教育政策制度的研究成果颇丰。例如，陈元晖主编的《中国近代教育史资料汇编》是一部非常完整的专题史资料汇编，将近代教育资料划分为 10 个专题方向，并做了较为详尽的资料汇编，学校体育政策以及其社会背景文献零碎穿插其中，学制演变和教育行政机构及教育团体两个部分[4]为本研究的撰写提供了一定的帮助。李国钧、王炳照编著的《中国教育制度通史》有专门

---

〔1〕 武权．国民政府时期的学校体育制度研究［D］．苏州：苏州大学，2011.

〔2〕 国家体委体育文史工作委员会．中国近代体育议决案选编［M］．北京：人民体育出版社，1991：1－10.

〔3〕 成都体育学院体育史研究所．中国近代体育史资料［M］．成都：四川教育出版社，1985：1－6.

〔4〕 陈元晖．中国近代教育史资料汇编［M］．上海：上海教育出版社，2007：5－22.

章节梳理各时期的政策[1]。宋恩荣、章咸编著的《“中华民国”教育法规选编》记录了1912—1949年间教育法规的概貌，收录了国民政府时期具有较大价值的教育法规[2]。

基于体育政策文本的汇集和教育政策文献的支撑，本研究力求对重要政策没有遗漏，从而把握好学校体育政策变迁的撰写。

五、对中华人民共和国成立后学校体育政策的相关研究

据统计，当今针对学校体育政策的研究文献主要集中于中华人民共和国成立后颁布的学校体育政策，而研究内容基本上以改革开放后学校体育政策为主体。

（一）体系化研究

张丽艳等对1949年至今我国学校体育领域出台的124件政策、法规进行了回顾和梳理。她认为，中华人民共和国成立以来国家出台的学校体育相关政策、法规主要涉及7个领域。政策内容由以竞技体育为核心逐渐过渡到以体育教育为主导，政策、法规的引导功能在学校体育发展过程中发挥着至关重要的作用。她提出加强立法体系的连贯性，提升执行过程中的监管力度，构建地方配套法规制度，完善与更新滞后的政策、法规是我国学校体育政策、法规迈向科学化、规范化的重要途径[3]。但是，其收集政策数量不足，政策分类还可商榷。魏国旗等人以政策颁布为主脉络回顾了中华人民共和国学校体育发展阶段，将学校体育划分为初建阶段（1949—1956年）、曲折发展阶段（1957—1966年）、严重破坏阶段（1966—1976年）、恢复阶段（1976—1985年）、重建阶段（1985—1992年）、深入发展阶段

〔1〕 李国钧，王炳照．中国教育制度通史［M］．济南：山东教育出版社，2000：4－9.

〔2〕 宋恩荣，章咸．“中华民国”教育法规选编［M］．南京：江苏教育出版社，1990：1－10.

〔3〕 张丽艳，杜放．我国学校体育政策法规的回顾与展望［J］．中国学校体育（高等教育），2014（6）：19－26.

（1992—1999 年）和新的征程阶段（1999 年以后）7 个阶段[1]。其确实与划分时间节点和中国学校体育课程 8 次大的改革有些出入，但是也为本研究提供了很好的思路。

刘宁等人选取近 30 年的中央政府层面的学校体育政策、法规进行整理，对政策的非连续性和连续性进行探索后认为，此历史阶段学校体育政策呈现调整发展期、平稳发展期和新世纪发展期“三阶段”的发展脉络，教育化导向、竞技化导向和军事化导向的“三导向”格局[2]。彭雪涵对改革开放时期学校体育政策、法规进行了文本分类和解读，发现政策重心从小范畴的“增强体质”到宽泛概念的“健康第一”进行转变，丰富了学校体育教育的目标、内涵与理念；并对学校课余体育训练政策、法规进行重点解读，认为业训已从单一竞技目标向教育与竞技复合目标转变[3]。

一些学者对近 20 年学校体育的主要法规、政策文件，从体育教师、学生体质、课外体育活动、体育课、体育安全、体育设施、运动训练和体育比赛 8 个方面进行了梳理。他们认为学校体育政策指导性强，在化解问题和矛盾方面发挥作用；但政策局限性强，各级学校执行中随意性大。这些学者提出了完善学校体育政策体系，从而强化执行监督机制，提升执行力[4]。黄衍存等人对改革开放至今我国学校体育政策、法规进行了划分，将其划分成恢复与调整（1978—1989 年）、健全与规范（1990—2005 年）和顶层设计与规划（2006 年至今）3 个阶段，并提炼出政策各阶段特征和问题[5]。

---

〔1〕 魏国旗，文兰佃．新中国成立以来学校体育发展阶段研究［J］．体育文化导刊，2007（3）：70－72.

〔2〕 刘宁，刘静民，张威．改革开放以来我国学校体育政策、法规演变脉络之研究［J］．体育科学，2009（12）：88－92.

〔3〕 彭雪涵．改革开放时期学校体育政策法规的文本解读［J］．北京体育大学学报，2009（5）：76－79.

〔4〕 李洪川，许晓明，张雪霞，等．对近 20 年国家出台学校体育法规政策的梳理与思考［J］．成都体育学院学报，2011（9）：1－5.

〔5〕 黄衍存，彭雪涵．改革开放以来我国学校体育政策法规的演进与思考［J］．福州大学学报：哲学社会科学版，2015（4）：92－96.

张文鹏等人也对1949年以来我国学校体育政策文本演进的数量变化、政策主题、政策工具及政策制定主体进行剖析，认为我国学校体育政策演进主题围绕着学校体育教学展开，渐进调适是政策的演进方式。政策溢出效应不足在于文化、社会和心理对体育认同的缺失。他提出加强政策制定主体之间的协调与协同作用的现实优化路径，完善学校体育政策评估体系的关键路径以及在政策上促进国民对学校体育的心理认同的根本路径[1]。此研究是一项难能可贵的学校体育政策重要研究。但是，他对长达66年的中国学校体育政策运用了查尔斯·林德布洛姆的渐进主义模型，得出了我国学校体育政策发展为渐进调适型，我国从苏联模式向欧美模式转变。“文化大革命”前后学校体育工作的断裂等因素致使对此研究不敢完全认同，并且用这一个模型不能完全提炼出中华人民共和国政策的变迁主题和变迁形态。但是，该研究为本研究提供了多维度的撰写思路。

（二）碎片化研究

“准备劳动与卫国的体育制度”（以下简称“劳卫制”）是借鉴苏联经验在中华人民共和国成立初期在学校、部队、工厂、机关等推广的一套体育锻炼制度，对我国学校体育发展至今都有重要的影响和意义。曾桓辉对“劳卫制”的政策时间节点进行研究，描述了制度的起源、发展和结束的历程，对本研究整体看待政策变迁具有积极意义[2]。

对学校体育政策变迁的主体来讲，课程政策应为主体，师资为能动体，因此，学者们也没有放弃对课程和师资的关注。李忠堂等人对中华人民共和国成立至今60多年的体育课程进行回顾，认为体育课程主要经历8次改革。（1）以1950年的《中小学体育课程暂行标准（草

---

〔1〕 张文鹏，王健．中华人民共和国成立以来学校体育政策的演进：基于政策文本的研究[J]．体育科学，2015（2）：14－23.

〔2〕 曾桓辉．中华人民共和国成立后推行“劳卫制”的历史研究［J］．体育文化导刊，2005（2）：74－76.

案)》为标志；（2）以 1956 年的《中小学体育教学大纲》为标志；(3）以 1961 年教育部重新制定的十年制中小学体育教材为标志，“文化大革命”中断；(4）以 1978 年制定的《全日制十年制学校中小学体育教学大纲》为标志；(5）以 1987 年颁布的《全日制六年制中小学体育教学大纲》为标志；（6）以 1988 年的《九年制义务教育全日制小学、初中体育教学大纲》初审稿、1990 年的《学校体育工作条例》和 1992 年的《小学、初中体育教学大纲》试用稿为标志；（7）以 2000 年颁布的《九年义务教育全日制中小学体育与健康教学大纲》和 2001 年颁布的《体育（1～6 年级)、体育与健康（7～12 年级）课程标准(实验稿)》为标志；（8）以 2003 年颁布的《普通高中体育与健康课程标准（实验)》为标志[1]。通过文献阅读，多数学者都比较认可这 8 次大的课程改革阶段划分。21 世纪后的课程改革重要参与者季浏等人在大量调研的基础上对课程改革进行 10 年回顾，认为“健康第一”的指导思想和“以学生发展为中心”的课程理念获得认同，此次改革为学校体育带来了积极的变化[2]。

李静波对体育与升学考试政策进行了回顾与展望，他认为从中考开始我国出台体育与升学考试文件有一定的历史背景和渊源，它经历了教育手段、教育对象等因素的重大变化以及教育决策者设想、试点、争议、拍板的过程，目的在于维护教育目标[3]。孙成林等人延续了对中华人民共和国成立后学校体育设施政策问题的关注，认为学校体育设施政策经历了初建、停滞、恢复与发展和逐步完善的发展历程，政策内容涉及设施的建设、管理、运营和场地被侵占等多个维度，实质性政策不断增加，政策具有目标一致性、地方性、灵活性和执行惰性

[1] 李忠堂，阎智力．我国基础教育体育课程改革 60 年回顾［J］．体育学刊，2010 (12)：52－56.

[2] 季浏，汪晓赞，汤利军．我国新一轮基础教育体育课程改革 10 年回顾［J］．上海体育学院学报，2011（2)：77－81.

[3] 李静波．我国升学体育考试政策文件的回顾、分析与展望［J］．中国学校体育，2014（10)：28－29.

等特点。政策目标始终指向改善青少年的健康状况[1]。

陈善平等人从政策适用主体的角度来研究学校体育政策，对阳光体育政策进行了质性研究，结合心理学和公共政策理论探索政策态度的理论结构和心理机制[2]，从微观角度对近几年比较重大的一项学校体育政策通过此政策的试用主体——大学生的态度进行了研究，带来了新的观察视角，拓展了学校体育政策的研究。而诸如此类的局部性学校体育政策研究和观察视角，很少涉及和关注体系化研究，这为本研究拓宽体系化研究的领域提供了条件。

（三）其他研究

学校体育政策的关注群体不仅限于体育领域学者，还包括教育领域、社会学领域学者，这些学者从本学科出发给予我们对学校体育政策不同的观察视野。

黄甜甜对学校体育政策的本质做了研究，她以改革开放后颁发的政策为研究样本，认为当今对学校体育政策还没有专门系统地进行研究，反映了学校体育实践与科学指导相脱节，政策具有经验主义倾向和非专业性的特征。她通过形式逻辑对学校体育政策的概念进行了划定，对学校体育政策本身进行了研究，是有关研究学校体育政策的逻辑起点，对本研究的概念内涵确定很有帮助[3]。在学校体育政策执行研究的主题内容、方向和范围的针对性方面还很欠缺，被实证应用的成果也不多，政策执行的理论和实践亟待朝务实应用的方向发展[4]。王书彦等人在系统分析学校体育政策执行力内涵和特点的基础上，建立起了由个人执行力、组织执行力、学校体育政策、学校执行资源与环境及执行效力组成的学

---

〔1〕 孙成林，王健，高嵩．中华人民共和国学校体育设施政策发展研究［J］．北京体育大学学报，2014（5）：36－43，76.

〔2〕 陈善平，刘丽萍，张中江，等．学校体育政策态度扎根理论：基于阳光体育的质性研究［J］．首都体育学院学报，2015（5）：414－419，431.

〔3〕 黄甜甜．学校体育政策的本质研究［D］．沈阳：沈阳师范大学，2013.

〔4〕 东锋，吴健，汪君民．我国学校体育政策执行问题研究述评［J］．湖北民族学院学报：哲学社会科学版，2014（1）：139－142.

校体育政策执行力评价指标体系，确定了学校体育政策执行力评价指标体系的权重[1]。陶克祥在把握政策学基本原理和学校体育政策执行力的内涵理解上得出，执行主体、执行客体、执行文化和执行资源是在实践中影响学校体育政策执行力的主要因素[2]。

李晋裕等人对中华人民共和国成立后的学校体育史进行了专题研究，这是中华人民共和国教育专题史的重要组成部分[3]。随着学校体育的快速发展，宋尽贤等人于2010年对改革开放后的学校体育发展又专门撰述成史，针对学校体育卫生综合、学校体育、学校卫生以及课余训练与竞赛4篇30多个专题展开论述，涵盖了我国学校体育教育及卫生与健康教育的课程改革、教师教育和教学研究等内容[4]。虽然上述两项研究对政策没有专题成章，但是作者都是当时主管学校体育发展的亲历人，对学校体育的发展脉络都进行了详尽刻画，为本研究提供了大量的学校体育政策的变迁背景资料。

学校体育主管部门为开展工作之便也组织过两次对学校体育工作重要法规文件的汇编，其中《学校体育卫生工作文件汇编》收集了1982—1997年国家教委、体委、科委、计委、卫生部、财政部等有关部门制定办法的学校体育工作文件[5]。2008年教育部体育卫生与艺术教育司又选编了我国宪法、法律、法规和中共中央、国务院颁布的有关学校体育工作的主要条文，以及教育部等部委关于学校体育工作的主要文件和规定[6]。这些工具性的图书对本研究很有帮助，1982年之后的重要学校体育政策令人一目了然，但同时仍需寻找未被收录的有

---

〔1〕 王书彦，周登嵩．学校体育政策执行力的评价指标体系［J］．体育学刊，2010（6）：46－50.

〔2〕 陶克祥．学校体育政策执行力及其影响因素［J］．现代教育管理，2012（6）：68－71.

〔3〕 李晋裕，腾子敬，李永亮．学校体育史［M］．海口：海南出版社，2000：3－7.

〔4〕 宋尽贤，廖文科．中国学校体育30年：1979—2009［M］．北京：高等教育出版社，2010：5－11.

〔5〕 国家教育委员会体育卫生与艺术教育司．学校体育卫生工作文件汇编［M］．北京：人民教育出版社，1997：5－11.

〔6〕 国家教育部体育卫生与艺术教育司．学校体育工作重要法规文件选编［M］．北京：人民教育出版社，2008：3－7.

关在历史舞台上出现的学校体育政策，才能型构出政策变迁的完整视图。

六、有关教育政策分类研究对学校体育政策分类的借鉴

分类是观察世界、认识世界的重要途径，科学地对学校体育政策分类是对其变迁系统研究的前提。分类一般分为现象分类和本质分类2种：第一种是对事物的表征，基于使用目的而划分的；第二种则从理论假设着手，是在哲学层面上，基于对事物本质属性的把握所进行的分类〔1〕。而在实践中，教育政策分类会按照主题和部分划分，如基础教育政策、高等教育政策等。这种划分在教育系统中虽具有积极的价值和意义，但是不能反映政策的内容和基本特点，故而其复杂的本质较难被认识和把握。

（一）教育政策纵横的分类方法

此种分类方法主要是针对政策中的法律、法规按照横向和纵向分类，并已得到业界的共识。

从世界各国的教育法规分类总结情况来看，横向结构上，按照教育法涉及的内容及形式，可将其划分成以下几种类型〔2〕。（1）宪法。几乎大部分国家的宪法都对教育的性质、地位等做了原则性说明，因此，宪法成为指导教育的根本性法律文件。（2）教育基本法。除了宪法外，很多国家还制定了教育基本法，以全面阐述教育的性质、目的、组织形式和基本原则①。（3）教育行政方面的法律。其旨在阐明各级教育行政机构的组织形式、权限分配、隶属关系等②。

---

〔1〕 林康义，唐永强．比较·分类·类比［M］．沈阳：辽宁人民出版社，1987：67－82.

〔2〕 吴志宏．教育行政学［M］．北京：人民教育出版社，2000：235.

① 教育基本法作为各类教育法的母法，其地位仅次于宪法。我国1995年颁布的《中华人民共和国教育法》就属于这类法律。

② 如国民政府设置的《教育部官制》。

（4）学校系统方面的法律。这主要依教育层次或学校性质而定，可分成初等教育法（或小学法）、中等教育法（或中学法）、高等教育法（或大学法）、职业教育法、私立学校法、成人教育法等种类①。（5）教育人员方面的法律。其主要是对从事教育工作人员的资格、条件、待遇等做出规定，以保证教育人员的质量②。（6）教育投入方面的法律。其主要对教育经费的来源、分配和使用等予以说明。（7）教育后勤设施方面的法律。

从教育法的纵向结构上来进行分类③，其形式可以分为：（1）宪法中规定的教育类条款。宪法文本中的教育条款应当是教育法的最高层级，任何形式或任何类型的其他教育法规都不能与其相左，反之则无效。（2）教育基本法④。（3）单行教育法⑤。（4）教育行政法规。其效力低于宪法和教育法，高于地方性教育行政规章，其涉及的内容非常广泛⑥。（5）部门教育规章⑦。（6）地方性教育法规和地方政府教

---

① 此种按层次类型分类的教育法对各类学校的性质、任务、入学条件、学习年限、课程设置等做出说明。

② 如我国1993年颁布的《中华人民共和国教师法》。

③ 纵向结构是指由不同规范性的教育法律文件组成的等级、效力纵向关系。这一排列的依据是教育法律制定机关和其法律效力等级，原则是：同级国家机关之间，权力机关制定的规范性文件的法律效力等级高于行政机关制定的规范性文件；上下级国家机关之间，上级国家机关制定的规范性文件的法律效力等级高于下级国家机关制定的规范性文件。

④ 我国的教育基本法是《中华人民共和国教育法》，由国家最高权力机关即全国人民代表大会审议通过，与国家宪法相配套，对教育全局起宏观调控作用，是依据宪法制定的调整教育内外部相互关系的基本法律准则，是教育法规的“母法”。在我国的法律体系中，《中华人民共和国教育法》是宪法之下的国家基本法律，与刑法、民法、农业法、环境保护法、劳动法等基本法律处于同等的法律地位。

⑤ 单行教育法是根据宪法和教育基本法确立的原则制定的，用于调整某类教育或某一方面教育工作的教育法规。我国现行的教育单行法有《中华人民共和国学位条例》《中华人民共和国义务教育法》《中华人民共和国教师法》《中华人民共和国职业教育法》《中华人民共和国高等教育法》。

⑥ 教育行政法规由国家最高行政机关即国务院根据宪法和教育法的授权，为贯彻实施国家教育法律而制定的规范性文件，如《教师资格条例》《义务教育法实施细则》等。

⑦ 部门教育规章是指国务院所属各部门根据法律和行政法规，在本部门权限内单独或与其他部、委联合发布的有关教育工作的命令、指示、实施细则等规范性文件。其效力低于教育行政法规，但在全国有效。其通常由教育部部长以教育部令的形式签发，或由教育部会同国务院其他部门联名发布，名称多为规定、办法、规程、大纲、标准、定额等。

育规章①。

然而在本研究中，将中央政府等部门的许多通知、决议案、批示、意见、函报等类文件也纳入学校体育政策的范畴内，因此按照教育法的分类对上述政策难免疏忽。

（二）其他有关教育政策的分类方法

袁振国认为对教育政策分类要从政策内容、政策组织和政策过程 3 方面着手[1]。涂端午根据教育政策的本质属性，从价值和控制 2 个维度及“实体、符号、规制、分配、倡导”5 个指标，复合出我国高等教育政策 11 种经验类型[2]。柴江将教育政策划分为单一目标和多重目标，其下又分为多个子类[3]。

上述几项研究划分的结果差异较大，但其本质在于因研究目的不同而进行划分。而本研究在于分析中国学校体育政策变迁的具体情况，因此需要依照学校体育政策本质中所涵纳的主体、客体、内容及手段，结合其表征属性进行划分，以保证研究结果的直观性。要尽力避免“实体、符号、规制、分配、倡导”等过于抽象的哲学化语言，造成对学校体育政策空泛的印象，而不能把握学校体育政策变迁实质。所以，本研究结合教育论和体育教育的特殊本质与教育场所，以时间为纵轴，结合不同时期的分期断层后，将学校体育政策大体划分为以下几方面。

（1）法律、中央政令指示确定学校体育的发展指导思想和基本工作方针的文件。

---

① 地方性教育法规是为贯彻国家的教育法律和教育行政法规而制定的，由省、自治区、直辖市人大及其常委会依法制定，一般称为条例、规定、实施办法、补充规定等。地方政府教育规章，是指省、自治区、直辖市人民政府根据有关法律、法规，在自身权限内发布的调整教育行为的规范性文件。地方性教育法规和地方政府教育规章的制定都不得与宪法、法律、行政法规相抵触，如有抵触则无效。

〔1〕 袁振国．教育政策学［M］．南京：江苏教育出版社，2000：247－248.

〔2〕 涂端午．我国高等教育政策分类研究——从理论到经验［J］．复旦教育论坛，2007（6）：12－20.

〔3〕 柴江．不同目标教育政策的分类研究：单维与多维的视角［J］．浙江社会科学，2016（6）：95－100，158.

（2）落实顶层设计的学校体育工作规划及目标管理体系制度构建的政策。

（3）体育师资政策。

（4）围绕体育教学开展的规范制定。

（5）课外体育训练与活动、体育竞赛等政策。

（6）体育场馆设施、器材及后勤保障。

这样划分首先是以法律为根本的发展指导思想和基本工作方针。其次是落实顶层设计的管理、制度及学校体育良性发展的政策，这是构成学校体育政策的基础构架。在此基础上开始的体育教育，其过程一般包括3个要素：一是教师，二是学生，三是教学内容和教学手段（指体育场馆设施、器材等物质条件）的学校体育政策。这3个要素的集合和相互作用，构成了教学过程〔1〕。最后是将课余训练和体育竞赛、体育场馆设施、器材及后勤保障构成课上与课下以及体育活动保障的总体政策分类思路①。

七、小结及创新点

综上所述，学术界对学校体育政策变迁的研究存在“三重三轻”。

（1）重视对教育政策和体育政策变迁的研究，但是轻视对学校体育政策变迁的研究。

（2）重视对学校体育政策、法规、法令、章程的梳理，或者是局限于微观某个层面的某一具体领域、具体时期的政策文本分析；轻视对学校体育政策变迁全过程的综合和深入系统的研究，其根本因素是缺乏对学校体育政策起源至今所有学校体育政策的整理和归纳。

（3）重视对各个阶段学校体育政策的研究及梳理，但轻视对新中国成立以来系统性地对学校体育进行政策梳理研究，缺乏全局审视学

〔1〕游正伦．教学论［M］．北京：教育科学出版社，1982：6，20.

① 虽然确定了上述6种划分方式，但是由于学校体育政策从无到有、从单薄到丰富，因此在不同历史时期，分类上会略有调整。

校体育政策变迁的视角。

鉴于此，本研究以既有成果为起点，在以下 3 个方面进行突破。

（1）学校体育政策资料的系统性整理及归纳提炼。学校体育政策从起源至今还没有完整的史料整理。从史学角度上讲这无疑是一种缺憾，因此，本研究首先力图弥补这一空白，为学校体育政策规律性演变归纳提炼打好史学基础。

针对中华人民共和国成立之初的政策，笔者查阅并整理了大量的历史文献资料。针对中华人民共和国成立后的政策，在文献资料的基础上，走访了教育部信息中心、国家体育总局档案馆等文件收藏地，归纳收录出：①清末年间（1902—1911 年）学校体育相关性政策文本共计 23 件，会议决议案 2 件。②国民政府时期（1912—1949 年）正式颁布的 51 件与学校体育有关的教育政策、法规，其中学校体育专门性政策共计 32 件；14 次全国性质的各种教育类、体育类会议，形成了 172 件与学校体育相关的决议案。③中华人民共和国成立后（1949—2014 年），由于学校体育已经成为教育发展不可或缺的重要组成部分，因此主要整理收录学校体育专门性政策 974 件。

（2）理论依据创新。前人采用了诸多政策模型来解读学校体育政策，但是传统的政策模型对于本研究跨度来讲，都存在一些不足和遗憾。采纳政策学专家的建议，借鉴政策科学中的多源流理论来解释学校体育政策变迁动因[1]，从理论视角看待学校体育政策变迁的基本逻辑，从而对学校体育制度确定以来政策变迁的内容、特征与问题、动因进行分析和评价，以期丰富学校体育的研究成果。

（3）本研究以宏大的叙事方式论述百余年来学校体育的发展，通过学校体育政策变迁这一视角，重新审视学校体育发展史。挖掘学校体育政策变迁过程，梳理各个历史阶段政策变迁特征以及变迁动因，从而把握学校体育政策发展本质。

---

〔1〕 约翰·W. 金登. 议程、备选方案和公共政策［M］. 丁煌，方兴，译. 北京：中国人民大学出版社，2004：5，17.

第五节　研究思路与方法

一、研究论域及时空跨度

在现代教育领域，诸多学者已形成共识，认为中国本土首次实施的学校体育政策为 1904 年的《奏定学堂章程》，因此本研究在时间点上以 1904 年为起点，但对未实施的 1902 年《钦定学堂章程》进行简单铺垫。

我国学校体育政策一直在发展和进行中，为锁定政策文本，在时间节点方面必须对此进行限制，本研究选择了 2014 年为时间节点，原因有二：一是时间跨度整体的协调性近两个甲子即 110 年；二是 2014 年是笔者入学时间，入学后即锁定此研究领域①。

因此，本研究从历史、当前和未来的 3 个时间维度 4 个时间阶段来把握清末民初至今的学校体育政策整体脉络，时间跨度从 1904 年的《奏定学堂章程》颁布实施到 2014 年我国学校体育发展，历时 110 年，并且只限于各历史时期中国大陆由中央政府层面及主抓学校体育工作的国家教育、体育行政部门颁发的推动学校体育发展的政策②。

---

① 需要特别强调的是，本研究针对的学校体育政策变迁，主要是在学校体育相关及专门性政策文本基础上的分析和评价，必定着眼于其理论上的应然成分。至于政策在实际上真正发挥具体作用的状况，本研究并没有过多深入涉及。

② 需要特别说明的是，在 1912—1949 年国民政府时期，存在大致 3 种政权体系，首先是以国民政府为主导的中央政府，其次是日伪治理下的汪伪政权、伪满洲国政权，以及中国共产党治理下的苏区政权、解放区政权。汪伪政权、伪满洲国政权不在本研究范畴，但是中国共产党治理下的地区与中华人民共和国成立后有一脉相承的学校体育治理工作理念，因此，特别在中华人民共和国成立后阶段设置“政策基础”一节，加入了中国共产党治理下的区域颁布的学校体育政策。

二、概念界定

概念是研究和论证的基本单位，在概念的应用上存在着不同认识上的差异。因此，对概念的科学界定是一项研究得以顺利进行的前提条件。

（一）学校体育政策

事实上学术界对“学校体育政策”至今也未有明确的界定和说明，所以没有哪一项政策被冠名为“学校体育政策”。研究学校体育政策需要厘清学校体育政策的种、属概念。从形式逻辑学上讲，学校体育政策的种在于“教育政策”，种差在于“体育”。政策是国家或者政党为了实现一定历史时期的路线和任务而制定的国家机关或者政党组织的行动准则。“教育政策是一个有目的、有组织的动态发展过程，是政党、政府等政治实体在一定历史时期，为了实现一定的教育目标和任务而平衡各方的教育利益、协调教育的内外关系所规定的行动依据和准则”，即“政府或政党制定的有关教育的政策，主要是某一历史时期国家或政党的总任务、总方针、总政策在教育领域内的具体表现[1]。它规定了一定历史时期的教育工作总任务和性质，在不同的历史时期有着不同的内容和概括”。因此各路学者对不同时期的学校体育政策概念有着不同的认识，而当今学者主要是针对中华人民共和国成立后或改革开放后的学校体育工作重心而对其诠释与界定。

“学校体育政策是国家为实现人的身心健康和全面发展而制定的学校体育领域的相关政策文本，从而调控学校体育的改革和发展，促进学生体质的健康发展。”学校体育政策是有关学校体育利益表达与整合的政治措施和政治行为，是通过保证和促进学校体育的生存和发展而培养全面自由和谐发展的人，从而促进社会政治、经济、文化可持续

---

〔1〕 叶澜．教育概论［M］．北京：人民教育出版社，1991.

发展的战略性和准则性的规定和行为[1]。这就是将“健康”和“促进人的全面发展”作为学校体育政策的重心，对于本研究的时间、空间的大跨度来讲稍有狭隘。

因此，本研究依据所需，利用政策学、教育学等学科相关概念将学校体育政策界定为：“把有关指导学校体育工作的公共权力机构依据特定时期的目标或为解决学校体育问题，通过对社会中各种利益进行选择与整合而制定的用以约束和引导学校体育发展的行为准则，以实现权威控制、利益增进与分配。”[2]

（二）政策变迁

当今已有众多成果从不同视角和理论框架出发对政策变迁进行诠释，如詹姆斯认为政策变迁是指一项或多项当前政策被其他政策所替代的现象，意味着旧政策被修改与新政策被采纳[3]。受内在因素的制约和外在因素的影响，政策变迁本身就意味着动态的过程，极少某项政策会保持在最初被采纳时的样子，其会处在持续不断的演变中。因此，本研究认为政策变迁是在动态中运行的，对其进行过程规律性的阐释。

在政策变迁的方式上，不同历史时期有不同的认识。20 世纪 50 年代逻辑经验主义方法论作为基础的政策渐进主义，其代表人物为林德布洛姆，此阶段学者们从不同视角和维度进行划分，从历史维度来看划分为政策创新、政策更续、政策维持和政策终结 4 种变迁形态[4]。从政策过程维度来看，划分为政策失衡、政策创新与政策均衡 3 种变

〔1〕 黄甜甜．学校体育政策的本质研究［D］．沈阳：沈阳师范大学，2013.

〔2〕 约翰·W. 金登．议程、备选方案和公共政策［M］．丁煌，方兴，译．北京：中国人民大学出版社，2004：17.

〔3〕 詹姆斯·E. 安德森．公共政策制定［M］．谢明，等译．北京：中国人民大学出版社，2009：1－4.

〔4〕 陈振明．政策科学：公共政策分析导论［M］．北京：中国人民大学出版社，2003：3－9.

迁形态[1]。这两种维度其实都可以认为是政策制定和执行中根据实施效果的信度和效度采取的变革活动。这是一个自然的发生过程，其原有的政策平衡被打破，旧政策到新政策的转变依靠政策创新来实现，再步入均衡，直到政策创新动力衰竭，从而造成政策终结。

鉴于此，本研究认为学校体育政策变迁是在教育政策大环境影响下，在多元利益主体博弈和供需矛盾所产生的作用下，在动态的体育育人政策观念价值和静态的学校体育政策文本不断变化的过程中，政策自身不断修正、演化、维持和突然被其他政策取代的过程。

三、方法及思路

（一）文献资料法

笔者先后从国家图书馆、教育部信息档案管理中心、北京体育大学图书馆以及成都体育学院史料研究所收集与详查学校体育政策文本以及和学校体育政策联系密切的体育史、教育史、体育年鉴等史料，为研究学校体育政策和相关社会背景提供翔实的资料。认真阅读与本研究相关的政策学、社会学等著作，从中学习和采用与本研究适配的理论框架和方法，作为本研究重要的理论基础，寻求最佳思考政策变迁动因和模式的科学方法和视野。

研究对象和研究内容决定了文献资料的选择和运用，具体见表1。

〔1〕 王骚，靳晓熙．动态均衡视角下的政策变迁规律研究［J］．公共管理学报，2005，2（4）：26－30.

表1　文献资料的选择和运用

研究内容	文献资料
1. 在不同历史时期学校体育的政策环境如何（变迁的背景）	大多从社会、教育、体育3个方面入手
2. 在不同历史时期学校体育的什么政策正在变迁（变迁的主题）	（1）法律、中央政令指示确定学校体育的发展指导思想和基本工作方针的文件：《钦定学堂章程》（“壬寅学制”）、《奏定学堂章程》（“壬卯学制”）……国民政府《学校系统令》…… （2）落实顶层设计的学校体育工作规划及目标管理体系制度构建的政策 （3）体育师资政策 （4）围绕体育教学开展的规范制定 （5）课外体育训练与活动、体育竞赛等政策 （6）体育场馆设施、器材及后勤保障
3. 变迁的模式形态（变迁的特征）	在挖掘此阶段政策出台背景特征及颁布政策机构后，结合政策变迁主题，归纳总结出变迁特征
4. 变迁的规律探寻（变迁的动因）	选用多源流政策理论，分析变迁动因
5. 历史变迁对当今学校体育发展的启示	

（二）专家访谈法

本研究通过访谈中国教育史领域的专家（中央财经大学高等教育研究所研究员郭德红）、中国体育史领域的专家（苏州大学教授罗时铭、华南师范大学教授谭华）、学校体育学领域的专家（扬州大学教授潘绍伟、人民教育出版社编审耿培新）、教育管理学等领域的专家以及教育领域的管理者（教育部体卫艺司原司长杨贵仁），采取开放式的访谈方式，了解他们对不同历史时期的分期、学校体育政策的分类、理论模型的选取与适用、变迁特征及动因等相关问题的理解和看法，准确把握历史的真实面貌，明确本研究的基本方向。

（三）政策文本分析法

政策文本分析是理解政策的基本手段，也是进行政策研究的重要途径。对学校体育政策文本的分析，就是对文本的微观分析与文本所处的宏观历史脉络相结合的过程，是研究者运用多种解读文本的方法和视角发掘文本深层结构及文本演变的内在逻辑的过程，是透过文本话语揭示政策变迁中的价值分配和斗争的过程，是文本理论化的过程。

（四）历史分析法

唯物史观认为，任何事物都有其产生、发展和灭亡的历史过程，都是历史必然性和历史暂时性的统一。公共政策也是在历史进程中不断被修正、筛选和沉淀的结果，因此，政策研究应坚持历史的观点，把政策放在历史中思考。对学校体育政策变迁进行研究，首先需要从源头上探寻学校体育政策产生的历史起点，从总体上把握学校体育政策历史发展的链条，然后在此基础上对政策发展的各个历史阶段的基本内容、特征与影响做出符合本来面目的分析和评价，揭示历史发展的总趋势和基本线索，进而对其变迁的动因、羁绊进行深入探讨，发现其变迁中的深层逻辑与规律，得出变迁启示。这些逻辑和规律不是通过简单的历史分析就能够认识的，需要在历史分析的基础上发现学校体育政策变迁过程中的规律性问题。

（五）个案研究法

个案研究法（又称案例研究法）也是本研究选择的方法之一。历经 3 个时代更迭，进行 100 多年的学校体育政策变迁的研究，如若将国家、地方有关学校体育政策的文本全部展开无疑将是一项浩大的文本堆积工作。采用个案研究计划性地选取不同时期具有真实性和代表性的有关学校体育政策的文献资料进行深入、系统、详尽分析，将会对学校体育政策变迁研究的整体成果起到事半功倍的效果。政策制定的意图和动机、可行性和实际效应及政策变迁的动因等必须拥有丰富的原始素材，对现象进行深入剖析，这恰恰就是采用个案研究法，理解在不同的阶段、不同的时期政府对学校体育基本政策的实施和推行的差异。

（六）研究思路

研究以历史的演进脉络为纵轴，以不同历史时期学校体育政策背景（包括政策出台机构设置）为开篇，对政策变迁内容、变迁特征及变迁动因进行深入研究，得出政策历史变迁对当今学校体育发展的启示，具体研究思路见图 1。

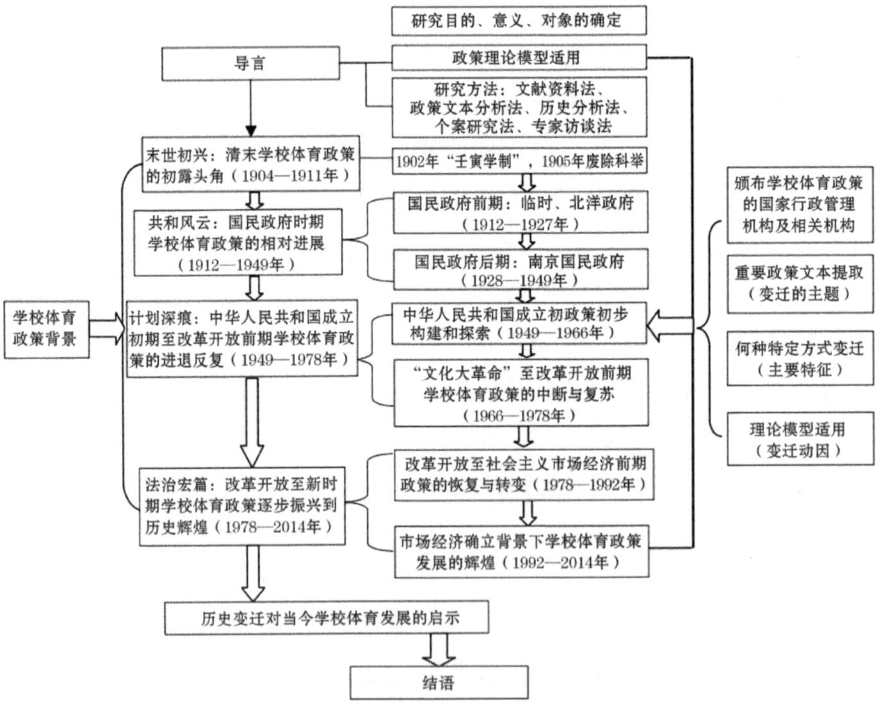

图 1　学校体育政策变迁研究思路图

四、关于本研究的历史分期

本研究采用的历史分期遵循中国近现代革命史、政治史的历史分期，主要原因如下。

（1）政治发展的状况在近现代中国长期占支配地位，成为中国社会的主题[1]。政策虽然受到不同历史时期的政治、经济、文化、社会价值取向等各种因素的影响，但政治是其中最为关键的因素，因为学校体育政策是政治体制的直接体现。譬如中华人民共和国成立后，我国学校体育政策由国民政府时期的模仿欧美向学习苏联全面转变，这就是政治体制改变而形成的必然结果。

因此，本研究的历史分期和中国近现代的政治史、革命史的历史分期保持一致，恰是对中国学校体育政策形成、发展、变迁基本规律的遵循。

（2）本研究以系统论为基本观点，将学校体育政策放置到特定的历史社会环境中，选择通常意义上的分期，便于考察研究。但同时，研究并没有完全拘泥于政治史、革命史的历史分期，而是将中国学校体育政策的自身发展和政治体制、社会环境背景综合在一起进行考量和谨慎划分。譬如国民政府时期，中国共产党领导的苏区学校体育政策发展亦需进行详尽分析，为中华人民共和国成立后学校体育政策发展的连续性做出铺垫。另外，中华人民共和国成立后经历的改革开放阶段也未能依照政治史、革命史进行划分，而主要依据政府颁布政策的实际内容的改变进行分期。

鉴于此，本研究将中国学校体育政策变迁大致划分为以下阶段。

（1）末世初兴：清末学校体育政策的初露头角（1904—1911 年）。

（2）共和风云：国民政府时期学校体育政策的相对进展（1912—1949 年）。

---

〔1〕 张海鹏．中国近代通史［M］．南京：江苏人民出版社，2007：39.

（3）计划深痕：中华人民共和国成立初期至改革开放前期学校体育政策的进退反复（1949—1978 年）。

（4）法治宏篇：改革开放新时期学校体育政策逐步振兴到历史辉煌（1979—2014 年）。

五、研究所依据的分析框架和理论基础

在 20 世纪五六十年代，西方学者已研究出一系列有意义的政策变迁研究成果。例如，埃里诺·奥斯特罗姆将前人成果划分成框架、理论和模型来诠释。

（1）框架是研究的基础，它设定一些概念、变量及变量之间的一般联系，从而帮助和指导研究者限定研究对象、分析层次和研究范围。框架并不直接进行解释和预测，那是理论的功能。

（2）理论是关于各个变量之间逻辑关系的推理或命题。研究者往往能够在同一研究框架下发展出截然不同的理论，这取决于他们对变量的各种假设和推断。不同的理论，往往会在一个或多个方面表现出差异性，即个体行为模式的假设、集体行为模式的假设、制度和规则、研究的适用范围等。

（3）模型是对一组有限的参数和变量做出精确的假设，把变量安排在特定的环境中，考察其结果，从而对理论进行验证。同一个理论可以发展出不同的模型，以验证理论的不同部分[1]。

中国学者陈玲根据不同的研究对象、研究范围和分析层次，归纳出适用中国政策变迁的行为主义分析框架、阶段论分析框架、系统论分析框架和制度主义分析框架 4 种分析框架[2]。

在该研究的时空论域中，以政策系统中的个体或团体政治权威、

---

〔1〕 保罗·A. 萨巴蒂尔. 政策过程理论［M］. 彭宗超，等译. 北京：生活·读书·新知三联书店，2004：52－53.

〔2〕 陈玲. 制度、精英与共识：寻求中国政策过程的解释框架［M］. 北京：清华大学出版社，2011：11－17.

技术官僚及社会精英为代表的精英群体，主导了中国近现代以来的历次政策变迁，发生了数次较大的制度变革。而行为主义分析框架即是以政策系统的团体或个体为研究对象，以压力和利益为主线，发展出一系列理论模型[①]。后期学者将环境因素纳入其中，又发展出多源流理论、间断—平衡模型等理论模型，使行为主义分析框架适配性越来越高。

按照以上标准，本研究对庞杂的中国学校体育政策变迁研究进行梳理后，发现行为主义分析框架较为适合中国学校体育政策在 110 年渐进变迁中非常规性的或重大的政策改变，通过诠释政策变迁过程，从而能够深层次挖掘政策变迁中的动因，理解学校体育政策变迁的本质。

在行为主义分析框架之下，本研究确定了用多源流理论研究我国学校体育政策变迁 4 个阶段中的变迁动因。

① 主要有团体理论、类型理论、官僚政治模型、精英理论、多元精英理论等理论模型。

第二章　末世初兴：清末学校体育政策的初露头角（1904—1911 年）

第一节　政策环境

一、政策环境概述

（一）清末我国社会发展背景

19 世纪中叶，由鸦片引发的中西之战，使清政府迅速在西方工业文明的坚船利炮中落败，延续几千年的封建王朝体制受到了极大的冲击，以“天朝上国”自居的清政府，在西方侵略及本国农民起义的内外作用下，自信心迅速崩塌，统治力也逐渐衰败。此时庙堂之上的有识之士发起了洋务运动，以自强践行救国理念，推动了中国现代化进程，国人在屈辱交加中奋发图强。

洋务运动中通过兴办工业、创建军事学堂、操练新军，在器物层面进行了探索和变革。在 19 世纪末甲午战争的惨败经历后，庙堂之上的改革派推动了器物基础上的制度层面革新，促使清政府颁布新政，经济自由政策改革推动了工商业的快速发展，为国家奠定了良好的物质基础。国家开始创建现代化陆军体制，推动教育制度变革，兴办新式学堂。传统社会受到器物、制度双重层面的作用，遭到了极大的冲击。社会各个阶层在适应生存、发展的态势下，千百年来稳定传统的农村社会受到冲击，同时城市凝聚力提升，社会风气大为变化。危难中的变革对中国传统社会变迁产生了深远影响。

西方打开中国国门也为传播西方先进文化打下了基础，国人在现实中屈服，选择学习西方文化。现代教育、现代体育作为西方文化的重要组成部分，一同在中国启蒙、发展。

（二）清末现代教育在我国的发展背景

清末现代化教育发轫于洋务运动时期。洋务派为实业发展的需要，兴办各类洋务学堂，苦苦经营30多年，却始终游离于教育体制这一现代化教育框架之外。这是由于洋务运动的目的是借鉴西方技术，而非制度，因此整个社会的变革还处于器物层面。

1898年的“百日维新”虽然最终宣告失败，但是它将中国社会变革的层次从器物层面向制度方向延伸，进行更加理性的变革。1901年，丧权辱国的《辛丑条约》签订后，清政府终于认清了时势，并着手恢复维新变法后废除的制度改革措施，推行“新政”，以此挽救政权即将衰败的命运。

“新政”时期颁布的一系列法令和举措初步奠定了中国近代教育政策的基础。其中最关键的政策可归纳为“二谕二章程一宗旨”，“二谕”即1901年的“改书院兴学校谕”和1905年的“废科举兴学校谕”；“二章程”即1902年的《钦定学堂章程》（未实施）和1904年的《奏定学堂章程》；“一宗旨”即在1906年学部颁布的“忠君、尊孔、尚公、尚武、尚实”的教育宗旨[1]。

这些政策的颁布虽然延续了洋务运动时期遗留下的“中体西用”的指导思想，但还是从制度层面有了极大的进步和逾越，废除了传统的教育制度和人才选拔制度，从而建立了近代新型学校教育制度。

在此需要着重提一下当时的一个重要社会思潮。1902年，蔡锷以

〔1〕李均．中国高等教育政策史（1949—2009）［M］．广州：广东高等教育出版社，2014：15.

奋翮生为署名在《新民丛报》第一、三、七、十一期连载发表《军国民篇》[1]，系统论述了他的军国民救国的主张。以1902年出现的军国民教育运动来说，他的言谈除了获得知识分子的响应外，更成为往后十余年制度化教育发展的重要指针[2]。

（三）清末现代体育在我国的发展背景

清末进入中国的不仅有坚船利炮，还有西方的一系列文化、思想及生活方式，体育也不可避免地被带入国内。在外屈内辱的社会情形下，西方体育迅速被国内收容、接纳并迅猛发展。

传播体育文化的路径之一是通过普罗大众，即归国华侨参与体育的示范作用和西方传教士在教会学校的推广进行传播。中国近代史上首位留学美国的容闳先生，其一生都在实践教育救国之理想，因他的奔波才有了中国的留美幼童成功出行，真正睁眼看世界。在其晚年写的《西学东渐记》中，记载有："幼童进入学校后打棒球、玩足球……""1881年幼童回国途经旧金山时曾接受半职业性的美国奥克兰队的挑战，中国幼童大获全胜"[3]。1895年，基督教青年会在天津成立，传教士的日常生活中的文化行为如篮球、排球、田径等西方体育项目也被带入中国。基督教青年会依据自身特有的教义传播的特点，发展十分迅速，有学者统计，在1920年全国已经发展到174个校会，会员多达6万人[4]。董守义、马约翰等人就是被基督教青年会推荐出国学习，归国后成为中国体育的开路人。西方体育在中国的发展进入了一个快速的发展期。

传播体育文化的另一路径是清政府的执政者出于练兵强国的需要，主动学习和吸收西式兵操作为操练军队的重要手段。1895年，在甲午

---

〔1〕 曾业英．蔡松坡集［M］．上海：上海人民出版社，1984：15－35.

〔2〕 吕凤英．军国民教育时期学生身体改造的历程初探（1902—1919）［J］．身体文化学报，2005（12）：259－280.

〔3〕 钟叔河．走向世界丛书［M］．长沙：岳麓书社，2008：259－280.

〔4〕 罗世龙．天津中华基督教青年会与近代天津文明［M］．天津：天津人民出版社，2005：144.

战争溃败后，清政府意识到旧式军队体制的落后，于是着手进行军改，规章建制，将德国兵操作为练兵手段，组建新式陆军。1896 年朝廷奏准张之洞的《选募新军训练洋操折》，并在随后户部、兵部等政权的各个部门下发的指示中多有提及“精练陆军，一律改为洋操”[1]，证明体育在制度层面的实践是在中国新式军队的建设中初步得到确立的。在革新派的影响下，兵操也随即进入校园，1902 年清政府颁布的诸多教育政策中，体操成为学校教育的重要课程。

二、颁布学校体育政策的国家行政管理机构和相关机构

本节沿着清政府设立的国家教育行政机构历史脉络，记述了学校体育组织管理体系的建立健全和发展进程，分别按时间顺序对学校体育的重大事件和机构及其职能变动等情况做了尽可能翔实、准确的记述，有助于读者理解此历史时期的政策文本。

学校体育的组织管理体系是开展学校体育的首要前提与组织基础，与其颁布的学校体育法规文件共同影响学校体育发展状况，它们规定了学校体育的性质、任务、管理实施模式和运行机制，进而在很大程度上影响着体育在国民生活和教育中的地位与作用。

从机构设置沿革外部来讲，普鲁士于 1817 年首先将教育部从内政部独立出来，法国于 1828 年效仿开设教育部，日本于 1871 年设文部省，英国于 1899 年设教育部。国外教育行政机构的设置对我国新式教育行政机构的设置具有表率作用。

从内部来讲，自 1902 年颁布《钦定学堂章程》，1904 年实施《奏定学堂章程》后，各级现代学校和教育管理体系迅速建立，学校体育课程和教学也仿照日本逐渐建立起来。全国各级各类学校的数量和学生的数量开始急速增长，仅 1907—1909 年间各级各类新式学校就从 37888 所增至 59177 所[2]，极大地冲击了传统社会的私塾式教育模式，学校体育已经成为中国人接受现代体育教育的主要场所。国内新式教

〔1〕 谷世权．中国体育史：下册［M］．北京：北京体育大学出版社，1998：40.
〔2〕 陈景磐．中国近代教育史［M］．北京：人民教育出版社，1980：305.

育的快速发展亟须合理的教育行政管理机构出现。

（一）京师大学堂

在中国传统2000多年的政权结构中，从未明确一个统管全国各级各类教育系统的专职中央机构。清政府时期具有教育管理职能的机构主要在国子监和礼部。但科举制度中断后，旧式学堂逐步被新式学校取代，国子监与礼部在新式教育形势下无事可做，已经不适合领导全国教育工作。于是清政府总理衙门于1898年筹建了京师大学堂，为“各省表率，万国所瞻仰”[1]。由管学大臣负责管理京师大学堂，“校长兼全国教育部长之职权”，有权“节制各省所设之学堂”[2]，其实质就是京师大学堂开始负责全国学务工作。这是晚清中央学务机构的首次重大变革，其成立之初清政府就赋予了学务大臣的职权，并将“所有学校学制及一切章程功课均脉络贯注”[3]，确立了小学到中学递升到大学的现代学制雏形。

第一任管学大臣由吏部尚书（同当今全国组织部部长）孙家鼐大学士负责，其从政履历足以说明当时清廷对教育的重视。孙家鼐也不负众望，为改革中央教育机构工作做出了卓越贡献。1901年，张百熙主持京师大学堂工作，他制定了新式学堂章程，进行行政制度改革，聘用教习、教员和管理员，编列设官并对各类人员建章定制，构建起全新的教育行政领导班子。1903年，张百熙对京师大学堂的行政制度改革，促使其负责全国性教育工作的功能有所变化。

（二）学务大臣

1903年，为加强大学堂的行政力量，清政府派朝廷重臣张之洞改

〔1〕陈元晖．中国近代教育史资料汇编：教育行政机构及教育团体［M］．上海：上海教育出版社，2007.

〔2〕二十五史·清史稿（上）选举志·学校：下［M］．上海：上海古籍出版社，上海书店出版社，9209.

〔3〕陈元晖．中国近代教育史资料汇编：教育行政机构及教育团体［M］．上海：上海教育出版社，2007.

革学务机构。管学大臣不仅负责各省学堂事务，还负责京城大学工作，根据学务工作特性和工作量的不断加大，改管学大臣为学务大臣，负责全国教育事宜，下设总监督一人专管京师大学堂。清政府再次明确学务大臣的权限为“整饬各省学堂，编订学制，考察学规，综核各学堂经费，及一切有关教育之事”。总监督就相当于大学校长，直接向学务大臣负责。学部同时成立6个处室，分别是管理各个学科的实业处、普通处、专门处；负责留学生出国的游学处；管理财务工作的会计处；审定教材、报刊和教育仪器的审定处。其管理路径更加明确，管理体制更加科学。

（三）学 部

1905年，清政府正式成立了主管全国学校和教育事务的专门政府机构——学部，负责推动实施《奏定学堂章程》的有关规定。这是有史以来中国有文件明确的首个正式、专门和独立管理国家教育行政机构的设置[1]。

1905年9月，袁世凯、张之洞等人递交《会奏立停科举推广学校折》，得到了光绪皇帝的批复同意，宣告科举制的终结。10月，山西学政宝熙奏请设立学部。12月6日，清政府下发“上谕”提到“现在各省学堂已次第兴办，必须有总汇之区”，从而设立学部并将国子监归并学部。1906年，礼部和学部交叉工作较多，造成了基层“头绪纷杂”，礼部、学部交接混乱，遂“划清界限”，由此学部开始统辖全国教育事宜。同年的《学部奏酌拟学部官制并归国子监事宜改定缺额折》《学部官制草案》非常明确地构建了学部的基本行政架构，设五司十二科三局二所[2]。与之并存的还有地方成立的学务处的教育专设机构，但是其建制规模和管理与中央相比相差太远，在学部正式成立后，“所有学

〔1〕关晓红．晚清学部成立前的中央教育行政机构沿革［J］．近代史研究，1998(4)：91－108，10.

〔2〕陈元晖．中国近代教育史资料汇编：教育行政机构及教育团体［M］．上海：上海教育出版社，2007：8－17.

务处事宜，一律归并学部，其旧日学务处之人员，酌量调入学部，以便差委”。

学部下设5个司，各司名称及执掌事务如下：总务司掌机要文移，审核图书典籍；专门司掌大学及高等学校，政艺专业，咸综领之；普通司掌师范、中学、小学，各以其法定规稽督课业；实业司掌农工商学校，并审核各省实业，为民兴利；会计司掌支计出入，典领器物，及教育恩给。这5个司设置延续了1903—1905年间学务大臣下属6个处室的机构特征，并有微调和延伸。兼辖者有八旗学务处总理、协理、督学；调查图书各局长、局员；编订名词馆总纂；图书馆正副、监督以次各员。这些官员均择人任使，不设专官。

《奏定学堂章程》屡次提及的体操课程与普通司、专门司、实业司业务交叉最多。此时明确负责学校体育管理的机构还未单独出现，但是这种新旧教育管理体系的融合设置已是比较大的进步[1]。

清末颁布学校体育政策的国家行政管理机构和相关机构沿革如图2所示。

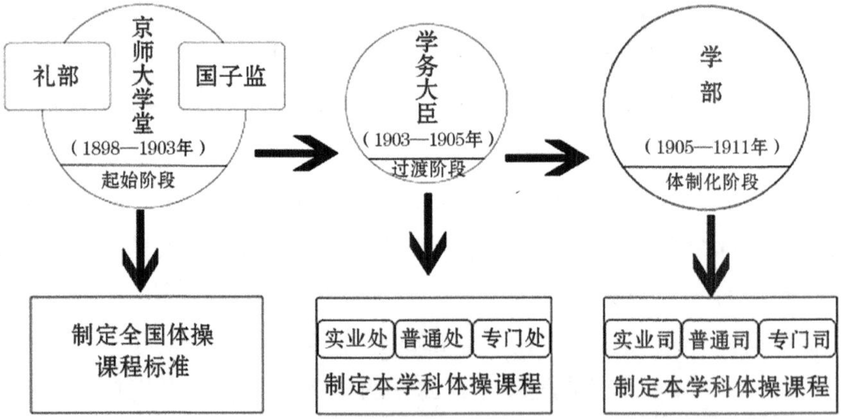

图2　清末颁布学校体育政策的国家行政管理机构和相关机构沿革示意图

---

〔1〕 费正清．剑桥中国晚清史（1800—1911年）：下卷［M］．北京：中国社会科学出版社，1985：369－376.

1898—1903 年间的京师大学堂主政教育工作，负责学校体育工作相关事务的职能机构并没有单列出来，学校体育政策内容在此时期主要在“章程”中体现体操课程科目。在机构转设为学务大臣以及学部后，学校体育事务主要由分管各级各类学校课程等事务的专门司、普通司和实业司负责。

第二节　政策文件

根据统计，在 1902—1911 年，清政府颁布与学校体育领域相关的政策文本共计 26 项，其中清政府下发的法律条文 16 项，中央主管教育部门下发通知 8 项、会议决议案 2 项。按照政策颁布的时间先后顺序，清末学校体育相关性政策及决议案（1902—1911 年）见表 2。

表 2　清末学校体育相关性政策及决议案（1902—1911 年）

序号	时间	政策文件名称	发布单位
1	1902 年 8 月 15 日	钦定蒙学堂章程	清政府
2	1902 年 8 月 15 日	钦定小学堂章程	清政府
3	1902 年 8 月 15 日	钦定中学堂章程	清政府
4	1902 年 8 月 15 日	钦定高等学堂章程	清政府
5	1902 年 8 月 15 日	钦定京师大学堂章程	清政府
6	1904 年 1 月 13 日	奏定初等小学堂章程	清政府
7	1904 年 1 月 13 日	奏定高等小学堂章程	清政府
8	1904 年 1 月 13 日	奏定中学堂章程	清政府
9	1904 年 1 月 13 日	奏定高等学堂章程	清政府
10	1904 年 1 月 13 日	奏定蒙养院章程及家庭教育法章程	清政府
11	1904 年 1 月 13 日	奏定初等师范学堂章程	清政府
12	1904 年 1 月 13 日	奏定优等师范学堂章程	清政府
13	1904 年 1 月 13 日	奏定任用教员章程	清政府

续表

序号	时间	政策文件名称	发布单位
14	1904 年 1 月 13 日	奏定各学堂管理通则	清政府
15	1904 年 1 月 13 日	奏定学务纲要	清政府
16	1904 年 1 月 13 日	奏定各学堂考试章程	清政府
17	1906 年 3 月 18 日	学部奏咨辑要	学部
18	1906 年 3 月 25 日	奏陈教育宗旨折	学部
19	1906 年 6 月 1 日	请定军国民教育主义案	中央教育会议
20	1906 年 6 月 1 日	定军国民教育主义案	中央教育会议
21	1906 年 7 月 21 日	学部订定优级师范选科简章	学部
22	1907 年 3 月 8 日	学部奏定女子小学堂章程	学部
23	1909 年 5 月 15 日	学部奏请变通初等小学章程折	学部
24	1909 年 5 月 15 日	学部奏请变通中学堂课程分为文科、实科折	学部
25	1910 年 12 月 30 日	学部奏改订两等小学堂课程折	学部
26	1911 年 1 月 26 日	学部奏改订中学文、实两科课程折	学部

如图 3 所示，1902—1904 年，由清政府以光绪皇帝名义下诏的法律条文在 1904 年达到了高峰，从 1905 年后开始以部门形式下发通知。1902—1911 年间的总数量曲线被法律条文和部门通知曲线遮盖，折射

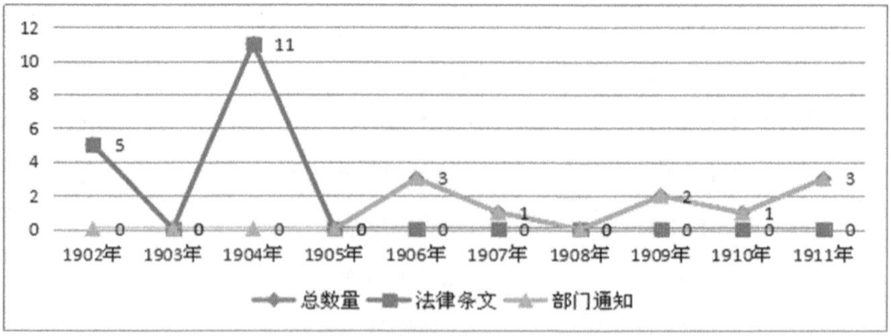

图 3　清末颁布与学校体育相关政策年度数量演变图

出管理学校体育教育行政部门出现、学部成立之后和学校体育有关的政策平均以每年一项的速度颁发。这意味着体育学科在国家及教育部门行文中的初步展现。但此历史阶段还未出现学校体育专门性的政策文件。

第三节 政策内容

清末针对学校体育的专门政策没有出台一项，此阶段是以《钦定学堂章程》和《奏定学堂章程》为主的法律性质条文，涉及学校体育课程开设及具体要求，而且学部奏请的奏折中还有一些关于体育师资等学校体育部分政策内容。

一、《钦定学堂章程》的出台与旋即废止

鸦片战争后，洋务改革派在1862年就开设了中国近代第一个新式学堂——京师同文馆，并于1866年开办了福建船政学堂。在器物方面首先开始改革，在1902年《钦定学堂章程》的颁布意味着清政府开始从教育制度上着手变革。

《钦定学堂章程》又称为“壬寅学制”，由原礼部尚书、管学大臣张百熙主持拟定。章程由蒙学堂、小学堂、中学堂、高等学堂、京师大学堂、考选入学共计6项内容构成。这已经是比较成熟而规范的学制纲要了。它详细规定了各级各类学堂的目标、性质、年限、入学条件、课程设置及相互衔接关系，把教育分为初等教育、中等教育、高等教育3个阶段。每个阶段教育由普通教育、实业教育和师范教育共同构成。

除了《考选入学章程》外，其他5个章程是以“课程、体操、课时”为高频词体现了学校体育的存在。5个不同学业阶段各有不同的宗旨要求，其中针对基础教育的蒙学堂明确提出了“调护儿童其身体”，手段在于体操。

但“壬寅学制”就如一个早生儿，随即夭折。一方面学务初起，疏漏难免，加之急进求成之心浓烈，诸多弊病遭到守旧派的质疑和攻击，并在人事上受到压制。另一方面章程本身有着重大缺陷：第一，升学次序凌乱，先行举办高层次学校，学校结构头重脚轻甚至有头无脚，以致学堂缺乏根基，没有合格生源。第二，没有设置专门的教育行政管理机构，导致学务缺乏专门机构和人员负责，成效不彰。第三，学生出身按照科举进行奖励，使所谓的新教育制度与旧科举密不可分，学生对科名科考之心还没有消退，不能专心学业，难以达成预期人才培养目标[1]。

《钦定学堂章程》虽然制定后未及全面实行就遭到废止，但其开教育广泛立法先河的意义和承上启下的价值仍然弥足珍贵。它作为中国近代由国家颁布的第一个规定学制系统的文件，是中国近代教育开始真正建设教育法制的开端，对学校体育的意义重大。它将体操作为一门学校的正式学科课程，首次得到了认可和确立，并且是中国历史上推行新式教育后最早由国家颁布的体育课程标准。

二、《奏定学堂章程》的颁布与实施

1904 年，清政府在设置教育行政机构及尝试办理新式教育的实践中，重新审视了“壬寅学制”的不足，在此基础上重新拟定了《学务纲要》《蒙养院章程》《初等小学堂章程》等 21 项系列性教育法规，形成了中国近代史上著名的《奏定学堂章程》。它以《学务纲要》为总纲，构架出各类学校的办学宗旨、课程设置、学生入学条件、修业年限，并对各类学校的相互关系做了详细规定，还对整个教育组织、学校管理、教师选用、学生考试与奖励等做了具体要求。清政府明令在全国推行章程，由于这年为农历癸卯年，故称“癸卯学制”。

---

〔1〕 陈睿腾．从学校教育制度视角看《钦定学堂章程》废除［J］．教育史研究，2011(1)：27－30.

（一）体育教育宗旨与体育课程相关政策内容

1904—1911年，陆续颁布的21项教育法规中体现学校体育政策还是以“课程、体操、课时”3个主题词在各级各类的学堂规程中展现出来的，并结合不同学龄阶段设置了体操课的宗旨、目的、内容和学时。其延续了“壬寅学制”中学校体育在基础教育中的重要性，主要源于这些不同类型的教育宗旨大都提及学生的身体健康，并开始依赖体育课对学生健康发展进行干预。

1906年3月25日，《奏陈教育宗旨折》提出“体操一科，幼稚者以游戏体操发育其身体，稍长者以兵式体操严整其纪律”。具体来说，初等小学堂强调“调护儿童身体，令其发育为宗旨”，通过体操课程达到“使儿童身体活动，发育均齐，矫正其恶习，流动其气血，鼓舞其精神，兼养成其群居不乱、行立有礼之习；并当导以有益之游戏及运动，以舒展其心思”的目标。高等小学堂提出“强壮国民之气体”的教育宗旨，通过体操课程达到“使身体各部均齐发育，四肢动作敏捷，精神畅快，志气勇壮，兼养成其乐群和众动遵纪律之习，宜以兵式体操为主”的目标。1910年12月30日，《学部奏改订两等小学堂课程折》提出：“体操为除主课，通习各科目无庸增损外，其余教授之次第……”，重申了体操在两等小学堂中的重要性，不能随意减少课时。

中学堂、高等学堂、大学堂以及各级师范类学堂、农工商实业等学堂在教育宗旨中虽没有显现出学校体育对学生发展的重要性，但是对课程的教学教法都做出了规定。尤其是中学堂体操课程教法要求提到：“中学堂体操宜讲实用，其普通体操先教以准备法、矫正法、哑铃等体操，再进则教以球竿、棍棒等体操。其兵式体操先教单人教练、柔软体操、小队教练及器械体操，再进则更教中队教练、枪剑术、野外演习及兵学大意。凡教体操者，务使规律肃静、体势整齐、意气充实、运动灵活；并可视地方之情形，若系水乡，应使练习水泳。”1909年5月15日，递交的《学部奏请变通中学堂课程分为文科、实科折》提到：“体操为通习，体操为柔软体操、兵式体操。”

但遗憾的是，在中等学堂及高等教育中，其教育宗旨未能将学校体育进行充分体现。从政策内容上讲，清政府更加重视基础教育阶段体操在所有课程中的作用。而学生走出基础教育，步入中等学堂后的阶段也是青少年发展各项身体素质的灵敏期，教育宗旨的缺位，政策对课程的要求弱化，说明此阶段对学生的身体教育是相对轻视的。

（二）体育教师相关政策内容

1906 年 3 月 18 日，由学部总务司案牍科编的《学部奏咨辑要》，在“通行各省推广师范生名额电”中指出：“方今振兴教育，以小学堂为基础，而教员亟须养成，故师范尤要……并须设五个月卒业之体操专修科，授以体操、游戏、教育、生理、教授等法，名额百人，以养成小学体操教习……”

这是我国新式教育开展以来，首次在官方层面提及体育教师的培养，虽然对体育教师的培养政策不足 50 字，但是说明学校体育工作在我国的发起与实践之后，与之匹配的政策逐步进入政策体系。

（三）涉及学校体育的其他政策内容——体育设施、器材

1906 年，《学部奏咨辑要》收录的“学部：通行京外《奖励制造教育用品章程》”认为，新式教育在中国逐步振兴需要大量的教育用品，不能只靠他国，需要自我制造，指示各级学堂如需要教育用品尽量从国内购买，甚至对国产教育物资做出“虽价值稍昂，物质稍逊，不足为病”的包容指示。

该章程第七条提出对“体操器具、体操衣帽靴及其原料如织呢、编草帽辫之类”的有关学校体育课程所需体育器材的制造商进行奖励扶植。

（四）女子学校体育的史上国家层面的首次提及

洋务运动开始后，解放妇女运动从来都没有停止过。首先出现女子学校的是由士绅商家办理的民间私立学堂，但还处在女子受教育是

为服务家庭的理念上[1]。1907 年，《女子小学堂章程》《女子师范学堂章程》的出台，意味着以国家文件的形式承认女子受教育的权利。

这两项政策对女子学堂开设体操课的课程内容、课时安排等进行了规定。这对于传统中国封闭 2000 多年的“女卑”思想是一种很大的进步，是国家对女子从身体教育上的首次认可，对后来女权运动的发展有着极大的促进意义。

第四节 主要特征及问题

一、学校体育政策体系略有雏形

清政府时期，有关学校体育政策全部是围绕着《钦定学堂章程》和《奏定学堂章程》展开的。学校体育政策融入教育政策，对学校体育的规定以课程设置为主，以体操科显现课程内容，但是为课程的顺利开展还颁布了体育师资相关政策一项、学校体育场地设施政策一项。清末颁布学校体育相关政策内容示意图如图 4 所示。

图 4 清末颁布学校体育相关政策内容示意图

〔1〕 汪业群.《奏定女子学堂章程》价值探析［J］. 兰台世界，2006（6）：71－72.

综上可以看出，清政府对学校体育的政策内容是围绕着体操课程为主干展开的，涉及体育场地设施要求、体育师资辅助体育课程的正常运行。这说明此阶段虽还未有专门性学校体育政策，但是学校体育政策已经具有了独立体系的雏形。

二、学校体育政策主题强调建章立制

1902—1904 年，由最高行政机构清中央政府下发了 16 项涵盖学校体育的法律条文性质政策，之后随着机构调整开始由学部颁发部门性规章。这说明初期清政府更期望对教育和学校体育进行建章立制[1]，通过最高的行政手段推动体操课程在全国教育系统中的设置，达到对学生强身强心的教育宗旨，完成教育革新的目标。

三、清政府学校体育政策颁布机构单一

以皇权为核心的中国传统封建政权，皇权拥有绝对权威，致使政策颁布主体只有以光绪与宣统皇帝为首的清中央政府和主管全国教育工作的学部。加上同期主管学校体育行政机构的历史变革，礼部和国子监分管教育部分职能被划归到学部中去，因此未搜集到其他部门与学校体育相关的政策文献。这说明学校体育政策颁布机构具有清中央政府和学部构成的单一纵向行政体系，体现纵向的治理理念、政治惯习和行政模式；缺乏以清中央政府为首的各行政部门的横向组织联系，来协调管理学校体育工作。

四、政策内容鲜明而单一

1902 年，在全国掀起了军国民化身体运动，其主张是以国魂为召

---

〔1〕 张文鹏，王健．清末学校体育改革的制度更新：基于政策文本的研究［J］．成都体育学院学报，2016（5）：113－117.

唤，以身体的军事化开发作为诉求，呼吁当时的政府将身体视为国富种存的基础，因而在顶层设计的构架中，兵式体操成为学校教育中改造学生的重要课程。时局背景造就兵式体操在学校体育政策中的鲜明性，政策内容却还显得单一。

五、问题一：学校体育政策数量变化无序

从1902年肇始的《钦定学堂章程》到1911年清政府统治的结束，共颁布与学校体育政策相关的文件26项，年均2.6项，直接以学校体育命名的政策文件0项。1904年，“癸卯学制”出现，当年配合政策高达11项，成为清末10年间颁布政策数量的顶峰期；而1903年、1905年、1908年，政策颁布数量为0件。因此，清末10年有关学校体育政策的每年出台数量显现出无规律性和明显特征。此阶段虽没有学校体育专门性政策，但是新式教育政策中容纳体育，标志着中国学校教育系统中开始以国家文件形式将体育正式纳入，这对随后中国形成和完善学校体育专门政策乃至体育政策贡献了理论基础，具有重大意义。

六、问题二：学校体育政策并未有效实施

清末10年学校体育政策从无到有，经历了巨大的变革，但是也出现了许多问题。最根本的问题在于全国各地并未真正贯彻落实此阶段的政策主题——体操课程。《时报》于1909年5月18日发表的一篇社论——《学部变通学堂新章之疑问宣统元年》讲道：“体操为体育主要之科目，既定为必修科，则时间岂容随意增减？乃完全科欲加随意学科者，可减二小时，简易科且可不教。吾国轻视体育，致国民有柔弱之根，学部定体操为必修科，关系至巨。必修科而可不教，是非必修之谓矣。出尔反尔，功令焉可如是？且不教体操之时间，可并入国文科，则简易科每星期当读简易识字课本二十六小时。姑勿论其时间太多，试问以简易识字课本之内容，岂能足供此许多时间之用乎？《孝

经》《论语》，完全科第三年读经讲经之用，而简易科第四年，则用为修身课本，然则此《孝经》《论语》为读经乎？抑非经书乎？简易科第四年理宜读经，则直加读经时间可也，学科为修身，而课本为经书，似是而非的政策，未见其为可也。”

综上可以看出，清末学校体育课程并未得到有效实施，体操课程、课时随意增减。最根本的问题在于对学校体育的考核政策完全缺失，在“癸卯学制”中的《各学堂考试章程》没有提到任何有关体操课程考试的要求，势必造成其在学校教育中的地位缺失。

第三章　共和风云：国民政府时期学校体育政策的相对进展（1912—1949 年）

第一节　政策环境

一、政策环境概述

（一）社会背景

1911 年，辛亥革命推翻了封建专制；1912 年元月，国民政府正式建立；1912 年 2 月 12 日，清帝发表退位诏书，清政府正式退出了历史舞台。但这并非一蹴而就地完成了封建社会向资本主义社会的转化，从思想观念到社会制度都经历了长期的阵痛和调整，资产阶级的民主观念和社会制度才得以形成，中间有反复，也有惨重的代价。北洋政府时期政治环境不稳，政府很难负起教育责任。举国陷入军阀混战之中，1912—1922 年共发生战争 170 次，战争导致扩军，这个时期是中国近代历史上最紊乱的时期。

（二）教育背景

1912 年共和政体初创之时，全国的教育事业却处于暂时停滞的低谷状态。一方面，晚清遗留下来的封建学制与共和政体不符，并且为世人所诟病，不能担负起新时代下的育人之职。另一方面，临时政府意见不统一导致教育方针政策迟迟未能出台。各省纷纷结合各自实际发布临时学校令，一时间出现了行省各自为政、教育形势一盘散沙的混乱局面。时代呼唤着新的教育体制的建立，北洋政府也加快了规划国民政府教育事业的步伐。

1912 年 1 月 19 日，教育部颁布了《普通教育暂行办法》和《普通教育暂行课程标准》，以改革普通教育旧制，维持学务。继而教育部电告各省："本部高等以上各学校规程，尚未颁布，各地方高等以上学校，应令暂照旧章办理。惟《大清会典》《大清律例》《皇朝掌故》《国朝事实》及其他有碍国民政府精神及非各种学校应授之科目，宜一律禁止。此外关于前清御批等书，一律禁止采用。"〔1〕

1912 年 7 月 10 日，全国 23 个省及华侨代表共 82 人在北京召开了国民政府中央临时教育会议，就学校系统、各级学校令及规程、学校细则、社会教育、教育行政等 90 多项提案进行了详细讨论。9 月 3 日，国民政府第一个《学校系统令》公布，是年为农历壬子年，史称"壬子学制"。

1919 年，在教育改革进入关键期之时，国际形势也发生了重大变革，欧美风潮给五四时期的中国近代教育带来了最直接而深刻的影响，开启了中国近代对外教育交流活动的又一高潮。尤其是 1919 年前后，留美学生陆续回国，他们中有相当一部分充实到政界、思想界、学术界和教育界之中，成为推动国民政府教育的重要力量。他们将美国的自由、平等、博爱的资产阶级理念和教育体系同当下国内的教育改革相结合，利用任职于学校、组织社团、创办刊物等多种方式宣传国外的先进思想观念，推动了国内社会各个领域尤其是教育领域的发展。加之这一时期以美国教育为代表的世界教育正处在教育改革逐渐走向成熟的阶段，他们确定并实践教育政策的经历为我们提供了经验。美国教育家杜威等人来中国讲学，在全国掀起了实用主义教育思潮。中

〔1〕 教育部禁用前清各书通告各省电文［Z］．临时政府公报第 32 号，1912－03－08.

美文化的冲突与交融给中国学校教育以及教育政策带来了深层次的作用和影响[1]。

1922 年 9 月，教育部在北京召开全国学制会议。各省区教育厅、教育会代表大专院校校长及部聘专家 80 人出席。蔡元培在《全国学制会议开会词》中指出："对于吾国教育，注意因应世界潮流，以谋更改，而期完善，实本会同人所当遵循也。查吾国学制，实成于元年之临时会议。施行以来，每多窒碍，此教育界同人之所深知，无待详言。至去岁以来，尤为显著……至本会之目的，则在征集全国教育家之意见及经验，以谋旧制之改善。"[2]会议最后通过了《学校制度改革案》。1922 年 11 月 1 日，国民政府以大总统令的形式，公布了《学校系统改革令》，史称"壬戌学制"。此学制的颁布在后来国民政府教育体系中相对稳定下来。

1923 年 6 月，教育部又颁布了中小学课程标准纲要。在课程标准上正式把学校的"体操科"改名为"体育科"。从此，兵操在学校体育中被彻底废止。体育课与课外活动内容逐步统一，以田径、球类、游戏为主。

（三）体育背景

清末民初现代体育的输入，使中国体育在内容、制度、文化层面都经历了一个碰撞、调适的过程，它也推动了国民政府体育从蹒跚前进到繁荣兴盛，再到艰难前行的历史过程[3]。

1912—1926 年是国民政府体育的初期发展阶段，主要表现为：在价值观念上，出现了由体育强兵、强种、强国的观念向体育竞技、健身、休闲娱乐的观念转变。在传播路线上，随着近代学校体育制度的确立，体育开始由学校向社会渗透，现代体育文化获得了越来越多的

---

〔1〕 周文佳．北洋政府时期高等教育政策研究［D］．石家庄：河北大学，2013.

〔2〕 中国蔡元培研究会．蔡元培全集：第四卷［M］．杭州：浙江教育出版社，1997：762.

〔3〕 郝更生．十年来我国之体育［J］．体育，1927（2）：7，11.

社会认同。在社会影响上，不仅有更多的社会精英分子关注中国体育的发展，而且有更多的民众开始关注大大小小的体育运动会。

1927—1937 年是国民政府体育发展的繁荣兴盛阶段，主要表现为现代各项体育制度的基本建成。例如，在体育行政管理制度上，不仅国民政府、国民军队、国民党党部系统均成立管理体育的领导机构，而且还成立了非政府的国家奥委会组织。在运动竞赛制度上，则形成省市级、大区级和全国性的 3 级体育运动比赛体系。在体育法规制度建设上，更是公布了中国历史上的第一个《国民体育法》及其实施方案。在关于中华民族传统体育的继承、改造和发展方面，同样有重要的举措，专门成立了中央国术馆及在全国形成国术馆系统。

1937—1949 年是国民政府体育发展的艰难前行阶段。由于战争环境的影响，无论是学校体育，还是社会体育和竞技体育的发展，都受到了极大的限制。当然，这一时期国民政府所确立的中国体育节，以及组织参加 1948 年伦敦奥运会等，都是值得关注的重要体育事件[1]。

二、颁布学校体育政策的中央行政管理机构和相关机构

国民政府成立之初即确定了议会制度作为国家最高立法机关。议会制度的演变从一院制的参议院到两院制的国会，再到解散，重构，再次解散，其运作过程曲折、艰难。然而其权力及政治斗争的复杂和残酷，致使其极度轻视教育。查阅议会所议决通过的法律汇编，没有一部教育法律[2]。

虽然国民政府成立之初就电告全国“有碍国民政府精神的前清旧章，一律禁止采用”，但是国民政府国会教育方面不作为，在教育行政体系构建方面对清末有益的改革还是以吸收为主。国民政府的教育体系在清末学部的基础上进行变革，以教育部为统领全国教育工作的最

〔1〕 罗时铭．国民政府体育［EB/OL］．http：//baike. baidu. com/item/%E6%B0%91%E5%9B%BD%E4%BD%93%E8%82%B2.

〔2〕 王瑜．近代高等教育法研究［D］．重庆：西南政法大学，2015.

高教育行政机构。1914 年 7 月，教育部颁布《教育部官制》，设置总务厅、普通教育司、专门教育司、社会教育司等几个部门，其中学校体育事务管理由社会教育司掌管。《教育部官制》提出社会教育司负责“关于公众体育及游戏”，这一阶段对于学校体育的具体工作还处于泛化管理阶段。伴随体育管理实践的不断增加，国民政府中央政府管理学校体育的机构设置也开始不断细化。

（一）学校体育管理机构的成功设置

1929 年，政府公布了《国民体育法》，其中全国体育行政事务由教育部和国民党的训练总监部①共同负责。在 1932 年全国体育会议结束之后，由教育部发文《国民体育实施方案》，规定建立教育部体育委员会作为最高体育行政机关，张伯苓等 17 位委员负责规划与设计全国体育发展，同年教育部又宣告教育部体育委员会各级学校体育课程讨论委员会成立。1933 年，教育部督学处设置体育督学 1 人，由郝更生专任。各省（市）也相应地设有这一官员，同年教育部通令各省（市）普遍提倡体育并注重团体运动，又通令全国一律传习弹丸、风筝、空筝（扯铃）、打梭（橄榄球）、竞渡及最良运动方法如射术、毽子等，以促进民众体育。1936 年，增设体育组[1]，直隶部长，1939 年撤销，同时体委会增置设计及编辑 2 组，1942 年又改为国民体育委员会，设学校、社会、研究实验 3 组，其间虽有部分人员升迁异动，仍能在人少事繁情况下，协力推展工作，对学校体育工作管理直至 1949 年在中国大陆覆灭②。

---

① 这些都属于国民党党部系统的体育管理机构，这些机构的主要职责是推行法西斯化的军体训练，其颁发的针对军校性质的体育政策并不在本研究范畴。在此对机构构成做简单介绍，这些机构主要由国民党中央党部体育科、国民党中央训练总监部体育科，以及 1943 年三青团成立的中央团部体育指导委员会及军队中的军事委员会体育组、军委训练总监部体育科等体育管理机构组成。

〔1〕 陈刚，蒋苏，吕艳玲. 国民政府前期的我国体育发展［J］. 体育文化导刊，2012（7）：126－131.

② 国民政府学校体育乃至体育管理这种机构延设一直在中国台湾进行发展，于 1971 年改名为“体育司”。

协调、统筹全国体育竞赛活动的专门性全国体育社团，最先由1922年成立的中华业余运动联合会负责。到1924年中华全国体育协进会正式成立后，其承担了更多的工作。1930年，中华全国体育协进会被国际奥林匹克委员会正式承认为“中国奥林匹克委员会”。在教育部颁发政策中虽然没有查阅到中华全国体育协进会与国民体育委员会明确的隶属行政关系，但是中华全国体育协进会的主要人员构成如张伯苓等是国民体育委员会重要委员，说明具有相当的官方背景。

（二）学校体育管理机构设置的失败尝试

《国民体育法》（1929年4月）及《国民体育实施方案》（1932年9月）先后公布，但以体育委员会为设计咨询机构而非执行机关，力有不及。1931年6月，训练总监部会同内政事务主管部门及教育部协同研拟合组全国体育总会，以掌理《国民体育法》及《国民体育实施方案》，会议结果，擘画12条修正体育法，其中总则、目的、方法、青年、学校、师资、委员各1条，民众3条，通则2条，策划严密，可惜亦缺乏健全行政系统，又无固定经费等，以致徒有计划而未能具体实施。

1936年，教育部体育业务日渐增多，增设了体育组，直隶部长，协同各司办理体育、童子军、卫生教育、学生军训等事宜，此时各省（市）教育行政机关多设置体育股及体育督学视察人员，唯正值澎湃发起时，可惜未能持续。日军入侵中国发动七七事变，体育事业重要设施与计划无形之中均告停顿。

国民政府时期学校体育行政演变架构图如图5所示。

综上可以看出，主管全国体育工作的行政机构在教育部的行政框架下开展工作，此阶段的体育工作大多为学校体育工作事务。

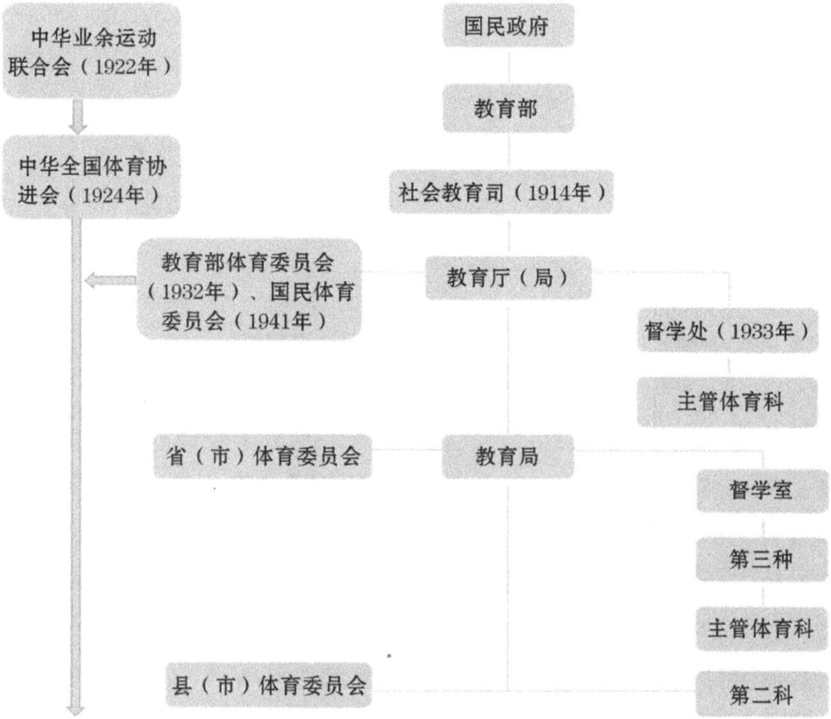

图 5　国民政府时期学校体育行政演变架构图

第二节　政策文件

据统计，1912—1949 年间，国民政府从成立到在中国大陆统治覆灭，期间内忧外患、政局动荡，国民政府还是非常重视教育的，与教育部正式颁布制定了1500 件教育政策[1]。其中与学校体育有关的政策为 51 件，仅占全部教育政策的 3. 47% 。从政策总量上讲学校体育还比较薄弱，具体如图 6 所示。

〔1〕 宋恩荣，章咸选．“中华民国”教育法规选编［M］．南京：江苏教育出版社，2005.
注释：此书首版于 1990 年，是国内首本全面收录国民政府教育法规的著作，再版后将国民政府所有的教育法规收录成目，经过笔者统计共计有 1500 件。

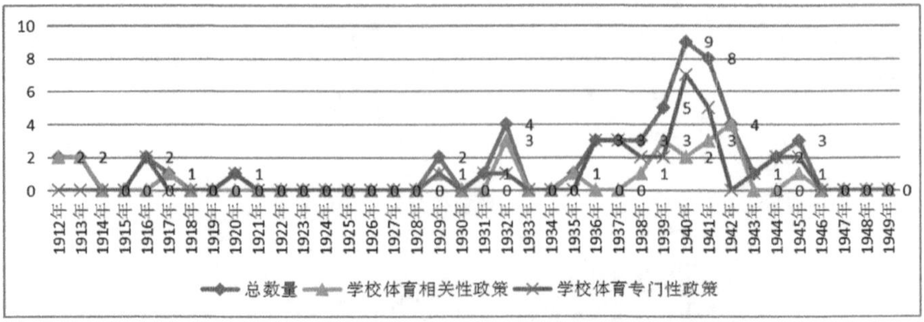

图 6　国民政府时期学校体育政策年度数量演变图

尽管学校体育政策数量总体比例较低，但是学校体育政策对学校体育工作的推动却还是十分重视的。14 次全国性质的各种教育类、体育类会议，形成了 172 项与学校体育相关的决议案①，上报教育部或国民政府后，依据此先后正式颁布了 51 项与学校体育相关的教育政策、法规，其中学校体育专门性政策共计 32 项。这期间初步形成了学校体育管理制度体系，推动了体育教育在全国教育系统中的发展。国民政府时期全国性教育行政会议学校体育决议案年度数量演变图如图 7 所示。

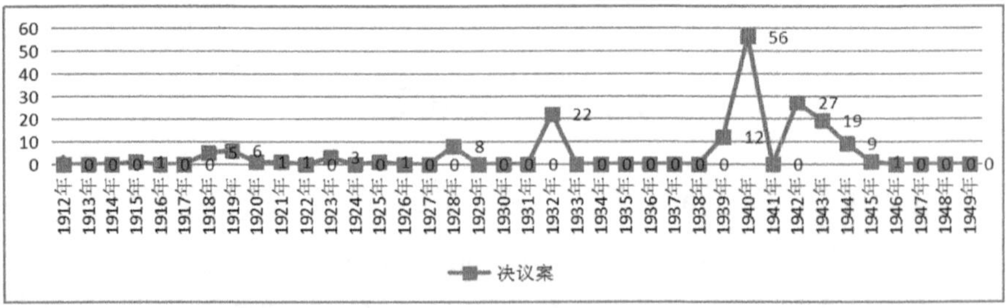

图 7　国民政府时期全国性教育行政会议学校体育决议案年度数量演变图

① 决议案具体名称见附录 A。由于决议案是会议形成的重要决定，其还在文字阶段，未通过行政手段下放实施，不能“实现权威控制、利益增进与分配”，故不能成为本研究的政策对象。但是国民政府时期的许多决议案最终成为政策，决议案作为国民政府时期重要的文献资料，将其展现出来，有助于理解此阶段政策。

值得说明的是，由于国民政府由教育部整体负责全国体育工作，在其颁布的51项政策中，有4项教育管理及课程政策，有20项为全国体育事务管理政策，是学校体育的相关性政策，具体见表3、表4。在体育政策中，由于教育行政机构逐渐健全，新式学校在全国不断增加，政策针对的主体还是学校，如国民政府时期的运动会基本以学生运动员为主，尤其是历届远东运动会（亚运会前身），基本都是以学生为主。

表3　国民政府期间学校体育相关性政策（1912—1949年）

序号	时间	体育政策文件名称	发布单位
1	1912年2月	普通教育暂行办法	国民政府
2	1912年11月	教育部订定小学校教则及课程表	教育部
3	1913年3月	教育部公布师范学校课程标准	教育部
4	1913年3月	教育部公布高等师范学校课程标准	教育部
5	1917年5月	咨呈国务院顺直省议会请愿各端分别采用文	教育部 教育公报
6	1929年4月	国民体育法	国民政府
7	1932年6月	全国体育会议规程	教育部
8	1932年9月	教育部体育委员会规程	教育部
9	1932年9月	国民体育实施方案	教育部
10	1935年3月	全国运动大会举行办法	教育部
11	1938年2月	青年训练大纲	教育部
12	1939年9月	体育场规程	教育部
13	1939年9月	体育场工作大纲	教育部
14	1939年9月	体育场辅导各地社会体育办法	教育部
15	1940年4月	各省市县举办运动会办法大纲	教育部
16	1940年5月	修正教育部体育委员会章程	行政院、 教育部

续表

序号	时间	体育政策文件名称	发布单位
17	1941 年 2 月	国民体育实施方针	教育部
18	1941 年 9 月	修正国民体育法	国民政府
19	1941 年 12 月	国民体育委员会章程	教育部
20	1942 年 2 月	省市国民体育委员会组织通则	教育部
21	1942 年 4 月	分期设置国民体育场办法要点	教育部
22	1942 年 5 月	体育节举行办法要点	教育部
23	1944 年 3 月	体育场工作实施办法	教育部
24	1945 年 6 月	教育部国民体育委员会组织条例	国民政府

表 4　国民政府期间学校体育专门性政策（1912—1949 年）

序号	时间	体育政策文件名称	发布单位
1	1916 年 1 月	初等小学校体操科教授要目草案	教育部教育公报
2	1916 年 1 月	高等小学校体操科教授要目草案	教育部教育公报
3	1920 年 3 月	改进学校体育案	教育部
	1929 年 5 月	学校卫生实施方案	教育部、卫生部
4	1929 年 11 月	学校学生健康检查规则	教育部、卫生部
5	1931 年 7 月	高级中学普通科体育课程标准	教育部
6	1932 年 11 月	教育部体育委员会各级学校体育课程讨论委员会章程	教育部
7	1936 年 3 月	小学体育教授细目	教育部
8	1936 年 8 月	暂行大学体育课程纲要	教育部
9	1936 年 9 月	体师术科成绩标准	教育部
10	1937 年 1 月	中等学校强迫课外运动试行办法	教育部
11	1937 年 1 月	小学普通课外运动试行办法	教育部
12	1937 年 10 月	职业学校实施体育训练办法	教育部

续表

序号	时间	体育政策文件名称	发布单位
13	1938 年 9 月	二十七年度学生集训改进办法	教育部
14	1938 年 9 月	高中以上学校新生入学训练实施纲要	教育部
15	1939 年 3 月	各省市举办学生健康比赛办法	教育部
16	1939 年 3 月	专科以上学校体育实施方案	教育部
17	1940 年 3 月	各级学校体育设备暂行最低限度标准	教育部
18	1940 年 3 月	小学体育实施方案	教育部
19	1940 年 3 月	中等学校体育实施方案	教育部
20	1940 年 3 月	专科以上学校体育实施方案	教育部
21	1940 年 3 月	国立中等学校体育实施成绩竞赛办法	教育部
22	1940 年 3 月	中等以上学校体育改进要点	教育部
23	1940 年 6 月	高中以上学校新生入学训练实施纲要	教育部
24	1940 年 7 月	专科以上学校甄选学业操行体育成绩俱优学生办法	教育部
25	1940 年 8 月	学生军训服装暂行办法	教育部
26	1940 年 12 月	修正高级中学体育课程标准	教育部
27	1941 年 2 月	各县市儿童健康竞赛办法要点	教育部
28	1941 年 2 月	小学体育改进要点	教育部
29	1941 年 2 月	各省市实行体育视导办法	教育部
30	1943 年 8 月	各省设立体育师资训练所办法	教育部
31	1944 年 3 月	各级学校学生健康检查及健康比赛办法	教育部
32	1944 年 4 月	中等学校体育实施成绩考核办法	教育部
33	1945 年 2 月	中等以上学校体育教学应行注意事项	教育部

在政策制定颁布数量上，从图 6、图 7 对比观察可以发现，全国教育类、体育类会议召开后形成的决议案直接影响了学校体育政策的正式出台。

在政策颁布部门上，从表3、表4中可以看到，国民政府期间出台的57项学校体育政策，其中53项由教育部颁发，最高行政机构国民政府颁发4项。而其中学校体育专门性政策33项，全由教育部颁发。令人欣喜的是，此阶段学校体育工作开始与卫生部、行政院联合发文并出台2项政策，数量虽少，但是已经表现出部门横向合作共同颁发的趋势。

第三节　政策内容

一、国民政府前期：临时政府及北洋政府阶段（1912—1927年）

国民政府前期经历了临时政府、北洋政府2个时期，其中国民政府临时政府包含南京临时政府和北京临时政府。从1912年1月1日成立到1913年10月10日袁世凯就任“中华民国”政府大总统为止，短短1年多，政府几经更迭，政府行政组织状况变化，但政权性质和行政风格并没有本质差异，尤其是教育部官制没有变化，前期一直由蔡元培任教育总长。

此阶段以蔡元培先生为首的教育家、政治家开始组建教育部，于1912年1月19日开始发文办公，迅速制定了应急性的恢复教育事业的法令。1月制定的《普通教育暂行办法》，2月即通过南京临时政府发出公报，规定了学堂改学校，负责人称校长及开学时限等详尽事宜。其中对高等小学校开设的体操科以兵式为主，同年发布了《教育部订定小学校教则及课程表》规定小学校的体操课程宗旨和课时数，与清末基本相同。1913年颁布的《教育部公布师范学校课程标准》《教育部公布高等师范学校课程标准》将体操课的内容规定为普通体操、游戏和兵士训练，同时设置了课时要求。

在应急性地恢复教育基本秩序的基础上，1912年9月颁布了《学校系统令》，明确规定了各级各类学校的年限及递进关系，此系统因当时颁布时间又称为“壬子学制”。系统令的颁布为国民政府初期构建了基本的学制系统框架，以此为基础制定与颁布了一系列的教育法规和实施细则。1913 年，“壬子学制”进行修订完善后，形成了相当全面完整的学制，改称为“壬子—癸丑学制”，其后实行了十余年之久。

在学制的不断构建完善中，学校体育专门性政策也开始出现。1916 年 1 月，教育部教育公报颁布了《初等小学校体操科教授要目草案》《高等小学校体操科教授要目草案》2 项课程授课政策。

综上看出，国民政府初年，教育政策发展极为迅速，但是学校体育政策相对缺位，专门性政策没有一项，相关性政策内容提及的还是学校体育的课程设置。经过 4 年的立法完善，虽然出台了学校体育专门性政策，但还是极少有个别学段体育课程政策。

此时期全国教育工作会议中，学校体育工作议程并未曾缺位。首先，国民政府前期延续了清末时期军国民运动，《军国民教育实行方法案》《推广童子军案》《推广童子军教育案》《改革童子军建议案》《推广中华新武术案》《拟请全国中学校一律添习武术案》《请将中国固有武术加入专门学科案》等这种带有浓厚的军国民教育色彩的学校体育议案纷纷出炉，成为国民政府前期学校体育会议工作的议程重点。这种军国民运动高潮的程度后来甚至发展到要在各级学校中填讲兵学课程。1917 年 5 月教育部教育公报颁布了《咨呈国务院顺直省议会请愿各端分别采用文》，认为“填讲兵学一科，事关变更学制”，并给出了方案[1]。但这个时间阶段在 1919 年基本宣告结束，学界、社会人士意识到了军国民教育的诸多弊端。朱剑凡在 1919 年撰文从个人、社会 2 个层面总结军国民教育结果，指出了诸多弊端，随后配合决议案以及后期政策，有关兵式体操等军国民教育的学校体育案逐渐消逝。

另外，学校体育竞赛的议案如《请速办全国联合运动会及各省区运动会案》《改进与赛远东运动会之办法案》，学生体育成绩的议案如

〔1〕成都体育学院体育史研究所．中国近代体育史资料［M］．成都：四川教育出版社，1988：384－386.

《拟定儿童发育标准》《以便考察体育成绩案》《订定运动标准以收实行锻炼之实效案》《请订体育成绩考查规程案》，建设专门体育学校的议案如《请设国立体育学校案等议案》等纷纷在全国性会议中通过。

这些议案虽然未能全部上升到中央政府、教育部下发①，但这些是全国性会议，部分议案还是在局势动荡的年代由议员官员在局部地区部分实行，尤其是体育竞赛案在中华全国体育协进会进行全国性的实施。

在国民政府初年形成的学校制度“壬子—癸丑学制”施行10余年中，各级各类教育既深蒙其利，亦有诸多弊病。受到新文化运动的推动及美国实用主义教育的影响，为健全和完善学制，由湖南省教育会提出系统的学校制度改革方案，在1919年全国教育会联合会第五届年会上正式展开讨论。到1921年10月30日全国教育会联合会第七届年会通过《新学制系统草案》。1922年，教育部召开全国学制会议，通过《学校系统改革案》，并于10月送全国教育会联合会第八届年会征求意见。其后的11月1日由黎元洪以中华国民政府大总统名义颁行全国，新学制正式诞生。1922年，新学制形成于农历壬戌年，亦称“壬戌学制”；又因其基本学制为小学六年、初中三年、高中三年、大学四年，故又称“六三三四”学制。新学制的颁布实施符合时代需求，是颇具西方思潮特征的教育标准，是一个相当周翔健全的学校系统，奠定了中国近现代学制基本雏形，从此之后极大地推动了国民政府教育的发展，并为国民政府其后学校体育课程政策的不断颁布设置了基本框架。

“六三三四”新学制颁布后，我国学校体育工作者也迅速跟入，构建自己的体育课程。1922年，第七次、第八次全国教育联合会议提出《新学制体育课程标准教授细目》，在全国教育界影响颇大，中国的学校教育和体育体制特别是中小学体育摆脱了照搬日本兵式体操和受外籍人士控制的影响，迅速融入了以欧美为代表的现代学校体育的潮流，一定程度上开始探索中国自己的学校体育发展道路。

---

① 仅有一项1919年10月全国教育会联合会通过的《改革学校体育案》促使教育部于1920年3月原题原文下发。

二、国民政府后期：南京国民政府阶段（1928—1949 年）

1928 年底，东北易帜，南京国民政府实现了对中国名义上的统一，国民政府进入后期的南京国民政府阶段，直至 1949 年结束对中国大陆的统治，历时 21 年。而这是战乱和动荡的 21 年，社会各项建设都难有长期的规划和实施成效。但是在各方努力下教育事业获得了一定的发展，尤其是一些以学校体育为主体的国际体育竞赛取得了优异的成绩，这一切都离不开学校体育政策保障。

1928—1937 年是国民政府教育事业黄金发展的 10 年，建立了相当完备的教育法规体系。据统计，“至抗战前的 1936 年，无论学校数、招生数，还是教育经费投入数，教育质量与学科程度，都达到了国民政府以来的最高水平”[1]。

（一）体育基本法确立，强化学校体育政策法定化

1929 年 4 月 18 日，国民政府公布了《国民体育法》，这是中国历史上首部体育法，奠定了体育运动在中国的合法化与全面统治，全文共计 13 条。而专门提及学校体育工作的内容有青年男女参与体育的义务、教育部对体育的法定管理、学校设置体育为必修课、体育教员资格、体育成绩研制等。从内容上讲，中国的首部体育法基本是以学校为主体制定的，此法的颁布对学校体育工作的开展及学生参与体育运动有积极的促进意义。

（二）健全学校体育工作管理法规体系

1932 年 6 月—11 月，教育部下发了 4 项指导学校体育工作的法规。《全国体育会议规程》下发构建了教育部体育委员会，定期召开全国体育会议，紧接着下发《教育部体育委员会规程》，统一了全国体育行政

〔1〕 李华兴．国民政府教育史［M］．上海：上海教育出版社，1997：12.

组织，设置了委员会的人员构成。教育部体育委员会执掌全国学校体育行政事项、全国学校体育设施，督促各级机关体育计划实行，审核学校体育课程及成绩和教员资格，编造审查预算，并规定了专科以上学校体育主任、省厅级体育督学要列席委员会会议。

随后为加强学校体育课程管理，教育部又专门下发了《教育部体育委员会各级学校体育课程讨论委员会章程》。章程明确了此委员会“讨论及编订适合各级学校体育课程标准、学校体育设备标准等事项”，委员会制定好草案直接呈教育部部长核定与公布。

而《国民体育实施方案》以《国民体育法》为根本，规定细化了全国体育行政组织体系，要求各省及县市教育厅（局）设立体育委员会管理体育工作。对学校体育场地、建筑、器材进行详尽要求。对学校体育经费管理进行专门约束。制定了学生体育课程标准考核办法。对体育教师培养学校、训练课程和从业资格认证进行专门和详尽要求。全国、各省市、各级学校运动会组织，要求各级学校每年都要开一次运动会。各级运动会项目要有国术，需要对运动员资格审查，并制定了组织细则。体育考成办法，针对各级学校体育考成、对学生成绩考成、对学生毕业考成[1]。

1941年2月教育部颁布《各省市实行体育视导办法》，从制度上进一步细化了对学校体育工作的督导。

（三）完善学校体育课程体系及学生考评

为配合国民政府前期的《教育部体育委员会各级学校体育课程讨论委员会章程》《国民体育实施方案》中有关的学校体育课程体系和学生考评，教育部于1931年7月针对高中学段下发《高级中学普通科体育课程标准》（在1940年12月进行修订并颁布《修正高级中学体育课程标准》），针对大学体育课程于1936年8月下发《暂行大学体育课程纲要》，1940年3月教育部下发《小学体育实施方案》（1941年2月又

〔1〕 教育部．国民体育实施方案［M］．上海：勤奋书局，1933：1－24.

根据形势调整小学体育工作发文《小学体育改进要点》)、《中等学校体育实施方案》（1940年3月又针对方案补充《中等以上学校体育改进要点》)、《专科以上学校体育实施方案》3项政策[1]。这些政策对国民政府时期不同学段的体育课程随社会形势发展进行不断的完善。

针对学生的考评办法也在上述章程和方案①等学校体育基本管理体系下不断完善出台。1940年3月，针对国立中学颁布《国立中等学校体育实施成绩竞赛办法》；1944年4月，又扩展到了普通中学的《中等学校体育实施成绩考核办法》；1940年7月，颁布《专科以上学校甄选学业操行体育成绩俱优学生办法》。这些考评办法结合当时体育课程标准及学生体育锻炼标准，形成了较为完善的体育教育基本体系。

（四）关注学生体质健康

教育部为使各省市教育行政机关及各学校实施学校卫生教育有所依据起见，1929年5月，教育部、卫生部联合颁布了《学校卫生实施方案》，该项方案工作范围包括健康教育、保健、预防、诊疗、环境卫生及职工卫生6个方面，同年11月又联合公布了《学校学生健康检查规则》。1936年4月，公布5月15日为儿童健康检阅日。1936年7月，公布乡村小学、城市小学、中等学校、专科以上学校《学校卫生设施暂行标准》（在1947年8月重新修正）。1937年9月，公布各级学校实施霍乱、伤寒预防注射办法（很快就被废止）。1939年3月，公布《各省市举办学生健康比赛办法》（此项办法在1944年3月与学校学生健康检查规则合并修正，改为《各级学校学生健康检查及健康比赛办法》)。1941年2月，发布《各县市儿童健康竞赛办法要点》。1939年4月，公布赣、鄂、皖、豫、闽等省特种教育（巡回教学团中山民众学校）。1939年，充实卫生设施要点。1941年5月，公布学校学生营养补救办法（现已被废止）。1943年1月，公布学校保健工作竞赛通则及

---

〔1〕 教育部. 各级学校体育实施方案［M］. 南京：正中书局，1941：1－80.

① 1932年的《国民体育实施方案》已明确要求小学、中学师范及职业学校、专科以上学校的学生体育成绩不合格者不得毕业。各级各类学校体育为必考项目。

评判记分标准[1]。从以上一系列的卫生健康政策中可以看到，国民政府非常重视学生体质健康，在政策内容上已经颇为完善了。

（五）开展学校课外体育活动及竞赛

在《国民体育法》的基础上，教育部于1935年3月下发《全国运动大会举行办法》，进一步完善学校体育竞赛工作细则，并且于1937年1月针对中小学颁布了《小学普通课外运动试行办法》《中等学校强迫课外运动试行办法》，有机地将学校体育课外活动与竞赛结合起来，予以贯通。

（六）体育师资培养及教学专门要求

国民政府时期教师的立法更为精细，如《大学教员资格条例》《中等学校教职员服务及待遇办法大纲》《中学及师范学校教员检定暂行规程》《中学及师范学校教员检定委员会组织规程》《小学教员薪水制度之原则》《小学教员检定暂行规程》《小学教员检定委员会组织规程》《小学教员检定规程》等法规对各级学校的教职员的资格、待遇、考核等做了相当详细的规范，保障了各级学校教职员的经济待遇，稳定了各级学校的教职员队伍，奠定了各级教育事业顺利发展的根基。

在国民政府前期的基本体育法规的规定下，体育教师立法受到很大重视。1936年教育部针对体育专门学校发文《体师术科成绩标准》，规范体育教师的体育技术成绩标准。1943年8月，教育部又颁布《各省设立体育师资训练所办法》。1916年1月，教育部颁布《初等小学校体操科教授要目草案》《高等小学校体操科教授要目草案》（在1936年3月变更为《小学体育教授细目》），这是“体操”到“体育课程”名称跨时代的转变。为改进中等以上学校体育教学的手段和方法，于1945年2月颁布《中等以上学校体育教学应行注意事项》。在体育师资政策不断完善的状态下，针对中小学的体育教学政策也逐步提高要求。

〔1〕 成都体育学院体育史研究所．中国近代体育史资料［M］．成都：四川教育出版社，1985：195－196.

（七）针对抗战出台的专门性学校体育政策

1937—1945 年，掀起了全民抗击日本帝国主义侵略的高潮。学校体育作为以身体教育、强壮青少年体质为目的的重要育人学科，也不可或缺地参与到服务抗日的国家需求中去。教育部于 1937 年 10 月颁布《职业学校实施体育训练办法》，1938 年 9 月颁布《二十七年度学生集训改进办法》，1938 年 9 月颁布《高中以上学校新生入学训练实施纲要》，1940 年 6 月颁布《高中以上学校新生入学训练实施纲要》等军事化学校体育政策。

（八）学校体育设备、器材政策

教育部分别于 1940 年 3 月及 8 月颁布了《各级学校体育设备暂行最低限度标准》《学生军训服装暂行办法》等服务学校体育工作及学生军事训练的政策。

自 1945 年抗日战争胜利后，国内形势迅速转变，进入国共解放战争时期。直到 1949 年中华人民共和国成立，国民政府颁布了大量的教育政策，但是学校体育政策则完全缺位。这是由于国民政府教育部着眼于恢复收复区教育接收工作，推进敌占区教育立法的健全和完善。

第四节　主要特征及问题

国民政府期间，学校体育政策陆续出台，历时 38 年左右，经历多个复杂动荡的时期，是我国近现代史上最为重要的学校体育立法时期。其间的突出成就，值得不断总结；其中的诸多不足，也需要慎重思考。

一、主要特征

（一）立法视角下政策制定初现民主化倾向

国民政府时期召开了全国性质的各种教育类、体育类会议。这些全国性的探讨学校体育工作的会议有全国教育会联合会、全国高等师范学校校长会议、全国中学校校长会议、第一次全国教育会议、全国体育会议、第三次全国教育会议、全国国民体育会议、国民体育委员会全体委员会议、国民体育委员会第二次全体委员会议、国民体育委员会第三次全体委员会议、国民体育委员会第四次全体委员会议等，都表决出了学校体育专门性决议案。召开时间的固定性、探讨时间的长时性，使得会议质量极高。探讨学校体育问题的深度和广度之大，对现今仍具有重要的借鉴意义。会议过程形成了诸多的决议案，这些决议案现实、可行，针砭时弊，为政府制定学校体育政策提供了重要的理论基础。

全国各省市皆有代表参加并提交议案，与清末之时相比，会议过程更加民主，有更多的代表进入议案决议层。而清政府所代表的封建王朝的精英治理与广大人民群众相脱节，说明了国民政府时期学校体育政策的制定更加广泛、民主及更具科学性。

（二）政策颁布机构协同工作的初现

多部门协同颁布政策是现代政策科学的基本体现形式。1929 年，教育部与卫生部联合下发有关学生体质健康的文件；1940 年，教育部与行政院的联合发文完善了学校体育管理体制。在国民政府时期这种横向协同发文量虽然仅为 3 项，但是已经殊为不易。学校体育政策从 1902 年的清末纵向化的体现，到 1929 年纵向、横向协同化出台，用近半个甲子的时间不断演变与进步，意味着国民政府时期学校体育政策初步具备了现代政策治理的雏形。

（三）学校体育政策制定技术较为规范

从总体上看，国民政府时期的学校体育政策制定技术比较纯熟，多数法规的规范程度比较高。首先，从几项体育基本法的结构上看，其主要包括了立法依据和宗旨、行为规范、违规惩处、施行细则及配套法规的授权、实施时间等方面的内容，法规的构造结构比较完整。

其次，多数学校体育法规的语言简练、准确且意义明确，可谓繁简得宜，技术高超。在主要的教育法规中，该概括原则的就简明扼要。最后，大多学校体育政策的名称比较规范统一，政策名称紧密切合法规内容。此阶段学校体育政策名称大多为“法、规程、规则、章程、通则、条例、办法、大纲、草案、方案、标准、纲要”，基本构成了法律、法规等不同层级的政策名称，说明了学校体育政策在名称方面的规范性，体现了其立法技术的成熟和规范。

（四）国民政府学校体育政策体系初步完备

国民政府学校体育政策涉及领域广泛，从某种意义上说，几乎达到了“凡学校体育事务，无不有法可依”的程度。

国民政府前期确立了教育根本宗旨和基本原则，制定了各级各类学校法规及实施细则。3 次大变革终形成了更加科学的“壬戌学制”体系。修订完善了中小学及义务教育立法，构建了稳定和完善的学制基础，但是专门性学校体育政策仅仅涉及基础教育学段的授课政策。

国民政府后期迎来了学校体育政策发展的黄金时期。在抗日战争前 10 年间学校体育政策少而精，但是奠定了国民政府时期学校体育立法之根基。此阶段法规再三强调了学校体育管理的组织体系，使学校体育管理充满了法理化，同时注重初级教育的课程立法。体育教员立法更为精细，保障了体育教学及管理人员的数量和水平。考试立法相当齐全。

抗日战争逐渐进入相持阶段，学校体育政策更加注重根本性的法规制定，着力构建既服务于抗战需要（青年训练大纲等）又奠基于长远的教育教学体系和制度。在抗日战争中后期带有鲜明战争痕迹的学校体育政策比较罕见，反而以学校体育日常教育政策为主，贯彻了当时“战时应作平时看”的基本指导思想。

体育基本法确立后，强化学校体育政策法定化，随后学校体育政策不断丰富和完善。学校体育工作管理法规、学校体育课程体系及学生考评政策、学生体质健康政策、学校课外体育活动及竞赛政策、体育师资培养及教学专门要求政策、针对抗战出台的专门性学校体育政策、学校体育设备器材 10 个方面政策，形成了完整的学校体育政策体系。这些体系是在国民政府时期时局不断更迭的混乱背景下逐步完善和构建的，难能可贵，是中国教育史上的奇迹。

（五）学校体育政策内容层次较为清晰

国民政府前期学校体育政策多以“办法、订定、公布、标准、草案、案”命名，虽然涉及学校体育诸多领域，但在形式的规范性及结构的严谨性等方面还不够充分。基本以教育部的部门行政令为主，行政法规色彩十分浓烈，在政策层级上显然缺乏足够的权威性。

国民政府后期，特别是《国民体育法》出台后，学校体育政策形式和内容层次日渐清晰，严谨程度显著上升，逐步构成了法律、法规、条例等不同层级的政策，是一个上下有序、层次分明的体系。而随着政策的不断出台，其进一步细化了以法为根基的条文内容，造就各类学校体育政策的内容庞大、领域宽泛，规定详细具体，成为在体育教学实践中依法管理、执教、考核的重要依据。

二、问题

（一）学校体育政策中国化程度较弱

“六三三四”新学制颁布后，我国学校体育工作者也迅速跟入，在一定程度上开始探索中国自己的学校体育发展道路。在 1922 年召开的第七次、第八次全国教育联合会议上提出的《新学制体育课程标准教授细目》，对全国教育界影响颇大。中国的学校教育和体育体制特别是中小学体育开始摆脱了照搬日本兵式体操和受外籍人士控制的影响，迅速融入了以欧美为代表的现代学校体育的潮流，学校体育政策的内容也从“东洋”模式向“西洋”模式转变。然而，国民政府时期时局动荡，社会与经济发展较为落后，一味地照搬国外学校体育发展模式，造成了很大程度上与本国国情脱节，使政策的中国化程度较弱，给政策实施带来诸多“水土不服”问题，以至于政策的可行性还需进一步探讨。

（二）学校体育政策实际可行性存疑

仅仅就学校体育政策制定技术熟练和规范程度而言，国民政府学校体育政策相对清末政策初兴无疑是巨大进步，在政策的系统性、政策名称构造技术、政策内容用语技术等方面都有显著提升，这些都使国民政府学校体育政策内容在衔接性、系统性及可操作性上颇有作为。

但是由于国民政府自身的诸多弱点，尤其是内外交困的动乱时局，其政策的实际执行效果与立法初衷相去甚远。

首先，1932 年的《国民体育实施方案》提出：“对小学、中学师范及职业学校、专科以上学校的学生要求体育成绩不合格者不得毕业。各级各类学校体育为必考项目。”此规定，不要说国民政府时期根本不可能实现这个目标，就是中华人民共和国成立之后的漫长时期，也没有完全做到这一点。

其次，教育部体育督学郝更生在 1935 年讲道：“本来教育部已定体育课为必修课，但很少学校执行。所以，现在一般现象，只有体育课外活动，没有正式体育课。课外活动只是少数喜欢运动的学生参加，体育活动一天天变成少数学生的特殊活动。”[1]

另外，国民政府期间在政策数量及内容上，基础学校体育师资、课程等政策明显多于高等体育教育政策。但是国民政府高等体育教育实际效果却十分显著，直接显现就是此阶段的亚运会及全运会，以学生为主体的运动员取得的优异成绩。“我国各大学之体育，从来是不受学校统制的。所有的体育设体育经费及体育教员之聘请，很多大学都直接间接受学校特殊运动阶级选手之支配、操纵垄断、包办、把

〔1〕 谷世权．中国体育史［M］．北京：北京体育大学出版社，2004：177.

持的。”[1]

当然，问题不能忽视，更不能掩盖，但我们始终需要注意，国民政府学校体育政策的问题，是在取得教育法规制定方面的重大进展过程中出现的问题。国民政府学校体育政策毕竟只是中国学校体育政策史上的一个环节，是整个学校体育制度化进程中的一块奠基石，对后来的学校体育制度化进程是不无裨益的。

[1] 王建吾．从实验中与郝督学商讨我国大学体育问题［J］．体育季刊，1935（7）：1，3.

第四章　计划深痕：中华人民共和国成立初期至改革开放前期学校体育政策的进退反复（1949—1978 年）

中华人民共和国成立初期学校体育是在中国共产党领导下的红色根据地学校体育工作以及对国民政府学校体育改造的基础上建立起来的。研究中华人民共和国成立初期学校体育政策，有必要对红色根据地的学校体育政策做一个简要回顾。

第一节　政策基础

一、政策环境概述

在中国近代史上，曾经有过两次国共合作，即 1924—1927 年的国民革命时期的第一次国共合作和抗日战争时期的第二次国共合作。从 1927 年中国共产党领导“秋收起义”并在井冈山创建第一个革命根据地起，相继又创建了江西中央革命根据地以及湘鄂西、鄂豫皖、川陕、陕甘等革命根据地。抗日战争爆发后，几经演变，在敌后又形成了很多抗日根据地，后称解放区[1]。在中国共产党领导的革命根据地内，进行文化、教育建设的同时，学校体育工作也有所建树，革命根据地

〔1〕 国家体委体育文史工作委员会．中国近代体育议决案选编［M］．北京：人民体育出版社，1991：342.

和解放区的学校体育就是在这样的历史条件下产生和发展的。

二、政策内容及特点

1927—1949 年，革命根据地（苏区、抗日根据地、东北解放区）的学校体育，与国民党统治区的学校体育并存，但风格完全不同，无论是性质还是形式都与国民党统治区的学校体育有明显区别，属于革命教育模式。

共产党人明确提出了“教育为工人运动和革命斗争服务”的纲领，并在创办各类学校的过程中，为后来革命根据地创建学校体育探索了宝贵经验。革命根据地在不同时期制定的学校体育政策和其他文教政策，对中华人民共和国学校体育政策影响深远。

（一）苏区学校体育政策

1931 年 11 月 7 日，在赣南与闽西，以瑞金为中心，包括 21 个县，面积 5 万平方公里，人口 250 万的中华苏维埃共和国临时中央政府宣告成立。同时设置了中央教育人民委员会部，重点开展红军教育和干部教育、职业技术教育和工农业余教育、儿童教育和师范教育。

为保证学校体育运动的正常开展，《中华苏维埃“共和国”小学校制度暂行条例》提出：“教室和室外的运动场、学校园、俱乐部为校舍不可缺少部分”“教室用具、运动用具等项的购置保管，另行规定”[1]。

1933 年 10 月，苏区颁发《小学课程与教则草案》，草案第二章将体育课命名为“运动”，依照儿童心理特点，提出了符合儿童身心发展的年度体操课程和教学原则[2]。如果说苏区于 1933 年 10 月发布的《小学课程与教则草案》作为一项草案尚不够成熟，亦不够系统，到 1934 年 4 月，由中央教育人民委员会部颁布的《小学课程教则大纲》则在草案的基础上，对课时的具体要求制定得更加系统和完备。

---

〔1〕 曾飙．苏区体育［M］．北京：中央文献出版社，2004：402－403.

〔2〕 曾飙．苏区体育［M］．北京：中央文献出版社，2004：399－401.

1933 年 1 月 8 日，湘赣省苏维埃政府文化部制定的《体育教学法》对“体育科”说明为：体育教学的目的是使儿童身体各部平均发育强健体质，活泼精神兼养成有规律的习惯，有团结的精神。小学校的体育注重游戏，如步技、走技、力技、跳舞表演等。至于普通体操、徒手口令、球类等亦须并用，特别是要多采用团体的游戏。教学游戏时教师要参与其中，加以亲切的指导，教学普通的体操务须说明要领，使儿童明了运动的旨趣，令儿童精神贯注于运动方面。[1]

此外，在中央苏维埃政府期间，由中央教育人民委员会部主持制定和发布的涉及体育教育方面的法规还有《小学管理法大纲》（1934 年 4 月）、《列宁初级小学校组织大纲》和《列宁高级小学校组织大纲》等，规定了早操和晚操（有队形变换和操木枪活动），体育课则要求练习体操、跑步、跳跃、投石、游戏、表情歌舞等活动。当时，列宁小学每周上体育课 3 学时，除上述内容外，还有某些兵式体操和瑞典体操活动。另外，中央教育人民委员会部和中华苏维埃共和国少年先锋队中央总队部联合审定了《少队游戏》与《少队体操》作为儿童团少先队和列宁小学的体育教材，也规定要定期开展体操、跑步、游戏、打球、踢毽子等体育活动并且经常举行各种比赛。

苏区这些学校体育政策以小学体育课程设置为基础，政策内容注重把文化科学知识同劳动教育、体育紧密结合起来，努力使学生成为德智体全面发展的革命新后代。

（二）抗日根据地学校体育政策

1937—1945 年，中国共产党领导的抗日根据地在极端困难的条件下，学校体育政策仍得到应有的重视和较好的开展。

1937 年 8 月，中国共产党提出了抗日救国十大纲领，其中教育的纲领为：“改变教育的旧制度、旧课程，实行以抗日救国为目的的新制度、新课程。实行普及的、义务的、免费的教育方案，提高人民民族

---

〔1〕 曾飙．苏区体育［M］．北京：中央文献出版社，2004：417.

觉悟的程度。”[1]

在极其困难的抗日根据地教育建设的过程中，形成了具有抗战时期特色和陕甘宁边区地方特色的新型教育制度。教育既满足战争需要、服务抗战，又在教育体系、办学思路、教学模式和教育管理等方面具有鲜明的时代特点。其中，各级各类学校中的体育教育也在办学条件十分困难的环境中得到蓬勃发展，且具有时代特征。

1938 年 8 月，边区教育厅公布的《陕甘宁边区小学法》对边区小学教育的宗旨、修业年限、课程教材、学校管理等方面做了具体规定。其总目标中包括了“锻炼儿童的健康体格”的目标。体育被列为主要课程之一，初小体育 3 节，高小体育 5 节。而《陕甘宁边区建立模范小学暂行条例》要求“课外活动，组织俱乐部、自卫军及儿童团等。训练学生的集体生活、军事行动、遵守纪律的习惯”“在组织上，应成立俱乐部，且能经常进行工作，学生年龄较小的须参加儿童团，年龄较大的参加少先队”。儿童团是三年级以下学生的社会组织，受大队部领导，培养沉着适应战争环境的能力，增强组织性和纪律性。结合体育课做些军事游戏、简单的操练和防空急救，规定的游戏充满了军事色彩。小学高年级学生也在少年先锋队的组织下进行体育活动。少年先锋队是带有半军事化性质的少年组织，四、五、六年级学生均参加。其编制分为大队、中队、小队，由大队部领导。大队部由大队长军事体育股长和政治指导员组成，体育教师当指导员。少先队各级组织归各级青救会领导，各级分队得参加各级青救领导机关，中队长兼任青救俱乐部军事体育干事，队长兼任青救会军事体育干事。其以加强青年军事训练，锻炼青年体格，发扬青年抗战积极性，武装青年，动员青年保卫边区，增加抗战力量为宗旨[2]。

《暂行中学规则草案》要求“注意体格锻炼，启发艺术兴趣，学校

---

〔1〕 王炳照，郭齐家，刘德华．简明中国教育史［M］．北京：北京师范大学出版社，1985：230.

〔2〕 陕西师范大学教育研究所．陕甘宁边区教育资料小学部分：上［M］．北京：教育科学出版社，1981：24.

要有运动场及体育器材设备”。

此外，在边区政府制定和发布的、涉及学校体育的政策主要有：1940 年 12 月，边区政府颁布的《陕甘宁边区实施义务教育暂行办法》和附件《对实施义务教育办法的说明》；1941 年，边区政府颁布的《陕甘宁边区小学教育实施纲要》《陕甘宁边区小学规程》《关于提高小学质量的指示》；1946 年 12 月，边区政府下达的《陕甘宁边区战时教育方案》；1948 年 7 月，边区政府颁布的《关于恢复老区国民教育工作的指示》等。

（三）东北解放区学校体育政策

1945 年，由于中国东北先于全国解放，其政治稳定、地理优越，成为中国经济最发达、最现代化的解放区。这就促使东北解放区所进行的教育建设一直走在全国前列，成为全国其他解放区教育事业发展的楷模。

1947 年 8 月，东北解放区第一次教育会议召开，提出今后东北解放区教育工作的重点是争取和培养大批革命知识分子来为战争和建设服务，教育工作的重心应放在知识分子集中的中学[1]，确立了东北解放区的教育宗旨。

东北解放区第三次教育会议于 1948 年 8 月召开，并颁发了《关于教育工作的指示》，对如何开展正规化教育的问题做了具体规定。其规定了小学四二制、中学三三制；师范学校 4 年，简易师范 2 年。前者主要培养高小教员，后者培养初小教员。体育作为文化课程被列入上述 4 种学段的必修课程，明确规定了学生的课外活动制度[2]。这对保证正规的体育课教学和课外体育活动，提高体育教学质量，具有直接的指导意义和深远的影响，并为中华人民共和国成立后的学校体育事

---

〔1〕 辽宁省教育科学研究所．东北解放区教育资料选编［M］．北京：教育科学出版社，1983：109－112.

〔2〕 辽宁省教育科学研究所．东北解放区教育资料选编［M］．北京：教育科学出版社，1983：30.

业的改革和发展提供了一定的条件和经验。

1949 年 9 月，东北解放区第四次教育会议召开。会议讨论和修订了各类学校暂行实施办法的 7 个文件。其中《东北区中学教育暂行实施办法（草案）》《东北区师范学校暂行实施办法（草案）》及《东北区小学教育暂行实施办法（草案）》，是根据马克思主义、列宁主义、毛泽东思想和党的教育方针政策及 1 年来实行新型正规教育的经验制定的。

其对小学①、中学及师范学校提出了健康教育目标："在于使学生获得体育卫生知识，锻炼健康体魄。"〔2〕 此外，上述 3 个暂行实施办法对课程及教材、学年、学期、假日、成绩考查、升级、毕业等都有具体详细的规定。

《东北区公立中等学校教职员暂行服务条例（草案）》《东北区小学教职员暂行服务条例（草案）》《东北区初等与中等学校校规（草案）》不仅对提高中小学师资质量，使其忠诚于党的教育事业具有重要意义，而且对中小学生保证完成学习任务、养成自觉的纪律及优良的品行，提高文化教养有直接的作用。

经过第四次教育会议讨论修订的 7 个文件，使学校制度更完整、更健全了。其中，将健康教育目标与思想并列列入各级各类学校的施教目标，为以后德智体全面教育方针的提出奠定了基础。这适应了教育工作发展的需要和全面提高教育质量的要求，也为中华人民共和国成立后发展人民教育事业提供了经验，是一次承前启后、继往开来的重要会议。1949 年 10 月中华人民共和国宣告成立，值此东北解放区的教育事业完成了其光荣的历史使命。

（四）小　结

从 1927 年 11 月苏区的发端，到 1949 年 10 月中华人民共和国成立

① 小学的健康教育目标："在于使儿童获得初步的卫生体育常识，养成卫生习惯，锻炼健康体魄。"

〔2〕 辽宁省教育科学研究所．东北解放区教育资料选编［M］．北京：教育科学出版社，1983：230－231.

的历史进程中，革命根据地的学校体育工作者在中国共产党的领导下，在极其艰难困苦的环境中，对以面向劳苦大众子弟为主体的学校体育的思想、观念、组织、内容、方法及教材等进行了一定的探索。

这些革命根据地与解放区的学校体育政策具备鲜明的红色特点。首先，在革命战争环境下，以“口令、列队”等为主体的学校体育政策内容，充满了革命精神，军事色彩浓厚。其次，由于革命根据地多在农村和偏僻山区，工农兵及其子女是主要的参与者，学校体育政策偏重引导和吸收民族、民间的体育形式和内容作为体育课程内容。再次，经过局势的稳定和教育实践经验的不断增加，学校体育政策内容也在不断增加，由单一的课程政策上升到健康目标，并涵纳了课外体育活动的要求。最后，其在政策制定技术、名称规范性上还稍有薄弱，专门性学校体育政策缺失。即便如此，它依然为无产阶级政权的学校体育政策的科学化制定开拓了道路，积累了经验，培养了人才，对中华人民共和国学校体育政策的创立奠定了基础，影响深远[1]。

第二节 政策环境

一、政策环境概述

1948 年 4 月，在人民解放战争大局已定之际，中共中央及时提出召开新的政治协商会议，讨论并筹备成立民主联合政府的建议，由此拉开了成立中华人民共和国的帷幕。1949 年 7 月，中华全国教育工作者第一次代表大会筹备会议召开，来自各解放区、待解放区以及解放军部队的教育工作者代表，共同商讨了筹备成立全国性教育工作者组织、召开全国教育工作者代表大会等事宜。会议增进了新老解放区教育工作者的沟通和了解，增强了全国教育工作者的大团结[2]。会议广泛征集了有关教

〔1〕 李晋裕. 学校体育史［M］. 海口：海南出版社，2000：11 - 13.

〔2〕 方晓东. 中华人民共和国教育史纲［M］. 海口：海南出版社，2002：67.

育工作的问题，为参政议政和中华人民共和国教育建设做出了积极的努力。

1949年10月，中华人民共和国成立，成立前夕即通过《中国人民政治协商会议共同纲领》，确定了我国的文教政策（明确提出教育及体育政策）为新民主主义，是民族的、大众的、科学的文化教育，提倡国民体育。其开始经历“从新民主主义教育向社会主义教育过渡的时期”，最基本的途径就是对旧教育进行接收、接管、接办和初步改造。

中华人民共和国成立初期，中共中央就提出接管城市要“原封原样，原封不动”的方针。在教育方面，中共中央于1948年决定：“对于新区文教机关，包括大中小学研究院、图书馆、博物馆及各种社会教育设备，一律以维持原有机关，逐步加以必要与可能的改进为原则。”“对于新区文化教育机关的教职员，一般以留用为原则，保证其生活，有步骤有计划地提高其思想水平。”1949年4月，中共中央宣布在新解放区应“保护一切公私学校、医院、文化教育机关、体育场所和其他一切公益事业”[1]。根据上述方针，中央人民政府对旧式学校体育采取了较为谨慎和稳妥的态度，实行先接收、接管和接办，再逐步改造的政策。

中央人民政府各有关部门参照革命根据地学校体育经验，吸收国民政府时期学校体育的合理内容，并借鉴苏联学校体育的经验，结合中华人民共和国的实际，建立了学校体育卫生机构，制定了学校体育卫生工作方针政策与规定，大量培养和补充了体育师资与卫生保健人员，设置了体育、卫生课程，广泛地开展了学校群众体育活动和卫生保健工作[2]。这些重要的学校体育改革逐渐确立了新的学校体育制度，而学校体育政策的身影无处不在，成为学校体育除旧布新的基本动力和主导因素。经过短暂的新民主主义时期，很快完成社会主义改造。进入社会主义建设时期，中国努力学习苏联各个领域的经验和制度，实施全面的计划经济体制。从此，中国学校体育跨越了近代时空，步入当代轨道，揭开了新的篇章。

---

〔1〕 中央对新区文教事业的政策［Z］．北京：中央档案馆，1958：262.

〔2〕 李晋裕．学校体育史［M］．海口：海南出版社，2000：1.

二、颁布学校体育政策的中央行政管理机构和相关机构

（一）教育部对学校体育工作的领导

1952 年以前，我国的教育行政管理部门没有专门的学校体育行政管理机构，中华全国体育总会这种群众性体育团体组织代行了一定的学校体育工作管理职责。但学校体育行政管理机构也进行了积极的筹备工作。

1951 年 5 月 18 日，马叙伦部长在政务院第八十五次政务会议上做的《关于 1950 年全国教育工作总结和 1951 年全国教育工作的方针和任务的报告》提出："成立体育委员会，指导各级学校切实实行'健康第一'的方针，提倡与推进国民体育卫生运动，增进国民健康。"1951 年 8 月 6 日，政务院《关于改善各级学校学生健康状况的决定》规定："各省、市、县人民政府教育行政部门应会同同级卫生行政部门、教育工会、青年团、学生联合会及当地医疗机关的代表，组织学校保健指导委员会，负责指导、检查当地各级学校的保健工作。各级学校内设保健委员会或适当人员，负责积极改善学校卫生及医疗工作，有计划地进行卫生教育，养成良好的卫生习惯。"同年 12 月 22 日，教育部向华北地区各高等学校发文，要求"高等学校应即组成包括学校行政、工会、青年团、学生会及其他有关单位的保健委员会"。

1952 年，中央人民政府教育部在 1951 年建立体育委员会秘书处的基础上，组建体育指导处，同时设立专职体育视导员，标志着中华人民共和国成立后我国的学校体育的专门组织机构的成立。

1953 年 4 月 3 日，为加强对学校体育、卫生工作的领导，以增强青少年一代的体质，保证师生的健康，教育部发文要求：（1）各省（市）教育（文教）厅（局）应设立体育科或专职视导人员，以指导所属各级学校体育、卫生等工作。此项设置争取在 1953 年上半年完成，并应报送我部备核。体育科的编制、分工或视导人员的人数由各地依当地情况在原有编制内自行调剂解决。（2）内蒙古自治区体育科

或专职人员的设置由内蒙古自治区文教部考虑决定后，报送教育部备核。(3) 各省（市）教育（文教）厅（局）已设有体育行政机构者仍旧保留，至于与当地体育分会的关系，对体育场、体育馆的领导关系等，在教育部与中央人民政府体育运动委员会未做指示前，暂维持现状。

1954 年 5 月 4 日，教育部在与有关部委的联合指示中强调，各级教育行政机关应逐步建立和健全体育处、科或配备专职视导人员，协同当地体委加强对所属学校体育工作的领导，并与有关方面密切合作，认真制订和坚决执行学校体育工作计划。学校行政除应加强体育教研机构和指定适当专人切实负责体育工作外，还应亲自抓紧以下 4 件事情：(1) 在体育运动中经常进行政治思想教育和安全教育；(2) 组织整个学校有关开展体育运动的力量共同进行工作；(3) 及时检查并解决有关体育工作的问题；(4) 给予必要的时间和可能的物质保证。

1954 年 6 月 11 日，高等教育部、教育部、卫生部、体委发布《开展学校保健工作的指示》，要求各地教育部门主动会同体育、卫生部门及其他有关单位组织学校保健指导委员会，确定该地区学校保健工作的方针和任务，交由教育部门会同有关部门执行，并定期检查。

1956 年 1 月 23 日，高等教育部将教学指导司的体育科扩建为体育处。1958 年 4 月，高等教育部和教育部合并，体育机构合并为体育处，是部直属处，由办公厅代管。1964 年 3 月，教育部又分为高等教育部和教育部，再次分设军体处，主管全国学校体育、卫生工作。

1957 年，教育部发文明确指出："学校体育工作由教育行政部门统一领导，体委负责'指导、配合、监督'的责任。"要求各省（市）教育厅（局）成立体育科。各级教育行政部门贯彻落实教育方针和中央指示精神，积极配备体育、卫生管理人员及机构，组织召开全国学校体育、卫生工作重要会议，进一步从思想认识、业务工作和组织管理等方面加强了对学校体育、卫生工作的领导。

（二）国家体委、卫生部、共青团中央等机构密切配合教育部开展学校体育工作

1952 年，国家体育运动委员会（简称"国家体委"）成立。直至

1956 年，国家体委在群众体育司设学校体育处、业余训练处，与教育部配合对学校体育和课余训练进行指导和监督。1955 年设教育司负责对国家体委领导下的各级体校的管理工作。

1956 年，卫生部在卫生防疫司设环境卫生处，同教育部配合对学校卫生进行指导和监督。

中华人民共和国成立初期学校体育中央管理行政机构演变示意架构图如图 8 所示。

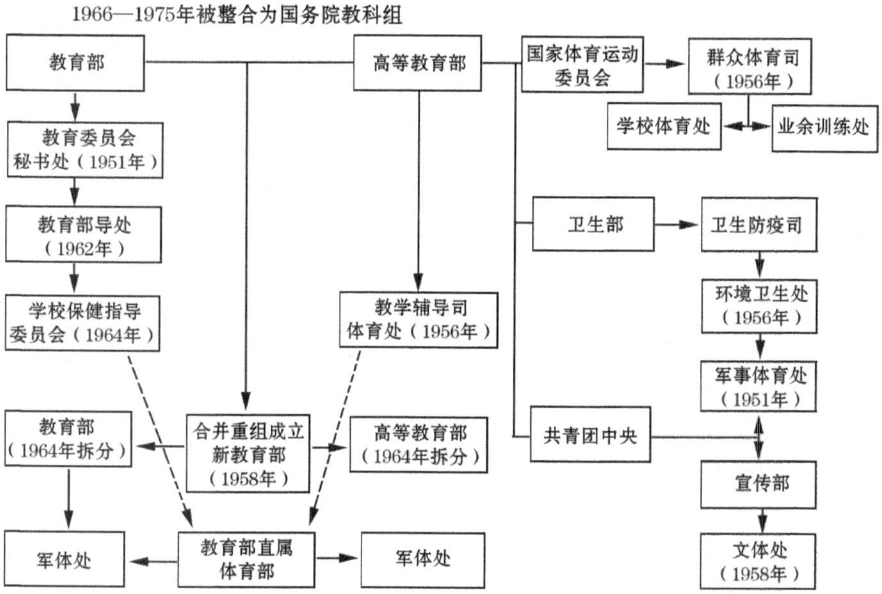

图 8　中华人民共和国成立初期学校体育中央管理行政机构演变示意架构图

1951 年，共青团中央建立了军事体育部。1958 年，共青团中央的宣传部设文体处，负责体育工作，并与教育部配合，在开展学生课余体育和运动竞赛方面发挥了积极的作用。

教育部门学校体育管理机构在加强领导、促进学校体育卫生工作中发挥了重要作用。其中包括：制定有关方针政策，加强学习体育、卫生的行政管理；会同有关部委、群众团体加强对学校体育、卫生的指导和推动工作；制定各级学校体育教学大纲，编写学校体育教材；

指导学校体育工作中开展学习苏联学校体育的先进经验；开展体育师资的培养和培训工作；推动学校群众体育与竞赛活动等[1]。

第三节　政策文件

国民政府之后，中国学校体育政策的规范化程度日益提高，对有关机构、制度、人员和设施、标准都等有了相关的法规文件。它们与中国共产党在苏区、抗日根据地和解放区领导的红色学校体育一起，构成了中华人民共和国成立时的学校体育基础。

中华人民共和国成立后我国学校体育工作逐渐步入正轨，自 1949 年 10 月至 1978 年 10 月从中央国家机关层面颁布的学校体育专门性政策共 113 项。

从图 9 可以看出，中华人民共和国成立后我国学校体育政策从 1951 年开始发轫，当年就颁布了 6 项专门性政策。与图 8 结合来看，其主要因素是 1951 年管理学校体育工作的行政机构——教育部教育委员会秘书处成立并开始工作，从此之后到 1966 年前始终保持着对学校体育工作的指导和规范，1966—1971 年间学校体育政策出台全部停滞，最终从 1972 年开始恢复。

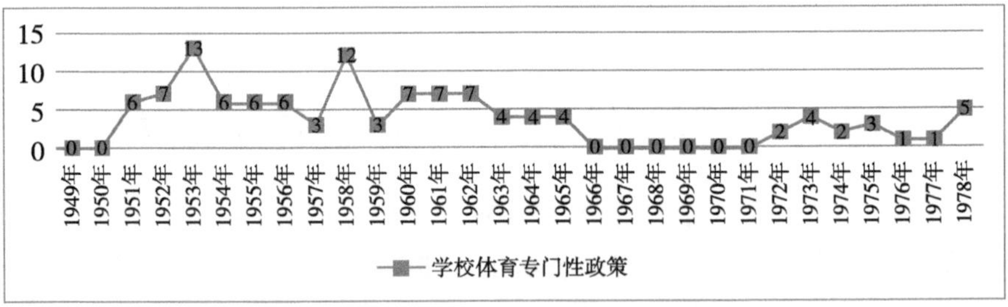

图 9　1949—1978 年学校体育专门性政策颁布数量演变图

在政策颁布部门上，我们从本研究的附录 B 中可以看到，其

---

〔1〕 李晋裕．学校体育史［M］．海口：海南出版社，2000：8－10，45－46.

包括中央人民政府、中央人民政府政务院、高等教育部、教育部、西北军政委员会教育部、西南军政委员会文教部、中央人民政府体育运动委员会、卫生部、共青团中央（前期称青年团中央）、全国学联、财政部、国务院文教办、文化部、建筑工程部、全国妇联、保卫儿童全国委员会、贯彻毛主席“七·三”指示座谈会小组、国务院科教组、国务院办公室编制小组等近20个国家中央行政机构层面的政策发布单位。其中，教育部的办公厅、高等师范教育司、体育卫生处、人民教育出版社等多个组成机构参与到学校体育专门性政策的制定及颁布中。

这一时期，从中央政府到中央政府组成部门，在中华人民共和国成立伊始即开始重视学校体育工作，相较于清末和国民政府时期的纵向管理及极个别的部门横向合作管理来讲，进步是跨越式的。而由教育部主导的学校体育工作的下属组成机构与学校体育政策制定交叉合作极为密切。

第四节 政策内容

一、中华人民共和国成立初期学校体育政策的初步构建和探索（1949—1965年）

（一）确定了我国学校体育初期发展的基本工作方针

任何教育，总是一定社会历史形态、一定阶级的教育。中华人民共和国成立初期确定的新民主主义政权特性必然存在着对旧教育进行接收、接管、接办和初步改造，为新教育体系的尽快确立打下了坚实而可靠的基础，而首要问题就是对学校体育发展基本方针的确立。

1. 发展学生健康的指示和决定

1950年，毛泽东对学生健康状况不佳的实际情况，指示教育部要贯彻“健康第一，学习第二”的工作思路。随后他为体育工作专门题词“发展体育运动，增强人民体质”，在会见全国青年代表时向全国青年提出“身体好、学习好、工作好”的“三好”希望和要求。

1951 年，周恩来主持制定了《关于改善各级学校学生健康状况的决定》，指出增进学生健康是一切任务的根本，并规定了精简课程、增加体育活动内容和时间等改善健康的具体实施细则。随后中央各相关多部门联合发文，首先对高校招生制定健康检查办法；其次针对中等以上学校大力开展体育运动，明确提出了体育教育在德智体美教育中的重要地位；之后密集联合发文开展学校范围内的学生保健指示。

1956 年，《中华人民共和国宪法》也专门提出“关怀青年的体力和智力发展”，从而对体育教育做出保障。1960 年，中共中央、国务院就保证学生、教师身体健康和劳逸结合等问题连续两次发文并做出指示，特别强调了青少年处于成长发育关键期，要时刻关心他们的健康，并提出了 6 条规定细则，从作息和学习的时间规定细则、教学质量的要求、睡眠保障、伙食管理以及每一个行政管理层级的负责人责任到位等要求，事无巨细。

但是针对当时经济困难时期的状况，师生营养跟不上，要求各级学校“减轻体育活动，停止运动竞赛”，学校体育工作也进入低潮。随着环境转好，学校体育政策要求已逐步提高。1964 年在周恩来的关怀下，国务院批转了针对中小学学生健康状况和改进的学校体育、卫生工作报告，进一步加强健康教育，要求学校开设生理卫生课程，强调指出“提高教学质量，绝不只是智育质量，还要有体育”。

1965 年，贯彻毛主席“七·三”指示座谈会小组还专门督促国务院批转教育部、体育运动委员会、卫生部关于中小学学生健康状况和改进学校体育、卫生工作的报告，极为重视学校体育工作，关注学生的健康发展状况。至此可以看出，从中华人民共和国成立初期我国就确立了学校体育工作为“学生健康”的基本方针。

2.《学校暂行工作条例》规范了学校体育工作

1961 年，教育部门吸取了“教育大跃进”的教训，并贯彻中央确定的“调整、巩固、充实、提高”八字方针，制定并颁布实施了高校、中学、小学的暂行工作条例草案。这 3 项条例规范了学校体育工作，对教学要求、运动场地和器材设备及安全教育进行了规范和统一，为我国学校体育的法规与制度建设初步奠定了基础。

（二）体育师资培养与发展

学校体育工作是围绕教学这一基本任务开展的，而开展的首要条件就是要有课程的组织者——体育师资。为满足中华人民共和国成立初期全国师资数量不足的情况，教育部、高等教育部、国家体委等部门首先在师范院校增设了体育系，开展体育师范教育。1953 年荣高棠专门批准设立专门机构培养体育师资。随后，国家体委联合教育系统快速批准设立了若干体育专业院校。

在体育师资培养上，1951 年，教育部就专门针对师范学院体育系下发课程草案，随着体育院校的不断增多以及培养中出现的教学等问题，1955 年，教育部专门下达对体育师范专业的暂行教学计划，完成对体育师资培养中的教学统一。

1959 年，教育部、国家体委在对中等学校体育师资的意见中提出：高等师范院校体育学不再调整出去，根据需要适当恢复，并明确了全国的体育院系由教育部和国家体委共同领导，制定了高校和中等学校的体育师资培养规划。

随后两部门共同对体育院系的办学方向和目标进行调整，对任务、学制、教学计划、教学大纲和教材编写等问题进行改革，修订了培养目标，调整了教学计划，并对学生的运动技术提出了高要求。

1962 年，教育部连发三文针对师范学校的体育教材和教学大纲编写进行组织，由人民教育出版社体育编辑组主要负责执行，同年完成了《师范学校体育教材纲要（初稿）》。1963 年，教育部颁发了《体育专业教学计划草案》，规定了体育专业的基本任务是培养体育师资，并设定了课程细则科目。从中华人民共和国成立后尤其是 1958—1963 年，体育师资培养目标、教学计划几经变动，缺乏稳定性，但是这个计划的出台明确了培养目标，统一了教学标准，对教学秩序稳定、教学质量提高以及师资培养发挥了重要作用，使体育师资培养政策在今后很长一段时间处于比较稳定的状态。

难能可贵的是，此阶段在高校体育教师的发展上政策也未缺位。1957 年，高等教育部为体育教师晋升通道专门下发了《关于高等学校体育教师晋升教授、副教授的通知》，从而保护了高校体育教师的权益，为他们更好地投入精力，培养良好的体育师资提供了政策保障。

（三）围绕体育教学开展的规范制定

1. 体育课程、教材建设

中华人民共和国成立初期，体育课没有统一的教学大纲和教材。1950 年，教育部颁布首个中学暂行教学计划，规定了体育课时。其后教育部专门制定了小学的体育课程标准，规定了小学体育教学目标、教材以及教学内容。此时对于各学段的课程要求还不明确。于是在 1954 年 4 个部门发起“体育正课改革”，以劳卫制为中心将体育课、课外体育活动、运动竞赛、早操有机结合起来，指示成立全国中小学体育教材编写组，以苏联体育教学大纲为基础，编写了全国统一的教学大纲。1956 年高等教育部、教育部向全国下发了高校、中学、小学 3 个体育教学大纲。至此全国各级学校体育课程有了统一的要求。

1957 年，全国体育工作会议教育部小组讨论今后加强厅（局）对学校体育工作的领导，就如何进一步做好中小学、师范学校体育教学大纲（草案）试行工作等问题进行了部署。同年高等教育部发文将高校一、二年级的体育课定为必修课，不能变为选修课，此文加强了全国高校对体育课的认识。

1958—1961 年经济困难时期前夕，教育部还召开了 16 省（市）体育工作座谈会，对加强学校体育工作的领导和进一步贯彻体育教学大纲的建议及学习工作经验进行总结和推广。随后，直至 1961 年教育部直属单位人民教育出版社编写了《高等学校普通体育课教材纲要》与

《“十年制学校体育教材”（教师用书）编辑方针》等教学重要文件，同时教育部连续对此进行发文，要求各个厅（局）及各级学校积极贯彻和使用此版纲要和教材，并下达参考使用时应注意的问题。

2. 体育教学要求

在国民政府之前鲜有提及体育教学，而中华人民共和国成立之初体育教学就受到了极大的重视。1953 年，教育部对中小学及师范学校体育教学指导工作在给各省（市）教育厅（局）等的通知中提及有能力的地区要积极开展各级体育教师的教学能力培训工作。教育部体育指导处在 1956—1957 年对全国试行小学体育教学大纲工作的有关问题中明确指出了体育教学存在的诸多问题，提出了要在体育教学内容、组织、方法层面加强对各级体育教师的培训，从而转变体育教师教学理念，并指出将教学理念融入体育师范教育中。1961 年后教育部发布的高等学校体育教学大纲，基本完善了我国各级学校各学段上的教学基本规划。这时全国学校执行新的体育教学大纲，改变了以往体育教学随意进行的局面，为我国体育教学走向制度化奠定了基础。

3. 学生体育成绩考核

1953 年，教育部关于各地中学体育成绩的暂时考查办法对各大区教育局进行要求，规定了体育教师课上考核学生的基本职责，学生考试要求由国家体委颁布的《体育锻炼标准》作为指导，并提出身体不适的学生需要提供医院证明等要求。

（四）课外体育活动、体育竞赛、场地设备与其他

1. 第一套广播体操及少年广播体操

1951 年，9 个部委联合发文推广我国自己创编的第一套广播体操，在全国各大机关、工厂、学校等单位取得了良好的反响。随后根据幼儿身体成长的特殊性，又创编了少年广播体操。1954 年，政务院文化

教育委员会广播事业局、中国新民主主义青年团中央委员会关于在“全国小学中推行少年广播体操”给各省（市）人民政府体育运动委员会、教育厅（局）等进行指示，并附带挂图。随后教育部又在全国各级学校推行儿童广播体操，并将编写实验中小学体育教学大纲的通知与其一起下发，规定了由专门教师负责教学和辅导，广播体操迅速成为我国学校中参加人数最多的体育活动。

1957年，各部委联合公布和推广了第三套广播体操、少年广播体操、儿童广播体操。1964年，在此基础上推广了第四套广播体操（包含少年、儿童广播体操），在各部委的极力倡导下广播体操成为学校早操和课间操的重要内容，对增强学生体质起到了重要作用。1966年，教育部对学校的体育工作明确提出，每天进行早操和课间操，每周进行两次体育课和两次课外体育活动，形成了学校体育工作的基本格局制度。

2.《准备劳动与卫国》体育制度（暂行）

在借鉴苏联的劳卫制以及国家体委制定的《体育锻炼标准》的基础上，1954年，我国公布了《〈准备劳动与卫国〉体育制度（暂行）》（以下简称《劳卫制》），教育部、共青团中央、全国学联等联合推广《劳卫制》中的预备级，从而将体育课、课外体育活动、运动竞赛、早操有机地串联起来。1956年，《劳卫制》取消了预备级，改为少年级，教育部要求各学段各地区学校一致推行修改后的《劳卫制》，在学校推广后取得了良好的效果。1958年，国务院正式批准发布了《劳动卫国体育制度条例》。

1964年，《劳卫制》改名为《青少年体育锻炼标准（草案）》，内容基本一致（但是取消了男子30岁以上和女子26岁以上的组别），于同年向全国全体学生进行推广。

3. 学校体育竞赛

1956年，国家体委、教育部联合发文举办全国第一届少年体育运动大会，大会于1956年8月在青岛举办，大会成立了全国第一届少年体育运动大会组织委员会办公室，以省为参赛单位，以田径、体操项目为主，并规定了竞赛规程。这是中华人民共和国成立以来第一届全国性的学校体育运动会。

1958年，多部委发文指示各级学校田径运动员参加1958年的全国中等学校学生田径运动会和1958年的全国大学生田径运动会，并下发参赛办法及规程。

1964年，3个部委联合通知关于在男少年中开展小足球活动，此政策应该算是中华人民共和国“校园足球”政策的起源所在。1963年，国家体委、共青团中央、教育部联合发布了《关于在女少年中大力倡导乒乓球活动的通知》。1965年，教育部对举办体育比赛、开展体育活动进行管理和指导，至此在政策上已经对学校体育竞赛管理进行了初步的完善和引领。

4. 运动伤害

运动伤害与学校体育形影不离，多起事故引起了高等教育部、教育部、国家体委的重视。1953年，我国下发了《关于正确发展学校体育运动、防止伤害事故的联合指示》，但是其政策内容还是以建议为主，体育运动开展的规范性、伤害事故后的生理处理措施方法、伤害事故后的责任及处理措施未见提及。但是这无疑是中国学校体育政策史上一个极大的进步。

二、“文化大革命”至改革开放前期学校体育政策的中断与复苏（1966—1978年）

1966年，“文化大革命”全面发动[1]。此段历史时期意识形态极度偏“左”，党、国家和人民遭到中华人民共和国成立以来最严重的挫

〔1〕 何沁．中华人民共和国史［M］．北京：高等教育出版社，2009：287.

折和损失。从中央到各级学校基本处于瘫痪状态，各级教育行政管理人员纷纷被下放。而学校体育也是“重灾区”，不仅学校体育的各项事业遭受了极大的摧残，中华人民共和国成立后，17 年来通过艰难探索逐步建立起来的学校体育政策也被严重破坏。这一时期的学校体育政策以另一种扭曲和变异的形式存在下来，沦为替错误教育路线呐喊的工具。

其具体表现为对中华人民共和国成立初期学校体育政策的批判，各级学校正常教学秩序被打乱，多数学校停课，学生参与到“闹革命”活动中。1967 年中共中央、国务院针对小学、中学以及大专院校发文，要求停止串联并复课闹革命，同时规定了阶级意识极为浓厚的课程安排，以政治学习为主要内容，“跳忠字舞”成为当时比较重要的体育活动。体育课程在 1969 年开始转变为以军事项目为主要内容的军体课。中华人民共和国成立初期大多数学校体育政策无法保持执行，基本作废。

1966—1972 年，没有制定及下发过一项学校体育政策，而已有的学校体育教学大纲、课余竞赛活动等制度也难以发挥政策作用。学校体育政策制定中断，给学校体育工作发展带来了极大的伤害。尤其是 1971 年下发的《全国教育工作会议纪要》，对全国学校体育工作者造成了较大的伤害。

1971 年，“九一三事件”后，周恩来主持中央工作，提出批判极左思潮，要对教育工作进行整顿，加强文化知识教学。在这一环境引导下，一些学校体育工作者开始逐步回归到工作岗位，学校体育工作开始迎来转机。1975 年，邓小平在毛泽东的支持下主持中央日常工作，开始纠正“文化大革命”的一些错误做法，提出要办好教育，调动教师的积极性，对教育工作进行了初步的整顿。1975 年 1 月，中华人民共和国第四届全国人民代表大会第一次会议决定撤销国务院科教组，恢复教育部，紧接着“关于增设体育司给国务院的请示”获得批准，11 月成立体育司，设有高教处、普教处和综合处。1976 年，“文化大革命”的动乱局面终于结束。此后，邓小平亲自抓起了科学和教育工作。

从 1966 年开始，学校体育政策的制定与颁布经历了 5 年中断，至 1971 年一部分受打击迫害被下放干校的领导干部与熟悉业务的同志开始回归体育工作岗位，全国教育和体育工作会议开始召开，恢复了部分学校体育系统的管理体制。1972 年起，学校体育政策开始逐渐恢复出台，部分体育院系开始招收工农兵学员，全国各级学校也纷纷恢复办学，体育教学逐渐恢复起来。

而此阶段政策内容肇始于恢复学校体育行政管理的请示、批文、向全国下发的通知等内容，正是由于 1973 年、1975 年中国中学生体育协会、教育部体育司、中国大学生体育协会的成立，理顺了学校体育管理体制，打通了学校体育政策出台机制，扭转了“文化大革命”前期学校体育政策的中断，政策出台，因而进入复苏期。

（一）课外体育训练与活动、体育专业恢复招生、体育竞赛等政策的率先复苏

1. 课外体育训练与活动

1972 年，全国青少年业余体育学校工作座谈会召开，并以国务院科教组、国家体委名义联合下发座谈会纪要的通知，对青少年业余运动学校发展做了较为科学的规划，提出了经费具体管理办法以及布置业余体校教材编写等举措。

1973 年，国家体委下发了《关于推行第五套广播体操问题给各省、市、自治区体委等的通知》（包括儿童），这是针对全国学生体育课余活动的开展而推动的。

1973 年，国家体委、国务院科教组关于在全国推行《体育锻炼标准》给国务院的请示获批后，即刻向全国学校推行，并成为体育课程考核的重要内容。

2. 体育专业恢复招生

1973 年，国务院科教组、国家体委又发布《高等学校体育专业一

九七三年招生工作的意见》，招生的政审意识形态虽然严重，但是相较于其他学科，又对体育招考做了专门要求，男女生以 100 米、立卧撑、纵跳和引体向上（女生俯卧撑）作为考查项目，从此体育专业招生得以恢复。

3. 体育竞赛

1973 年，全国中学生运动会召开，其中河南省代表队虚开证明，对队员年龄造假、学历造假，审核时被发现，在全国造成了极恶劣的影响。河南省委指示河南省教育局、体委自查，并形成了《关于河南省中学生运动会违犯规程情况的通报》。随后国家体委、国务院科教组向全国各省、市、自治区体委、教育局下发此通报，引以为戒，也标志着学生体育竞赛的严肃性。

（二）“文化大革命”末期确定了我国学校体育的行政体制构建

1975 年，全国体育工作座谈会议召开，来自 14 个省（市）的负责人从当前本地区及全国的实际对关于加强学校体育工作各抒己见，并形成意见下发，对学校体育在新形势下的实际发展起到了重要作用。尤其是在教育部体育司的成立下，各省（市）纷纷跟着建设相对应级别的学校体育工作机构，1975—1978 年成为学校体育各级行政机构成体系、完成恢复及构建的时期。

第五节　主要特征及问题

中华人民共和国成立初期，我国学校体育在改造、变革的同时进行了基础建设。在党和政府的重视和领导下，我国构建了相对应的学校体育行政管理机构，使学校体育工作从无计划、各自为政、放任自流向按计划、集中统一管理转变，初步形成适应社会主义计划经济体制的学校体育政策管理体系，促使工作较快地恢复、改革和发展，政策内容强调面向全体学生，体育与卫生密切结合，从为体育而体育转变到为增进学生健康服务、为劳动生产和国防服务、为保家卫国服务。这一时期学校体育的改革和发展的成效较显著，学生体质、健康状况明显改善，主要得益于国家对学校体育工作的干预与保障以及方针政策的指导和强有力的宣传、动员。在政府管理机构逐步建立和加强过程中，较充分地发挥了群众体育团体的作用，并呈现出这个时期强有力的政策特征。

一、主要特征

（一）形成了苏联模式的学校体育政策体系

学校体育工作向苏联学习是中华人民共和国成立初期学校体育卫生工作改造与建设的重大步骤。其学习内容包括苏联学校体育的思想、理论、原则、教学组织、方法、手段等，课程教材建设、劳卫制、体育师资培养、行政管理等方面都通过政策进行规划和指导。其促进了我国在计划经济条件下形成师资、骨干培养制度与计划，课程教材的理论与实践，以及劳卫制、运动员等级制等学校体育政策体系，从增强学生体质出发，形成了面向全体学生的“两课、两操、两活动”基本格局，从而构建出了苏联模式的我国学校体育政策体系。把苏联学校体育的目的性、健康性、全面性、实用性贯穿其中，有力地提高了我国学生的体质和健康水平，推动了我国学校体育的改造与建设。

（二）政策颁布机构协同工作常态化，政策形式多样

多部门协同颁布政策是现代政策科学的基本体现形式。国民政府时期已经初现这种协同工作方式，而在中华人民共和国成立初期，如1954年中央体委、高等教育部、教育部、卫生部、青年团中央、全国学联6个部门联合下发了《关于在中等以上学校中开展群众性体育运动的联合指示》，而2～3个部门联合发文极为常见。

此时期在中央人民政府的领导下，以教育部、高等教育部、国家

体育运动委员会为学校体育政策颁布的主要部门，卫生部、共青团中央、全国学联、财政部、国务院文教办、文化部、建筑工程部、全国妇联、保卫儿童全国委员会、贯彻毛主席“七·三”指示座谈会小组、国务院办公室编制小组等15个国家中央行政机构层面的单位，进行多方面、多维度的深度联合，学校体育政策多部门合作颁布已成为常态化现象。

学校体育政策形式有“上”有“下”，体现集权化的管理方式。中华人民共和国成立后针对学校体育政策的出台管理更加规范化，针对一些重大政策，学校体育行政部门采取对国家顶层行政机关国务院、中共中央的请示、汇报的文件，并有正式文号。

（三）法制化较弱，仅部分政策具备法规属性

中华人民共和国成立后，由于大环境因素使然，中国共产党在革命时期的“政策至上”获得了极大的成功，但学校体育法制化的进程比较缓慢。其间制度性的文件只颁布了《全日制中学暂行工作条例（草案）》《全日制小学暂行工作条例（草案）》《劳动卫国体育制度条例》《关于各地中学体育成绩的暂时考查办法》等规范性文件。虽然这些文件具有比一般学校体育政策更强的规范色彩，多以条例、办法等名称命名，在内容用语方面也更加简洁，大都采取了分章设条、每章一个主题、先总则后分则等表达方式，在一定程度上也体现了学校体育立法的基本形式，具有一定的立法色彩，但是学校体育的专门性立法还未得到有效的重视。不过这些政策的出台为后来《学校体育工作条例》等具备法规属性文件的出台奠定了必要的基础。

（四）计划色彩浓厚

在一切效仿苏联的形势下，我国从各个方面全盘采纳其做法，计划经济体制在全国得以全面广泛实施，这为中华人民共和国成立初期的百废待兴提供了极大的发展红利。但是把作为资源配置手段的计划经济体制等同于作为社会发展目标的社会主义指导，致使在多领域陷

入日益僵化的状况，学校体育政策也面临着越来越局促的空间。

虽然当时要求结合我国学校体育的实际，学习苏联学校体育的先进经验，指导思想是对的，但在学习过程中，人们认识上存在片面性，忽略了学校体育工作的多样性、创造性和学生的生动、活泼、主动发展；对中苏文化差异、条件差异分析研究不够；学校体育政策内容的刚性较强，过分强调统一性、计划性和教师主导作用，存在形式主义、机械照搬的现象。针对学校体育的发展目标、课程教材建设、师资培养的短期高要求、学生体质与技能水平的达标高要求、体育器材设备的配置标准都做了不切实际的刚性要求；针对培养体育师资的院校几次变动培养目标与办学体制，对体育师资的培养及学校的发展造成很大的不利；出现“以劳动代替体育”“以军事代替体育”的政策倾向。忽略了体育教育的客观规律，对我国学校体育造成了一定的伤害。

二、问题

（一）强调阶级路线和阶级斗争

无产阶级路线意识形态作为政策内容开篇，成了这个时代的主旋律。尤其是在1957年以后，教育领域的阶级性得到相当程度的强化。因此，学校体育政策开篇就被阶级路线和阶级斗争内容所占据。政策内容，首先强调坚持党对教育的绝对领导，并坚决批判资产阶级教育思想。其次就是用阶级路线和阶级斗争的观点看待教师和学生，要求教师和学生都要有无产阶级世界观和坚定的无产阶级立场，并对资产阶级形成的学校体育制度和思想进行彻底否定。大篇幅思想改造的内容后，对学校体育业务实际的科学指导和规划内容就略显缺乏，把绝对化苏联的学校体育作为科学社会主义，以它为标准，并将国民政府形成的体制管理、欧美体系体育课程等学校体育政策完全否定。

（二）“大跃进”的政策使学校体育发展数质难以兼顾

在刚刚完成社会主义改造的时候国家急于加快社会主义建设进程，

因此在认识还不够清晰的情况下，决定以超越常规的速度来赶超发达国家。1958年，党和政府在《中共中央国务院关于教育工作的指示》中要求在极短的时间内加快教育发展。为适应这一要求，同年国家体委和教育部就制定了《学校体育工作十年规划》，提出了不合实际的各项学校体育工作指标及要求。随后又提出了“四红”和“双红”标准，要求年底完成，使体育课被侵占，以可看到量化结果的《劳动卫国体育制度条例》为突破口，用培养运动员的标准与目标，要求广大普通学生进行突击训练，反复测验学生，突击达标。

1959年，召开的全国体育学院院长座谈会的简报第一号就是《体育学院去年大跃进以来几点重要成绩》，文件最后才谈到了招生、分配、粮食不足、器材设备缺乏等许多存在的问题。这从侧面透露出学校体育工作量付出许多，但是水分较多，其基本质量不能保障，使之数质难以兼顾。

我国在探索社会主义建设发展的过程中，受国家政治、经济的影响和制约，学校体育政策走过一段曲折发展的历程。当然，问题不能忽视，更不能掩盖。学校体育政策发展从历史视角上看，整体是进步的，并为随后中华人民共和国学校体育制度化建设提供了实践基础。

第五章　法治宏篇：改革开放至新时期学校体育政策逐步振兴到历史辉煌（1979—2014 年）

第一节　政策环境

一、政策环境概述

1978 年，党的十一届三中全会召开后，党和国家工作重心转移，教育工作的重点也转移到为社会主义现代化建设服务的轨道上来。在“解放思想、实事求是”思想路线的指引下，各项重要的学校体育政策开始加速恢复和转变重建。1979 年 5 月，教育部召开的“扬州会议”是中华人民共和国成立以来规模最大的一次学校体育卫生工作会议，是“文化大革命”后，学校体育、卫生工作在思想认识、组织领导、教学研究、实施管理等多方面的一次全面拨乱反正的重要会议，标志着我国学校体育工作步入了法制化建设管理的新阶段。中国学校体育政策至此掀开了新的篇章。

二、颁布学校体育政策的中央行政管理机构和相关机构

中华人民共和国成立后，我国的学校体育组织逐渐从组织体系不健全到逐步健全。目前，我国的学校体育管理已经建立起国家、省（自治区、直辖市）、市（州、盟）、县（市、区、旗）4级学校体育与组织管理机构，配备相应的组织管理人员。我国学校体育管理不断走向规范化、制度化。

（一）教育部对学校体育工作的领导

在1979年召开的“扬州会议”、1981年召开的全国学校体育卫生工作会议的推动下，各级教育行政部门基本构建了与教育部体育司业务对接的体育卫生工作机构以及相应的干部体系。

1987年我国将体育司更名为体育卫生司，增设卫生与健康教育处。1993年，原隶属于社会科学研究与艺术教育司的艺术教育处合并到体育卫生司，改司名为体育卫生与艺术教育司，下设体育、卫生、艺术、国防教育和综合处。教育部管理下的学校体育管理机构经过了历次更名及业务调整，全国各省市县级管理机构也做了相应调整和加强。至此以教育部体育卫生与艺术教育司为核心的全国学校体育工作管理机构演变基本确定。

（二）教育部领导下的相关学校体育事业单位、学校体育咨询与指导组织和学校体育社团

1. 全国中小学体育教学指导委员会

1994年根据全国中小学体育教学改革与发展的需要，为进一步加强对体育教学改革工作的指导，国家教育委员会（以下简称国家教委）成立了全国中小学体育教学改革指导小组，对全国中小学体育教学改革工作的实践活动进行指导。

2004 年，全国中小学体育教学改革指导小组更名为全国中小学体育教学指导委员会（以下简称中小学教指委），这是教育部领导的业务指导机构，秘书处设在教育部体育卫生与艺术教育司。其人员实行兼职聘任制，由国内具有较高学术水平、管理能力和丰富教学实践经验的教师、专家和管理人员组成。中小学教指委对我国中小学的体育教学、教研、科研、师资培训等工作进行了科学指导，为行政决策提供咨询，为推动中小学体育课程与教学改革、提高体育教学和人才培养质量做了许多工作，发挥了重要的作用。

2. 全国高等学校体育教学指导委员会

为加强对高等学校体育教育和教学工作的宏观指导与管理，推动体育教学改革和教学建设，不断提高人才培养的质量，国家教委于 1993 年成立全国高等学校体育教学指导委员会，这是在教育部领导下，对高等学校体育教育、教学工作进行研究、指导、评估以及提供咨询和服务的专家组织。其委员实行任期制，由教育部从高等学校或有关政府机构、企事业单位的专家、教授中选聘，并设立了公共体育、理论学科、技术学科等专业工作组。

目前此组织已经参与起草一些重要法规和文件，如《全国普通高等学校体育课程教学指导纲要》《国家学生体质健康标准》《加强高水平运动队管理办法》《教育部关于进一步加强高等学校体育工作的意见》《普通高等学校体育场地基本要求及体育器材配备目录》等，为高等学校体育工作的改革与发展做出了积极的贡献。

同时，它还接受教育部的委托，组织专家审定高等学校体育专业教材（含教学参考书和音像教材）；审定高等学校公共体育课教材；研究和审定高等学校保障体育学科教学的场地、设施、器材条件标准和配备目录。

3. 国务院学位委员会体育学科评议组

1981 年，国务院学位委员会体育学科评议组成立，这是由国务院学位委员会领导下的专家组织。国务院第一届、第二届体育学科评议组在教育学学科评议组中。国务院第三届体育学科评议组成立于 1991 年，彼时体育学科评议组从教育学中独立出来，从事学位与研究生教育的咨询研究监督和审核等工作，成员由国务院学位委员会聘任（均系兼任），可以独立开展体育学科领域有关学科建设、人才培养、学位授予，以及质量和监督等问题的研究，并就有关标准、规范和要求提出意见或建议。

4. 中国中学生体育协会、中国大学生体育协会、教育部学生体育协会联合秘书处

1973 年、1975 年，中国中学生体育协会、中国大学生体育协会分别成立，由当时的国家体委全面负责，主要工作就是参加世界中学生体育联合会和世界大学生运动会。1985 年底，在由国家教委、国家体委联合召开的全国学校课余训练工作座谈会上，国家体委正式提出，希望尽快将中国中学生、大学生体育协会对外联络等全面工作移交给国家教委全面负责。教育部领导考虑到当时我国中学生、大学生的实际运动水平，经研究决定，于 1986 年先接受了中学生体育协会的移交工作。

此后，国家体委先后于 1990 年、1992 年、1994 年、1998 年多次提出大学生体育协会移交问题。教育部领导对于移交十分重视，部领导同志多次进行了研究。2003 年 5 月，根据国务院机构改革的有关精神，经教育部、国家体育总局研究决定，将原国家体育总局管理的中国大学生体育协会对外联络工作正式移交给教育部主管的中国大学生体育协会管理。至此，中国大学生体育协会全部工作由教育部负责管理。

1998 年 9 月，教育部机构改革，成立教育部直属事业单位学生体

育协会联合秘书处，成为中国大学生体育协会、中国中学生体育协会的常设办事机构，负责国际、国内学生体育竞赛的组织管理工作，承担全国及国际各级各类学生体育比赛及学生体育相关活动的组织、策划、研究、比赛训练、市场开发工作及其他相关业务工作。

5. 全国体育硕士专业学位教育指导委员会

2005 年，国务院学位委员会批准建立全国体育硕士专业学位，这是我国体育学研究生培养体制上的一个重要调整，在原来体育科学学位的基础上拓宽了高层次应用型专门人才培养渠道。

随后成立的全国体育硕士专业学位教育指导委员会（以下简称委员会），是在国务院学位委员会、教育部指导下的全国体育硕士专业学位教育的专业性组织，指导、协调全国体育硕士专业学位教育活动。委员会成员是在有关单位推荐的基础上，由国务院学位委员会、教育部选聘，委员会秘书处设在北京体育大学。

（三）国家体育总局（原国家体委）对学校体育工作的领导

1971 年，国家体委从军队中重新回归后，恢复了体育系统的领导体制。此时期管理学校体育工作的群体司未发生大的变动，而教育司更名为科教司。国家体委在学校体育方面的工作职责还是在教育部的指导下指导直属院校的教、训、研工作，负责高中等体育教育规划以及运动队的文化建设。

1998 年，国家体委更名为国家体育总局。随着国家对我国青少年体育的重视，为更好地培育体育后备人才，国家体育总局于 2010 年成立了青少司，将群体司的部分学校体育管理职能剥离出来，并入新成立的业余训练处中，配合教育部领导下的学校体育工作开展。

第二节　政策文件

从 1966 年开始学校体育政策制定颁布经历了 5 年的中断，到 1971

年开始一部分受打击迫害被下放干校的领导干部和熟悉业务的同志又回归到体育工作岗位中，全国教育和体育工作会议开始召开，部分恢复了学校体育系统的领导体制，再到1972年学校体育政策开始逐渐恢复出台，至今学校体育专门性政策再没有中断过，并且颁布数量基本保持增长态势。

这期间出台了900多项学校体育专门性政策，年均政策20余项。其中，重要的政策有针对“文化大革命”造成学校体育伤害的恢复性政策《关于加强学校体育、卫生工作的通知》；1979年，学校体育建章立制的《中、小学体育工作暂行规定（试行草案）》《高等学校体育工作暂行规定（试行草案）》，在此基础上国务院于1990年批准的《学校体育工作条例》《十年制中小学体育教学大纲》《高等学校普通体育课教学大纲（试行草案）》《高等师范院校体育专业教学计划（试行草案）》《关于进行中国青少年、儿童身体形态、机能、素质调查研究的通知》；1975年颁发的《国家体育锻炼标准》；1982年修订的《全国学生体育运动竞赛制度》《大、中、小学生体育合格标准》及配套的《实施办法》《中小学体育器材设施配备目录》《普通高等学校体育教育专业场馆设施、器材配备目录》；1995年出台的《中华人民共和国体育法》《中华人民共和国教育法》；2007年的中央七号文件《关于加强青少年体育增强青少年体质的意见》；2012年的国办53号文《国务院办公厅转发教育部等部门关于进一步加强学校体育工作若干意见的通知》；2014年的《学生体质健康监测评价办法》《中小学学校体育工作评估办法》《学校体育工作年度报告办法》《高等学校体育工作基本标准》《国家学生体质健康标准（2014年修订）》等，极大地拓展了学校体育政策广度和深度①。

① 特别说明：政策文件名称不再一一展示，占据论文主体部分，详细条目见文后附录B。

第三节　政策内容

一、改革开放至社会主义市场经济前期政策的恢复与转变（1979—1992 年）

（一）确定了我国学校体育恢复与转变期的行政体制构建、发展指导思想和基本工作方针

1. 恢复与转变

1975 年，全国体育工作座谈会议召开，来自 14 个省（市）的负责人从本地区及全国的实际出发对如何加强学校体育工作各抒己见，并形成意见下发，对学校体育在新形势下的实际发展起到了重要作用。尤其是教育部体育司成立后，各省（市）纷纷跟着建设相对应级别的学校体育工作机构，1975—1978 年成为学校体育各级行政机构构成体系、完成恢复及构建的时期。

但是这一阶段也不是一帆风顺的。全国各个省（市）有自身的特殊情况，为了加快全国各级学校体育行政机构的健全，1978 年初，教育部、国家体委、卫生部联合下发《关于加强学校体育、卫生工作的通知》，专门要求各省（市）加强学校体育、卫生的管理工作；同年 10 月接连下文要求对各省（市）教育厅（局）年底考核。这种工作推进机制对接下来学校体育指导思想贯彻及基本工作方针执行发挥了基础性的作用。

1978 年，教育部下发《全日制中学暂行工作条例（试行草案）》《全日制小学暂行工作条例（试行草案）》《全国重点高等学校暂行工作条例》，这些是根据新时期的总任务对 1961 年的《学校暂行工作条例》修改后而颁发的，对学校体育工作进行了明确要求。

以此为纲，教育部、国家体委于1979年发布了《高等学校体育工作暂行规定（试行草案）》《中、小学体育工作暂行规定（试行草案）》两个暂行规定。它们明确了学校体育的基本任务，对体育教学及课时、体育教师、课外体育活动、场地器材（后勤工作）、组织领导等都进行单列章节，做出了明确规定和要求，确立了学生评定标准为体质的增强与否，体育经费保障等细则。与之积极配合的中小学、高校两个卫生工作条例也进行了颁发实施，与学生体质的增强和考核相互促进。为保证条例的顺利实施，教育部于1980年以基础较好的全国高校为试点，印发了贯彻执行《〈高等学校体育工作暂行规定〉（试行草案）的检查验收标准（草案）》，下发全国各级教育部门；同年发布了《少年儿童业余体校章程》。1982年教育部发布了《全国重点中小学体育、卫生工作检查验收实施方案》。

这些法规性学校体育专门性文件，宣告我国终于进入有制度可依、有规范可循的现代化学校体育管理时期，推动了我国学校体育工作的有序发展。

2. 变革与发展

工作条例经过全国性的征求意见及实践检验，将“草案”两字去除，并废止了《高等学校体育工作暂行规定（试行草案）》《中、小学体育工作暂行规定（试行草案）》两个暂行规定。在充实学校体育工作内容后，形成了《学校体育工作条例》，于1990年获得国务院批准。《学校体育工作条例》从法规角度进一步确立了学校体育的重要地位，是中华人民共和国成立后国家制定的关于学校体育工作最全面的法规，是学校体育工作的根本依据。它标志着我国学校体育工作进入法制化阶段，对学校体育工作的开展至今都发挥着重要作用。

1982年党的十二大成功召开，提出了建设中国特色社会主义的思想。在此背景下学校体育政策确立了新的指导思想和具体任务。

1983年教育部印发的《全国学校体育卫生工作会议纪要》确定了学校体育卫生工作以增强学生体质为主、以普及为主、以经常锻炼为主的指导思想。这是改革开放后学校体育重大的思路转变，明确了我国学校体育改革指导思想和任务。从而进一步紧抓对暂行规定的贯彻落实，以增强学生体质为基础，研制各级学校学生毕业体育合格标准，做好体育课程设置和教材改革，抓好师资队伍建设，调整学生运动竞赛。此文件对当时学校体育工作具有重要指导作用。

1984 年，中共中央发布《关于进一步发展体育运动的通知》，提出了“普及与提高相结合的方针……从少年儿童抓起”的发展理念。随后国家各级领导人公开对学校体育工作进行讲话，该通知成为开展工作的重点指导性文件，它指出此时学校体育工作的目的、任务和意义，并提出了更高的要求。

1985 年，全国学校学生业余体育训练工作座谈会即著名的“掖县会议”召开。它从体育教学、群体活动、试点学校和传统项目学校、体育竞赛制度等方面提出了重要的改革举措，是一次探讨建立符合教育、体育规律的学校体育课余训练体系，培养高水平体育后备人才的会议。学校体育在新时期内开展工作意义重大，至今我们依然在分享此次会议发动改革后的红利。

3. 学生体质健康评测制度的建立

从中华人民共和国成立之初毛泽东就强调“健康第一”，从而使我国学校体育工作之初就确立了以增强学生体质为根本任务。为及时了解学生体质健康状况，国家 6 个部委于 1985 年联合开展了中国历史上首次全国学生体质健康状况调研。1986 年，国家教委对全国学生体质健康状况调研工作制定了系列性的通知、请示、报告、函乃至修改稿等文件政策，终于在 1987 年经过国务院批准，出台了《关于中国学生体质、健康状况调查研究结果和加强学校体育卫生工作的意见》，明确提出了建立 4 年一次的全国学生体质健康状况调研和两年一次的监测制度，成为世界罕见的定期、大规模、统一、全面的学生体质健康状况调研、监测制度。其为及时了解学生体质健康状况变化、制定相应政策提供了重要依据。

（二）围绕体育教学开展的规范制定

1. 体育教学大纲、教材建设、体育教学

此阶段前期延续了中华人民共和国成立初期的十年制学制（小学5年，中学5年）。以此为根本，教育部于1978年颁发了中小学教学大纲，依照新形势，体育教学大纲的目的及内容为培养我国社会主义现代化强国的合格人才服务，减掉阶级思想的政治口号，批判“以劳带体”“以军带体”的错误做法。它重申以增强学生体质为准则，兼顾运动项目分类，采用以人体基本活动能力为主的技能分类，要求考虑区域差异，加大选用教材比重等纲要，明确中小学体育教学改革的指导思想，积极促进我国体育教学的恢复及发展。在此基础上，教育部于1982年开始下文对中小学体育教材工作进行继续深入。

1979年，教育部颁发了针对高校的《高等学校普通体育课教学大纲（试行草案）》，明确了增强体质等目的，阐明了高校体育课的基本任务在于全面发展大学生身体素质，对体育教材编写提出了要求，强调要加强课外体育工作，与卫生部门共同建立健康卡片；同年教育部发布了中等专业学校体育教学大纲。1982年，多部委印发《关于在中医院校体育课中增加保健体育内容的意见》的通知，对各学段、多专业性学校制定了较好的体育教学规范。

1986年，《中华人民共和国义务教育法》出台，规定了九年义务教育。配合这一法律，教育部在1978年体育教学大纲试行草案的基础上，于1987年修订颁发了《全日制中、小学体育教学大纲》（六年制）。它确定了德智体美全面发展的目的，锻炼学生身体、学生掌握“三基”① 以及对学生思想教育的三项任务；调整了教材的分类方法，加强了教材的灵活性；改革了体育课成绩考核方法等内容。

面对新形势，高校体育教学也着手进行改革，1985年国家教委修

---

① “三基”指体育基本知识、体育基本技术、体育基本技能。

订了《高等学校普通体育课教学大纲》，重新明确了培养规格、改革方向和体育教学任务，提出了合理安排教材、与中学教学大纲相衔接等新举措。为配合大纲的实施及考核，1991 年，国家教委下发了《关于开展普通高等学校体育课程评估工作的通知》，为鼓舞各高校开展体育教学的积极性，随后又下发了《关于普通高等学校体育课程评估评优表彰工作的通知》《关于表彰全国普通高等学校体育课程评估优秀学校和优秀老体育教师的决定》。

为做好体育课程教学、评估和管理，1992 年，国家教委颁布《全国普通高等学校体育课程教学指导纲要》，内容涵盖体育课的性质和任务、体育课程的设置和课时数分配、体育课程教材的选编原则和要求、体育课程评估、体育课程的管理和附则 6 部分。

2. 学生体育考试及成绩考核

1981 年，教育部发布上海崇明中学在录取学生时实行体育加试的办法，同年召开的全国学校体育卫生工作会议指出，重点中学招生时增加体育的内容和标准，要求各省（市）开始试验、执行下去。1981 年教育部体育司就启动了关于高考体育标准与要求的调查。1982 年教育部体育司召开升学考试体育座谈会，从此开始推动体育考试试验工作。

1979 年，《关于在学校中进一步广泛施行〈国家体育锻炼标准〉的意见》的通知确立了对学生体育的成绩考核标准。而对高校学生的成绩考核又有明确要求，在 1979 年的体育教学大纲中明确要求“采用机能测定、技评、达标及学习态度”4 项内容组成的考核方法，摒弃了单一传统的考核方法，对高校学生的体育考核更加科学和精细。

1981 年实行的《高等学校学生体质、健康卡片》和《中、小学学生体质健康卡片》，对学生的基本考评及登记更加规范了。为推动这一良好的考评措施，同年教育部又下发了《关于进一步建立、健全“体质、健康卡片”，进行全国学生体质、健康调查研究的实施方案》的通知，对学生体育考试及成绩考核不仅仅是有所恢复，更多的是考核和考试上的史上创新。

从发布的通知中发现，从 1983 年国家开始研究制定各级学校学生毕业体育合格标准，并广泛试行，到 1987 年国家教委颁发《中学生体育合格标准的试行办法》，规定了体育合格的基本条件，参加《国家体育锻炼标准》是其中的重要组成部分，并规定从 1989 年开始体育不合格学生不得报考高校等举措，这是中国历史上首次将体育考试与升学结合起来。

1990 年，《大学生体育合格标准》颁布；1992 年，《小学生体育合格标准》颁布。这些标准的颁布，使全国有了可以统一及量化的学生体育考核标准，有效地加强了体育课程的建设，推动了课外体育活动的开展。

3. 体育教师发展

在体育教师发展方面，教育部于 1981 年下发了《关于实行高等学校教师工作量制度的通知》，从制度上首次提出了对高校体育教师在课程工作量以及课外体育活动工作量上的保护。

在对高校体育教师的培训上，教育部下发了 1981—1983 年高校体育专业教师及公共体育课教师培训计划的系列性通知，旨在对高校体育教师的教学能力、理论基础等进行培训，并对培训单位及高校进行了要求。

此阶段对体育教师发展的培养和保护以高校体育教师为主。

（三）课外体育训练与活动、体育师资培养、体育竞赛等政策的恢复

1. 课外体育训练与活动

1983 年，教育部、国家体委下发《体育传统项目学校实行办法》，明确了办学目的、任务、条件、管理等内容。1981 年 13 个部委开始推

动第六套广播体操（包括儿童）[①]，这是在1973年第五套广播体操基础上的又一次前进，是针对全国学生体育课余活动的开展而推动的。

考虑到1973年全国执行的《体育锻炼标准》在实际操作中的情况，1981年教育部体育司着手修改了《国家体育锻炼标准》，并在全国学校下发，与新标准结合向上级上报了学生健康状况，改进了学校体育卫生工作的报告，成为体育课程考核的重要内容。1982年教育部发布《关于保证中、小学生每天有一小时体育活动的通知》，至此以业余训练为起点，拓展到广播体操，再到锻炼标准的制定和修改，在中、小学开展课外一小时体育活动的规定下，学校课外体育活动得以恢复与积极转变。

1989年，国务院批准了《国家体育锻炼标准施行办法》，这是对旧《国家体育锻炼标准》的修改，对部分项目、测试方法以及评分、评级方法与标准做了调整，国家教委将其作为学生体育考核的重要标准。

在课外体育活动良好开展的环境下，课余训练政策也积极协调，于1986年开始实施全国高校招收及培养高水平运动员系列性政策，随后试点中学培养体育后备人才系列性政策开始实施，建立起一批培养体育运动后备人才的学校，形成了小、中、大学体育运动后备人才培养体制，打开了“体教融合”的新局面。

2. 体育师资培养

1978年，国务院批转教育部招生工作意见后，又大量恢复了一批师范学院体育系，至此体育师资培养开始转变得更加切合实际。

1978年，国家针对体育教师、体育专业学生粮食定量和教学工作（运动）服装供应问题专门下文，保障粮食和服装的供应。1980年，《高师院校体育专业教学计划（试行草案）》下发，这是对1963年的《体育专业教学计划草案》结合新时期体育师资培养工作的进一步细化

① 两套广播体操针对儿童都专门编设下发。

及改革。随后教育部、国家体委多次下文推动此次教学计划的实施以及专业教材编写的安排。为了进一步细化体育专业培养，1980 年国家体委发布《关于实行体育学院体育系教学计划和体育学院学生学籍管理的暂行规定的通知》。1981 年，国家体委发布《关于下发体育学院的任务、系科设置、专业设置和修业年限意见的通知》。这些政策的颁布对体育师资培养有了制度化的明确规范。

1986 年，国家教委发布《关于加强中小学体育师资队伍建设的意见》，指出当前困境和加强体育师资队伍建设的重要意义，提出体育师资的学历要求，以及扩大体育师资培养院校招生等具体举措。

为配合上述意见的举措，国家教委于 1987 年下发了《修订全国普通高校体育本科专业目录的通知》，内容实际意义重大，将体育专业本科点扩大到 83 个，其中体育教师培养专业点 66 个，招生规模达到 5000 人。次年国家教委正式颁布《全国普通高校体育本科专业目录》。随着社会的发展及培养规模的扩大，国家教委于 1991 年发布了《普通高校本科体育教育专业教学计划》，提出将必修课程门类和学时减少、选修课程增加、理论课程增加、拓宽选修学科课程、保证教学实习安排时间等一系列举措。

针对中学体育教师培养，国家教委在 1983 年发布《高等师范专科学校体育教育专业教学计划（试行草案）》的基础上，于 1992 年对其进行修订，去掉了“试行草案”一词，成为正式的专科体育教育教学计划，结合实际进行课程设置。

针对小学体育教师培养，国家教委于 1987 年印发了《中师体育班教学计划试验方案》（讨论稿），对中师体育班的培养目标、修业年限（3 年）、课程设置与学时分配、必修课与选修课的基本内容和要求、教育实习和专业实践等做出了明确具体的规定。

各种师范体育教育的政策举措，使体育系（科）建设加快，教学、教育管理工作加强，招生规模逐年扩大，解决了中华人民共和国成立至此体育师资严重匮乏的问题。

3. 体育竞赛

在此期间全国性的青少年赛事开始恢复。1979 年，国家体委、教育部下发了《全国学生体育运动竞赛制度》，从制度层面规范了全国学生体育竞赛，为 1980 年全国中小学生中积极开展足球活动，1982 年举办第一届全国大学生运动会奠定了制度基础。此时期对学校体育的裁判员也进行了专门约束，按照国家体委 1981 年下发的裁判员守则执行。

1986 年，中国中学生体育协会划归国家教委负责，先后发出系列性通知，举办了第二届全国大学生运动会、第三届中学生运动会。1991 年，国家教委修订了中国大学生体育协会、中学生体育协会章程，根据学校实际和学生特点对竞赛制度和办法进行了改革。

在对外学生体育赛事交流上，国家教委于 1989 年下发了《参加国际中学生体育竞赛活动若干问题的暂行规定》的通知，对参赛人员的基本条件、组队办法、参赛项目和审批程序、经费等都做了具体的规定。这是我国历史上对外学校体育竞赛交流的首次制度创新，为学生参与国际体育竞赛提供了制度性保障。

（四）体育场馆设施、器材及后勤保障

体育场馆设施、器材及后勤保障一直在前期的各种指导性文件和实施工作文件中有所提及，国家教委于 1989 年开始出台对此的专门性文件，如《中学体育器材设备配备目录》《小学体育器材设备配备目录》，首先按照农村和城市区分要求，其次按照规模依次要求。1993 年，国家教委重新印发了《中、小学卫生室器械与设备配备目录》，并指出其是以《学校卫生工作条例》规定的学校卫生工作要求为依据，结合中、小学的实际情况制定的，是对 600 人以上的中、小学的卫生室器械与设备配备的基本要求，分为 3 个档次：Ⅲ档配备为基本标准，Ⅱ档配备为一般标准，Ⅰ档配备为较高标准。

1990 年，国家教委发布了针对高校的《普通高等学校体育教育专业场馆设施、器材配备目录（试行草案）》，内容涵盖必配与选配两部分。必配项目是根据教学大纲中所规定的必修课基本要求确定的，必配项目应按目录中规定的数量配备。选配项目是根据大纲中所规定的选修课的基本要求确定的，选配项目根据学校自身情况确定。1992 年，国家教委发布了此目录的征求意见稿，以《学校体育工作条例》和《大学生体育合格标准》为依据，参照 1991 年国家教委《普通高等学校建筑规划面积指标》（送审稿）中有关体育用地、风雨操场等面积定额的规定，结合我国普通高等学校体育设施的现状，于 1992 年发布了《普通高等学校体育场馆设施、器材配备目录》（征求意见稿），目录中含必配与选配两部分内容。必配项目应按目录中规定的数量配备；选配项目可根据各学校的特点和实际需要酌情配置。

这些目录也成为考核学校工作的重要标准，对构建我国完备的学校体育基本设施意义重大。

二、市场经济确立背景下学校体育政策发展的辉煌（1993—2014 年）

1992 年、1997 年党的十四次、十五次全国代表大会确立了建立社会主义市场经济的重大决策，并提出“科教兴国”的战略思路。与之配合的《中华人民共和国教师法》（1993 年）、《中华人民共和国教育法》（1995 年）、《中华人民共和国体育法》（1995 年）纷纷出台。教育事业、体育事业步入法制化轨道，促使学校体育政策进入法制化的阶段。

（一）法律出台，中共中央、国务院文件的指示确定了新时期我国学校体育的发展指导思想和基本工作方针

（1）《中华人民共和国教师法》《中华人民共和国教育法》《中华人民共和国体育法》对学校体育的规定。

1993 年，全国人民代表大会通过《中华人民共和国教师法》（以

下简称《教师法》），对教师的权利和义务、资格和作用、培养和培训、考核、待遇、奖励、法律责任等都有明确的要求；为确定体育教师教书育人的职责、提高体育教师的地位和待遇、加强体育师资队伍的建设和管理、保障体育教师的合法权益等提供了法律依据。

1995 年，全国人民代表大会通过《中华人民共和国教育法》（以下简称《教育法》），要求“教育、体育、卫生行政部门和学校及其他教育机构应当完善体育、卫生保健设施，保护学生的身心健康”。《教育法》作为教育的根本大法，为发展教育事业和学校体育卫生事业明确了方向，并提供了法律保护。

1995 年，全国人民代表大会通过《中华人民共和国体育法》（以下简称《体育法》），对学校体育设了专章，包括第十七条至第二十三条。其对学校体育的地位、学校体育的要求，甚至学校体育中的体育课教学、课外体育活动、学校运动会等都做了明确具体的规定。《体育法》的颁布与实施，为提高中华民族的身体素质提供了法律保护，对建设体育强国具有重要指导作用。同时，其也有利于依法加强对学校体育的管理，普及学校体育，促进广大青少年儿童身心健康成长。

（2）1993 年，我国发布了《中国教育改革和发展纲要的制定与实施》，提出“加强和改善学校体育工作，动员社会力量关心学生体质健康，切实解决体育师资、经费、设施保障，逐步按教学计划上好体育健康课，各级政府要把学校体育、卫生工作状况列为各级教育督导的内容之一”。

（3）1995 年，国务院面向全体公民，以青少年儿童为重点颁发《全民健身计划纲要》（以下简称《纲要》），指出“各级各类学校要全面贯彻教育方针，努力做好学校体育工作”。为了将《纲要》的要求在教育考试中落到实处，国家教委于 1995 年专门下发了《贯彻〈全民健身计划纲要〉的意见》，强调青少年学生的体育锻炼是全民健身活动的基础，加强学校体育卫生工作是使学生科学、持久地参加体育锻炼的重要保证。各地各校要切实重视和加强学校体育工作。

（4）1999 年 6 月，中共中央、国务院下发《关于深化教育改革全面推进素质教育的决定》，指出："实施素质教育，必须把德育、智育、体育、美育等有机地统一在教育活动的各个环节中。要加强体育教育，促进学生的全面发展和健康成长。""学校教育要树立健康第一的指导思想，切实加强体育工作，使学生掌握基本的运动技能，养成锻炼身体的良好习惯。"其还对学生体育活动提出了具体的要求："确保学生体育课程和课外体育活动时间，不准挤占体育活动时间和场所。举办多种多样的群体性体育活动，培养学生的竞争意识、合作精神和坚强毅力。地方各级人民政府要统筹规划，为学校开展体育活动提供必要条件。""培养学生的良好卫生习惯，了解科学营养知识。根据农村的实际条件和需要，有针对性地加强农村学校的体育和卫生工作。"这是我国第一次在中共中央、国务院文件中明确提出在学校教育中要树立"健康第一"的指导思想，对中国教育而言，应该说具有里程碑式的意义。

（5）跨入21世纪后，为了加大我国基础教育的改革力度，切实推进素质教育的实施，国务院于2002年下发了《关于基础教育改革与发展的决定》，有关学校体育卫生工作的表述为：明确提出基础教育要"贯彻'健康第一'的思想，切实提高学生体质健康水平""增加体育课时并保证学生每天参加一小时体育活动。开展经常性小型多样的学生体育竞赛，培养学生团体精神和顽强意志""加强传染病预防工作和学校饮食卫生管理，防止传染病流行和食物中毒事件发生。制定并实施学生体质健康标准"。

（6）2007年，中共中央、国务院下发《关于加强青少年体育增强青少年体质的意见》，文件指出青少年体质健康的重要性，提出全面实施《国家体质健康标准》，并广泛开展全国亿万学生阳光体育运动，确保学生每天一小时体育锻炼时间，减轻学生过重的课业负担，加强体育教师队伍建设等具体措施。这是自中华人民共和国成立以来，关于学校体育工作的最高规格文件，是我国实施素质教育的重要文件，是新时期学校体育工作的纲领性文件。文件具有很强的针对性和可操作性。

（7）《国家中长期教育改革和发展规划纲要（2010—2020 年）》提出：“全面加强和改进德育、智育、体育、美育。坚持文化知识学习与思想品德修养的统一、理论学习与社会实践的统一、全面发展与个性发展的统一。加强体育，牢固树立健康第一的思想，确保学生体育课程和课余活动时间，提高体育教学质量，加强心理健康教育，促进学生身心健康、体魄强健、意志坚强。”“重视安全教育、生命教育、国防教育、可持续发展教育。促进德育、智育、体育、美育有机融合，提高学生综合素质，使学生成为德智体美全面发展的社会主义建设者和接班人。”其在义务教育部分进一步强调“增强学生体质。科学安排学习、生活、锻炼，保证学生睡眠时间。大力开展‘阳光体育’运动，保证学生每天锻炼一小时，不断提高学生体质健康水平。提倡合理膳食，改善学生营养状况，提高贫困地区农村学生营养水平”。

（8）2012 年，国务院办公厅转发《关于进一步加强学校体育工作的若干意见》（以下简称《意见》），提出加强学校体育的总体思路，在中央 7 号文件的基础上重申落实加强学校体育的重点任务，健全学校体育风险管理体系及建立健全学校体育的监测评价机制。《意见》提出研究制定学校安全条例，组织修订《学校体育工作条例》和《学校卫生工作条例》。《意见》正式下发后，各级教育行政部门和学校积极组织贯彻，落实结合本地区、本校的实际，制定了贯彻《意见》的具体政策、措施，采取相应的具体行动。

（9）2013 年，党的十八届三中全会通过的《中共中央关于全面深化改革若干重大问题的决定》，对新的历史条件下，进一步加强学校体育工作提出了明确具体的要求：“强化体育课和课外锻炼，促进青少年身心健康、体魄强健。”而这为今后一个时期我国学校体育的改革和发展指明了方向。

多部法律的出台为发展教育事业和学校体育卫生事业明确了方向，有利于依法加强对学校体育的管理，为普及学校体育、促进广大青少年儿童身心健康成长提供了法律保护。

随后中共中央、国务院陆续颁布文件，阐明了新的教育思想和新的体育观念，以此为纲，学校体育各级行政管理部门下发了各种系列性政策，从而为学校体育工作推动做出根本保障，为加强和做好新时期的学校体育工作提供了顶层设计的指导思想和基本工作方针。

（二）落实顶层设计的学校体育工作规划及目标管理体系制度构建

随着各级学校体育行政机构的开设及完善，以及新时期学校体育管理应对的新形势，学校体育出台了大量政策构建目标管理与评价体系，制定工作规划，从而完善了工作管理制度。

1996 年，国家教委体卫艺司制定了“九五”期间学校体育卫生工作规划，确定了工作目标、任务、策略与措施。学校体育工作“九五”规划主要内容包括工作的指导思想、工作方法、工作任务等。

在学校体育基本工作管理制度的形成方面，教育部为进一步加强法规管理和执法检查，进一步落实学校体育、卫生工作条例，于 1998 年下发了《普通中小学和中等职业学校落实〈学校体育工作条例〉检查评估细则》与《普通中小学和中等职业学校落实〈学校卫生工作条例〉检查评估细则》。在《学校体育工作条例》检查评估细则中，提出了评估内容的考评。2013 年，教育部针对《中小学学校体育工作等级评估指标体系》《普通高等学校体育工作基本标准》（征求意见稿）发布公告公开征求意见，于 2014 年形成了《中小学学校体育工作评估办法》《学校体育工作年度报告办法》《高等学校体育工作基本标准》，形成了学校体育法规管理和执法检查的基本工作制度。

在学生体质健康工作方面，前期全国各级学校采用的是《国家锻炼标准》评价体系，教育部于 2000 年发布了《学生体质健康标准》实验培训通知，2002 年颁布了《学生体质健康标准（试行方案）》，规定从 2002 年起开始新学年分 3 年在全国分阶段组织实施，2007 年正式定名《国家学生体质健康标准》，并在全国各级各类学校全面实施。在中央 7 号文件的推动下，形成了测试报告书制度、公告制度和新生入学体质健康测试制度。2014 年，教育部颁布了最新的《国家学生体质健康标准（2014 年修订）》，并出台《学生体质健康监测评价办法》，同时发文测试和上报工作细则，当年即在全国推行。这是不断地对体质监测制度进行的补充和完善，形成了符合我国学生特点的体质健康评测体系，其数据也成为学校体育工作制度化的重要指标。

在学校体育工作督导方面，教育部办公厅于2001年发布了关于对部分省（自治区、直辖市）贯彻落实《国务院关于基础教育改革与发展的决定》以及学校体育卫生艺术教育、教师继续教育工作开展督导调研和检查的通知及报告，形成了专项的检查考核机制，督导结果向全国公开发布。2008年，教育部印发《中小学体育工作督导评估指标体系（试行）》，下发各级教育行政部门，内容包含教育管理、条件保障、评价机制和学生体质状况4个方面，以督导工作进行更好的量化管理。2002年，学校体育督导工作由教育部办公厅转交由国家教育督导团进行专项督导检查，并延续至今。

在学生体育升学考试制度化方面，国家教委于1997年印发《初中毕业生升学体育考试工作实施方案》，规定了实施步骤与对象、组织领导、考试项目、评分标准、计分与收费方法、免考与授考、考务工作、保障措施等。2000年，教育部发文召开初中毕业生升学体育考试工作研讨会，并举办了初中学生毕业升学体育考试方法和内容改革培训班，终于在2001年教育部办公厅发布了《关于做好2001年初中学生毕业升学体育考试工作的通知》，随后不断将升学考试向不同学段推进，将毕业生升学体育考试工作纳入了法规化、标准化管理轨道。

（三）体育师资政策

在体育教师培养方面，国家教委于1996年下发的《关于印发〈“九五”期间农村学校体育卫生工作意见〉的通知》指出，要充分发挥本地师范、体育院校的作用，加快包括函授在内各种学历教育的步伐，培养更多的学历合格的专、兼职体育教师。在体育教师本科教学方面，国家教委于1992年制定的《普通高等学校本科体育教育专业十一门课程基本要求》从1993年新学年开始执行，这是对体育教育专业各门课程建设的指导性教学文件。它是各校制定课程教学大纲、组织教学、开展教学评估、实施教学管理、教材建设，以及对各体育教育专业点进行教育、教学评估的重要依据。1997 年国家教委制定《全国高等学校体育教育专业本科专业课程方案（试行）》，要求从 1997 年新学年开始在全国普通高等学校（含综合大学、师范院校、体育院校）体育教育本科专业中试行。课程方案规定了普通高等学校体育教育专业本科业务培养目标、培养要求、专业课程及课时分配。在体育教师专科教学培养方面，在 1992 年的《高师专科学校体育专业教学计划》的基础上制定了《全国普通高等学校三年制体育教育专业学科课程方案（试行）》和《全国普通高等学校二年制体育教育专业学科课程方案（试行）》，要求从 1999 年新学年开始在全国普通高等学校（含综合大学、师范院校、体育院校）两三年间在体育教育专业中试行。2003 年，教育部颁布了《全国普通高等学校体育教育本科专业课程方案》，其定位的培养目标是能胜任学校体育教育、教学、训练和竞赛工作，并能从事学校体育科学研究、学校体育管理及社会体育指导等工作的复合型体育教育人才。2004 年，《教育部关于保证中小学体育课课时的通知》提出，要建立、健全、贯彻课程标准的教师培养机制，通过职前培养，提高体育教师队伍的质量。

在体育教师发展方面，国家教委于 1995 年下发的《关于加强农村学校体育工作的几点意见》指出，要切实关心体育教师的福利待遇，农村体育教师的工作环境特殊、艰苦，因而规定的福利待遇必须保证。其评选先进、晋级职称、进修学习、民办转正等都应与其他学科教师同等对待并给予合情合理的照顾。同年颁布实施的《体育法》规定，保障体育教师享受与其工作特点有关的待遇。1996 年，国家教委又发文指出，各级教育行政部门和学校要严格执行两个条例有关规定，解决好体育教师的服装配备，合理计算体育课和组织课间操（早操）、课外体育活动和课余训练、体育竞赛的工作量，工作量的计算要与其他学科享受同等待遇。2006 年，教育部、国家体育总局联合下发《关于进一步加强学校体育工作切实提高学生健康素质的意见》，指出要保障体育教师的合法权益。要参照教育和劳动部门制定的相关标准，落实体育教师室外工作的劳保待遇。2012 年，国务院办公厅转发文件重申，要保障体育教师在职务评聘、福利待遇、评优表彰等方面与其他学科教师享受同等待遇。

在体育教师工作量方面，《学校体育工作条例》规定：体育教师组织课间操（早操）、课外体育活动和课余训练、体育竞赛应当计算工作量。2005 年 8 月 19 日，教育部发文指出，凡直接参加组织学生每天一小时体育活动的体育教师、班主任及文化课教师，均应计算工作量。

按照《体育法》《学校体育工作条例》对教师配备的要求，国家于 1996 年针对农村专门下文要求县属中学、小学，乡属中学、中心小学必须按国家有关要求配齐专职体育教师。2002 年，规划在 2005 年前，要按国家有关规定配齐体育教师。2003 年，将为乡（镇）中心校以上的中小学是否按要求配备专职体育教师作为自查细则之一。2004 年，教育部《关于保证中小学体育课课时的通知》指出，要采取有效措施，保证体育教师的数量和质量。各地教育行政部门应按照《学校体育工作条例》中有关学校体育教师配备的要求，结合《义务教育课程设置实验方案》和小学体育、初中体育与健康课时比例实际提高，科学核定体育教师的工作量，相应增加中小学体育教师编制数额，避免因缺少体育教师而削减体育课课时的现象。2006 年，国家发文要求全国重新核定中小学体育教师的编制数额，保障体育教师的合理配备，直至 2012 年多个文件重申了上述要求。

在体育教师培训方面，国家教委于 1996 年提出，要大力加强农村中小学校兼职体育教师的非学历教育，提倡各种形式的不脱产培训。各地要在今后几年里积极组织“送教下乡”的活动，充分利用寒暑假期间，有计划地组织省内师范、体育院校教师，深入基层举办体育教师培训班。同时，明确各地师范院校和省、地、县教研员培训兼职体育教师的职责，力争在“九五”期间对在岗兼职体育教师都培训一遍。2002 年，教育部办公厅下发通知，在 12 所学校建立国家体育与艺术师资培养培训基地，要求建成“目标明确、改革领先、成果突出、师资优化、设备先进、教学优秀、质量一流”的基地。2002 年，教育部发文要求各地应根据本地实际情况，制订切实可行的培训计划，力争在2005年前，使农村中小学体育教师普遍接受一次专业培训。随后教育部多次发文安排体育教师培训。

（四）围绕体育教学开展的规范制定

1. 中小学体育教学大纲（标准）及教材制定

经全国中小学教材审定委员会审查通过，国家教委于1992年颁发了《九年义务教育全日制小学体育教学大纲（试用)》和《九年义务教育初级中学体育教学大纲（试用)》，明确提出：大纲是根据义务教育全日制小学、初级中学课程计划有关课程设置的规定与要求制定的，是编写体育教材、进行体育教学、评估体育教学质量和对体育教学管理的依据。这里提出的“四个依据”，清楚地表明了大纲的指导性和权威性。同年，国家教委颁发了《九年义务教育体育与健康教育教学大纲》（初审稿供试验用)，大纲构建了全面的教学目标体系，强调体育与卫生、理论与实践相结合，增大了体育卫生知识的比重。

在1987年高中教学大纲（包括初中和高中在内的六年制教学大纲）的基础上，国家教委体育卫生与艺术教育司于1996年12月颁发了《全日制普通高级中学体育教学大纲（供试验用)》。它首次明确了高级中学体育课程的性质，丰富和发展了高级中学体育教学目的的内涵，确定了选修体育教学内容的基本原则，构建了大纲的结构体系，提出了活动类课程的内容、形式和基本要求，规定了考核内容、方式及计分方法，调整了制定考核项目和标准的权限。1997年，国家教委部署教学大纲在部分地区进行试验。

2001年，教育部启动新一轮基础教育课程改革。2001年颁布的《义务教育体育与健康课程标准》和2003年颁布的《普通高中体育与健康课程标准》依据“健康第一”的指导思想和三维健康观，从知识与技能、过程与方法、情感态度与价值观3个维度整体设计课程目标。在课程总目标之下设运动参与、运动技能、身体健康、心理健康、社会适应5个领域（方面）的具体目标。

在体育教材方面，国家教委不断利用文件在教学大纲和课程标准的要求下进行规范，遵循“统一基本要求、统一审定前提下，逐步实现教材的多种风格”的要求，新编的中学体育课本的质量不断改善。

2. 高校公共体育教育

1992年，国家教委颁布《全国普通高等学校体育课程教学指导纲要》，在全国普通高等学校全面实施。其对教学组织的形式、教学内容只提出了原则要求（第一年基础教学，第二年选项教学），由学校自主确定教学内容，高校二年级学生开始进行选项体育教学，在课程结构方面强调课内与课外的一体化。其进一步明确了体育课教学的指导思想，同时对课程类型、教材选编、教学组织也做了相应的调整，推动了体育课程的改革和发展。

2002年，教育部颁布实施了《全国普通高等学校体育课程教学指导纲要》，对高校体育课程的组织形式、教学内容提出了宏观层面的指导意见，更强调以育人为宗旨，倡导在教师的指导下，学生自主选择课程内容、自主选择任课教师、自主选择上课时间的“三自主教学”，明确提出了拓展课程资源、创新课程内容与改革教学方法的要求。它强调了大课程观的理念，将课外锻炼、运动训练纳入课程，拓展了体育课程视野。

（五）课外体育训练与活动、体育竞赛等政策

1. 课外体育训练与活动

1993年，国家教委印发了《全国培养体育后备人才试点中学评估体系及办法（试行）》，确定了评估的基本原则、指标体系、权重及评分标准、评估办法，将试点中学培养体育后备人才纳入了目标管理和规范化轨道。1998年，教育部下发《关于对全国培养体育后备人才试点中学和培养高水平学生运动员试点大学进行检查评估的通知》，通过

2005 年、2010 年的几次系列性评估考核，形成了高校高水平运动队建设的稳定管理机制。

2005 年，教育部在《关于在全国中小学生课外文体活动工程示范区研制开发集体竞赛项目的通知》中提出，以研制和开发促进全体中小学生积极参加的体育竞赛项目为目标，改变一些学校只有少数学生参加运动会和过分竞技化的现象，吸引广大学生积极参加体育竞赛活动，把校运动会办成学生的节日，并通过召开运动会、举办体育节等多种形式，不断丰富和发展集体竞赛运动项目，促进学校体育工作的改革与发展。

2006 年，教育部、国家体育总局和共青团中央共同下发了《关于开展全国亿万学生阳光体育运动的通知》，提出各级行政部门、各级各类学校要把开展阳光体育运动作为全面推进素质教育的突破口和重要工作，作为加强学校体育工作，提高全体学生体质健康水平的主要举措，认真组织实施。要动员起来、组织起来，在全国大、中、小学中掀起阳光体育运动的热潮，形成全员参与的群众性体育锻炼的良好风气。

从 2009 年开始多部门共同组织开展全国青少年校园足球活动，并下发《关于开展全国青少年校园足球活动的通知》和《全国青少年校园足球活动实施方案》（以下简称《实施方案》），要求各地体育、教育行政部门要结合本地实际，认真落实《实施方案》，制订工作计划，细化具体措施。《实施方案》对在小学和初中选择开展校园足球活动的学校和对开展校园足球活动的学校分别做出了要求。2009 年，全国青少年校园足球工作领导小组办公室制定下发了《全国青少年校园足球联赛规程、纪律规范和注册规定》和联赛组织等相关技术性文件，根据国际足联和亚洲足联关于青少年足球发展与竞赛的规律和原则，结合我国国情，科学地指导布局城市和定点学校开展足球活动和联赛。2012 年，国家体育总局、教育部又联合下发了《关于加强全国青少年校园足球工作的指导意见》，从 22 个方面对开展校园足球活动提出了具体的要求。2014 年，《教育部办公厅关于做好全国青少年校园足球特色学校及试点县（区）遴选工作的通知》《教育部办公厅关于组织开展中小学校园足球工作专项调研的通知》等文件下发，至此掀起了我国校园内开展足球活动的政策高潮。

2001 年，国家体育总局、教育部联合下发《关于开展“亿万青少年儿童体育健身活动”的通知》，决定从 2001 年开始在全国开展“亿万青少年儿童体育健身活动”，体育健身活动的重点是学校，活动开展到 2007 年。2011 年，国家体育总局、教育部和共青团中央联合发文决定开始联合举办全国青少年“未来之星”阳光体育节（从 2013 年开始改称全国青少年“未来之星”阳光体育大会）。这些政策的出台是为推动《全民健身计划纲要》的全面实施、努力提高广大青少年儿童的体质健康水平而针对性颁布的。

2. 全国学生体育竞赛管理规定

国家教委于 1997 年制定下发了《全国学生体育竞赛管理规定》，对竞赛项目和竞赛的申办、竞赛的组织工作、竞赛管理、资格审查，以及裁判员的选派、管理和竞赛财务管理都做出了具体规定。为了保障比赛秩序，教育部学生体育协会联合秘书处于 2010 年发布《全国学生体育竞赛纪律处罚规定》，将处罚种类分为警告、通报批评、停赛若干场、停止或者取消参加比赛资格、取消比赛成绩、禁赛、取消注册资格 7 种，并对体育竞赛进行了详尽规范，这使学生体育竞赛制度在实践中不断得到完善，有力地保证了学生体育竞赛的健康发展。

（六）体育场馆设施、器材及后勤保障

市场经济确立后，国家经济迎来了飞速的发展。在 1992 年形成的《普通高等学校体育场馆设施、器材配备目录》等前期政策的规范下，学校体育场馆设施、器材及后勤保障政策不断出台完善，从《体育法》的法律限定，到部门条例法规的要求，再到督导检查和评估验收制度的评促，学校体育场地器材迅速完善。

2008 年，教育部、卫生部、财政部在联合下发的《国家学校体育卫生条件试行基本标准》中，明确了国家对中小学校体育教师、体育场地器材、教学卫生、生活设施、卫生保健室配备以及学生健康体检等方面的最基本要求，是教育检查、督导和评估的重要内容。此标准在 21 世纪进一步规范了中小学体育场地的建设标准。

学校体育设施建设的文件法规和标准的颁布施行，确立了学校体育设施在学校建设中的重要地位，使学校体育设施的建设有章可循并且更加规范，极大程度上保证了学校体育设施的有效建设。

第四节　主要特征及问题

20 世纪 80 年代以前，我国没有颁布过专门的学校体育法律，为数不多的学校体育法规也缺乏足够的规范性、稳定性和权威性。直到作为中华人民共和国第一部真正的学校体育法律的《学校体育工作条例》的颁行，才打开了国家最高权力机关进行学校体育立法的先例，并由此推动着学校体育政策的蓬勃发展。目前，我国已经初步形成了学校体育法规体系的基本框架，并表现出如下特征。

一、主要特征

（一）学校体育政策数量大幅增加，法制化程度大幅提升

1990 年，我国学校体育专门性法律《学校体育工作条例》颁布实行；1995 年，《教育法》《体育法》等学校体育相关性根本大法颁布实行。这些法律、法规的出台改变了普遍存在的学校体育政策高于法律、法规的现象，并为学校体育工作的开展提供了依据。中共中央、国务院国家层面对学校体育制定了数十个学校体育专门性政策文件，各部委先后制定了近千个学校体育专门性教育行政规章和政策文件，同时全国各地区也制定了相应的地方性学校体育法规政策，学校体育政策

数量之多是前所未有的，而且其学校体育政策的法制化程度也有了大幅提升。

（二）学校体育政策涉及范围广泛拓展

1979—2014 年的学校体育政策从学校体育管理机构政策开始，在总结 4 个暂行规定贯彻执行经验的基础上，制定了《学校体育工作条例》等一系列的法规性文件，使我国学校体育卫生工作步入了制度化、规范化管理的新时期；国家教委“在统一基本要求的前提下，实行教材多样化的方针”的指导下，体育课程教材建设经历了 20 世纪 90 年代初期和 21 世纪初期两次改革高潮，多种教学指导思想在实践中接受检验，出现了空前活跃的形势及繁荣发展的局面；《国家体育锻炼标准》的多次修改，到《国家学生体质健康标准》的出台，一步步完善，更符合我国青少年儿童体质的实际水平，有效地促进了我国学生体质健康的发展。在我国学生体育竞赛管理办法完善、高水平运动队体系构建的背景下，课余训练和竞赛活动蓬勃开展，学生运动员参加国际体育竞赛，取得了好成绩，工作成效显著。

以《学校体育工作条例》为首的法律、法规已经覆盖了学校体育工作的各个层面，以此为根本涵盖了我国学校体育的发展指导思想和基本工作方针的中共中央、国务院的文件政策；落实顶层设计的学校体育工作规划及目标管理体系制度构建的政策；体育师资政策；围绕体育教学开展体育教学大纲、体育教学课程、教材、教学改革等规范性政策；课外体育训练与活动、体育竞赛等政策；体育场馆设施、器材及后勤保障，以及学校体育科研政策涉及范围已经相当广泛，而比《学校体育工作条例》更高一层面的《教育法》《体育法》《教师法》等法律，对学校体育工作都有明确的提及。学校体育政策涉及范围广泛拓展，并形成了较为完善的学校体育制度。

（三）学校体育政策质量日益提高

学校体育政策不仅数量众多、范围广泛、层次齐全，而且结构不断完善，制定技术逐渐成熟。如今的学校体育政策，名称规范性显著增强、内容结构渐趋完善。名称方面从中华人民共和国成立初期计划色彩浓厚的“令、命令、决定、报告、批示”等政策名称，到如今的“通知、规定、公告、意见”等更加规范性和民主性的政策名称。而内容方面形成了条文连续排序，总则和附则内容相对稳定且较为合理，设置专章集中规定法律责任等比较成熟的结构安排，甚至在学校体育法律、法规的非规范内容方面都有一定的规范性，如《教育法》《体育法》《学校体育工作条例》都有关于授权有关部门制定变通、补充规定实施细则或配套法规的规定，所有学校体育法律都没有关于废止有关法律的规定以及有关签署人员的规定①，可见学校体育政策质量以及规范性在稳步上升。

（四）学校体育政策制定机制逐渐健全

学校体育政策的颁布，在颁布主体方面日益健全，程序开始变得比较规范。

在法律制定方面，制定主体包括中央层面的：全国人大及其常委会、国务院，教育部以及相关部委；地方层面的：地方人大及其常委会、地方政府及其教育行政部门。由于学校体育立法主体层次丰富、类型繁多，在一定程度上有利于学校体育立法工作的健全完善②。

制度性的学校体育规范政策出台前开始普遍采用广泛调研、公开征集意见、试行草案、再次广泛调研、公开征集意见的方式，在这种流程的基础上进行制定。《学校体育工作条例》《体育器材设施配备目录》《国家学生体质健康标准》等都是在调研后形成草案并实施的，然后再调研，再公开征求意见，最后形成符合时下学校体育状况的完整性、适用性的制度性文件，并颁布实施。而且为了推动学校体育政策实施，多部门联合在这一历史时期达到了空前合作的顶峰期。学校体

① 中华人民共和国成立初期还存在国家领导人签署，以及废止的情况，造成法律、法规、政策随意性太强。

② 目前学校体育专门性法律层次最高的是《学校体育工作条例》，是由国务院批准的。

育主管部门与其他部门的合作关系如图10所示①。

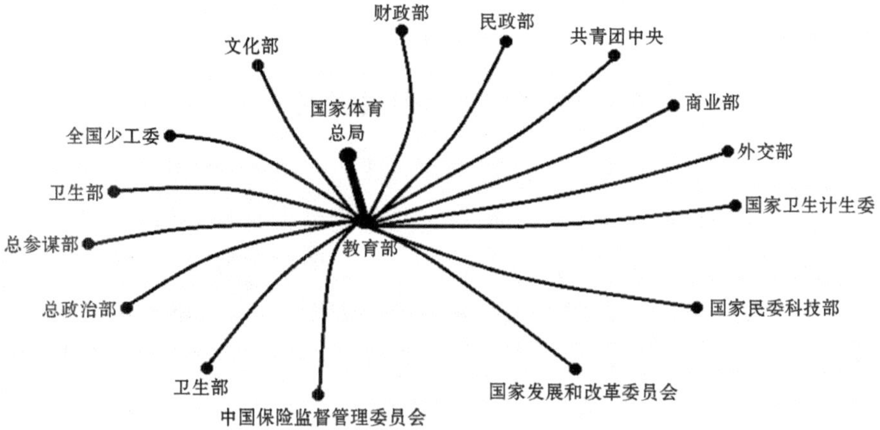

图10 学校体育主管部门与其他部门的合作关系

可见，在法律、法规、政策制定程序上，过于随意的状况已经不复存在，都有相应的程序来进行必要的约束和保障。历经中华人民共和国成立以来多年的艰辛努力，我国以推进学生健康发展为宗旨，学校体育立法工作不断完善，逐步构建起了以《中华人民共和国宪法》中的教育条款为依据，以《教育法》《体育法》为核心，以《学校体育工作条例》为主体，辅以众多的学校体育规章制度政策组成的中国特色社会主义学校体育法律、法规体系的基本框架，反映了学校体育政策形成的重大成就，为学校体育事业的改革和发展、为学校和师生合法权益的保护提供了坚实的基础。

① 越来越多的跨部门协作也带来了许多弊病，如协同机制不健全，出现“谁牵头谁负责”的局面，造成政策出现多部门盖章，却由第一个盖章的单部门实际推进工作。

二、问题

（一）政策强制性较弱，部分政策尚需完善

首先，部分地方政府，以及教育、体育、卫生部门对学校体育卫生工作的重要性认识不到位。没有真正做到学校体育要树立“健康第一”的指导思想，并在考核评价学校工作时存在偏差。其次，类似“未按标准完成体育师资配置、各地区学校体育经费未能按要求投入、学生的课余锻炼时间未真正保障”等状况都与学校体育政策强制性较弱、政策出台后相关匹配不到位有关系。

学校体育伤害事故政策尚需完善。从中华人民共和国成立初期至今，仅有 3 项针对学校体育伤害事故处理的专门性政策，见表 5。可见，在中国学校体育庞大政策体系内，学校体育伤害事故专门性政策少得可怜。2002 年教育部令第 12 号《学生伤害事故处理办法》，由于属于部门法，法律层级较低，在法律诉讼时更多依照的是民法进行判罚。而中国家庭对孩子安全保持高度警觉，表现为过度保护，多起体育伤害事故引起的法律纠纷使学校处境尴尬。因此，学校为防止体育活动时发生意外伤害，规避校方责任，制止了一些有健身价值的体育项目开展[1]。这对学校体育开展工作伤害较大。

表 5　学校体育伤害事故的专门性政策

序号	年份	文号	题名	发布单位
1	1953 年	—	《关于正确发展学校体育运动、防止伤害事故的联合指示》	高等教育部、中央体委、教育部

〔1〕 高晓峰，杨贵仁，孙葆丽．少子化背景下我国学校体育面临的挑战与机遇［J］．天津体育学院学报，2015，30（5）：388－392.

续表

序号	年份	文号	题名	发布单位
2	2002 年	教育部令第 12 号	《学生伤害事故处理办法》	教育部
3	2008 年	教体艺〔2008〕2 号	《关于推行校方责任保险完善校园伤害事故风险管理机制的通知》	教育部、财政部、中国保险监督管理委员会

（二）部分政策重叠与过多，执行出现偏差

部分政策相互重叠，在执行不到位的情况下，易造成政策实施异化。例如，《国家体育锻炼标准》《国家学生体质健康标准》《体育教学大纲》等多个标准同时执行，体育教师每年需要完成达标的测试和评定、体育课成绩的测试和评定、体育合格标准的测试和评定等多项任务，测验项目相互重叠，有的计算复杂，工作量大，使得体育教师每年的测试、评定和统计工作极为繁重。同时，为了应付每年上报、评比、表彰等工作，个别体育管理人员和体育教师采取了虚报成绩、弄虚作假等不良做法。

而许多学校未能按照要求实行体育教师工作量的统计和补贴，造成在实际操作中将这些测验工作放在体育课上进行，使正常的体育课教学不易保证。同时，测试项目本身也是一个运动项目，容易导致考什么、教什么、练什么的应试教育倾向。其影响了体育教学的正常进行，非测试项目的教学被忽视，学生应掌握的基本知识、技术、技能也不全面，教学大纲所规定的教学目标和内容难以完成。

第六章　动因演变：基于多源流理论对百余年来学校体育政策变迁动因分析

本章采用“分—总”的研究思路。首先，对庞杂的中国学校体育政策变迁研究进行梳理，发现行为主义分析框架内的多源流理论在实际运用中对中国学校体育政策在110年里的4个重大阶段变迁显示出很好的适配性，并以此理论来解释体育政策中非常规性的、重大的政策变迁动因。其次，提取4个阶段的变迁动因后，总体归纳审视中央集权制度下的我国学校体育政策总体变迁的动因演变。

第一节　多源流理论对政策变迁的解释逻辑

金登在科恩、马奇和奥尔森提出的政策过程的垃圾桶理论的基础上，做了若干修正，创造了多源流理论（或称为三源流理论）。垃圾桶理论认为政府机构处于充满模糊性的“有组织的无政府状态”中，政策的目标偏好是不清晰的，实现政策目标的技术是不确定的，而且政府中的人员又总是流动着的，因此政策的决策过程就像是充斥着各种问题、方案、人员的“垃圾桶”，决策者根据当时的情况随机做出决策。多源流理论不同于垃圾桶理论的无序性，它把政策过程切割成3个相互独立的“源流”。

一、政策源流

例如，方案的制定和修改，专家集团的动向，简单来讲就是一个可行性方案的出现。

二、问题源流

例如，社会指标的公布、突发事故、实施政策的反馈、周期性事务。

三、政治源流

例如，国民的情绪、时代的气氛、有组织的社会力量、政府精英。而对我国人民民主专政来讲，主要表现为人民的意识形态。

此理论认为，各个源流没有先后秩序，可以独立行进与开展，否定了决策过程中阶段的特征[1]。当3个源流在某一关键时间点汇合时，特定问题就会被提上决策议程，才能实现政策。政治源流或问题源流的紧迫性致使重大事情触发，在这个关键时间点三源流汇合，“机会之窗”打开。3个源流在特定时间有机结合，并不是简单相加，不同组合的问题源流、政策源流和政治源流会修正、改变正在形成的政策。而这种有机结合又意味着问题、政策方案与政治形势之间具有共容性，而不具有互斥性。本理论强调“机会之窗”和政治2个关键因素，而精英在三源流之间扮演重要的联系人角色（也称为“政策倡导家”），如图11所示。

---

〔1〕 杨雪琴．多源流决策分析理论及其在国内外的应用［J］．决策探索，2006（5）：32－33.

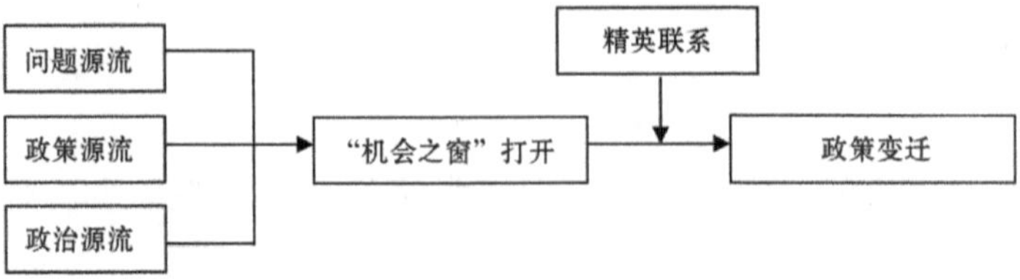

图 11　多源流理论解释政策变迁示意图

第二节　各阶段学校体育政策变迁动因的演变

一、清末学校体育政策变迁的动因（1902—1911 年）

（一）连续战争溃败造成的内部变革需求

19 世纪以来，积习已久的土地问题使农民阶级和地主阶层矛盾尖锐，加上民族矛盾不断上升，社会紧张程度不断加深，清政府对此采用的还是武力镇压与思想钳制愚化民众。例如，后期的革命党人起义，这群革命党人接受了西方资产阶级民主思想的影响，想极力推翻清政府，让清政府的思想钳制不能像曾经一样有效实施。这些对清政府的执政无疑是一次又一次的沉重打击。

在外界，西洋及东洋社会已经完成产业革命，进入工业化阶段。工业社会有着对销售市场和原材料的内在巨大需求，向外扩张是最佳途径。清政府此时还以“天朝上国”自居，对外界飞快的局势变化依然是故步自封、闭关自守。外国在华的先驱人士对中国已经有非常清晰的认识，商贸谈判不能及时打开中国尘封已久的国门，于是他们诉诸武力，最终导致发动了蓄谋已久的鸦片战争及其之后的一系列入侵，使近代中国陷入灾难深重的境地。面临内忧外患的重重夹击，十分守旧、昏庸、腐朽的清政府，也不得不艰难地寻求出路。于是，中国睁开眼睛看世界，尝试着向西方先进国家学习，清末的政治改革和教育立法进程也由此开启，开始通过政策引导办新式军校与新式学堂，强制学生参与体育运动，以达到强国、强身的目的。

（二）陈腐传统教育是促使学校体育政策萌动的重要动因

清朝教育制度基本承袭明朝，但比明朝还要死板、僵化。就科举制度而言，其不但沿袭旧制，甚至考试之法更为繁复严密。在学校体系中，国子监仅仅是科举制度的附庸，府州县学也成为科举考试的预备场所。而书院经历了明代的几毁几建后，在清代再受沉重打击，以致在性质、内容、精神上已与前代书院大相径庭，不可相提并论，基本成为御用的官学，完全丧失了自由讲学、钻研学问的精神。清代的书院仅仅注重八股，其教育制度完全是以科举为核心，学校甚至书院都是科举考试的附庸。在清朝，身体教育在僵硬的教育制度和考核选拔制度上毫无显现，通过武举选拔出的官员在官场的边缘化现象，使文武相背离，文人接受身体教育与运动，是一种粗鲁和无文化的体现，以致现代人对于古代文人都是手无缚鸡之力之印象。

19 世纪中叶以后，受“西学东渐”之影响，西方教会学校在华的迅速扩张，极大冲击了这种腐朽不堪的教育。在社会急剧动荡、亡国灭种的危急关头，这种弊端重重的教育制度显然也就难以为继，迫切需要变革。而教育改革亟须教育政策的保障、支持和约束，统筹考虑将学校体育政策加入教育系统中，是促使学校体育政策萌动的重要动因。

（三）西方文化传入奠定了国民认识学校体育的思想基础

从明末清初开始，西方资产阶级的物质文化、制度文化、精神文化，如科技、法律、宗教、伦理以及文学艺术等学术思想，通过早期进入中国的传教士以及国际的交流，开始为国人所认识，是谓“西学东渐”。“西学东渐”有两次高潮，明末清初和晚清、国民政府初期，前者是伴随着天主教耶稣会传教士的传教活动逐渐进行的；后者是在近代西方列强打开中国国门后，伴随着军事经济和文化渗透逐步展开的。“西学东渐”的方式多种多样，如办学兴教、翻译西书、编辑出版报纸和杂志、派遣留学生和使臣等。尤其是鸦片战争之后，西方文化加快了向中国传播和渗透的进程。

当时，主要是外国在华的传教士在华开办教会学校。1875—1899年，在华教会学校从350所的6000名学生，快速发展到1766所学校的3万多名学生[1]。基数这么大的教会学校在开设学校体育教育中的示范及传播作用不可忽视。上海圣约翰书院校长卜舫济讲道：“教育使‘人们的灵、智、体’三者都得到发展，从而促进人的全面发展。”[2]从课外活动延伸到以队列、拔河、篮球、网球为主的体育课程在各个教会学校开展[3]，西方体育文化在中国教会学校逐渐中国化。学校中增加体育课程体操，在当时对中国社会起到了振聋发聩、耳目一新的作用。而正是由于存在着国家危亡的残酷现实以及油然而生的救亡图存的强烈愿望，再加上“西学东渐”的影响，才在清末兴起了一场对封建旧教育的巨大改革，学校体育作为学生身心发展的重要途径和手段，学校体育政策的颁布也就此应运而生。

（四）近代西方体育教育政策成效带来了示范效应

教育政策的出台是近代西方国家教育法制化发展的总体趋势。一些西方国家，在科技和经济迅速发展、政治成熟和稳定的基础上，陆续出炉完整性和规范性的教育政策，如1870年英国颁布的《初等教育法》、1872年普鲁士制定的《普通学校法》、1881年法国颁布的《费里法》等确定了现代西方的国民教育体系。而现代体育源于西方，体育与教育的一脉相承，人们更加重视体育在教育中的实践，有效促进了学生的体质健康。

---

〔1〕王忠欣．基督教与中国近现代教育［M］．武汉：湖北教育出版社，2000：20－21.

〔2〕郎净．近代体育在上海［M］．上海：上海科学院出版社，2006：59.

〔3〕张慧杰．近代中国教会学校体育发展史研究（1840—1949）［D］．苏州：苏州大学，2010.

而日本被西方打开国门后就迅速走向了向西方学习而求强的道路。明治政府开始实施富国强兵、殖产兴业和文明开化三大政策。强兵政策位于其首，是日本掀起的军国主义狂潮的政策导向。从开始的军事体育到1878年开设的体操讲习所，日本逐渐在学校教育中增加了重要的兵操练习，虽然出发点在于强军，但是有效地对学生开展了身体教育〔1〕，从而日本的学校体育慢慢被重视起来。日本迅速步入资本主义强国行列，成为师法西方近代教育进而促成教育强国的成功典型。西方的教育体系构建和体育文化的根深蒂固对西方国家教育起到了规范、保障和推进的作用，这种历史功用为社会经济、政策发展奠定了基础。而日本效仿后的良好成果，对于寻求发展之路的中国有着十分重要的示范作用。

清末颁布的学校体育政策主要还是效法日本，其政策内容体操的叫法都从日文直译而来。由此可见，西方资本主义国家的体育教育的成效，尤其是日本体操政策的成功示范，成为清政府颁布体育教育政策的重要原因。

（五）小 结

在清末学校体育政策的初兴中，本阶段问题源流是“连续战争溃败造成的内部变革需求”，这种自强寻求制度变革的问题特征显现得极为突出。而“西方文化传入奠定了国民认识学校体育的思想基础”及“近代西方体育教育政策成效带来了示范效应”2个因素的促动，形成了清末所需的借鉴西方学校体育方案的政策源流。政治源流在于“陈腐传统教育是促使学校体育政策萌动的重要动因”，陈腐的教育体制已经成为很大的诟病。

正由于上述4个内外动因，将问题、政策、政治3个源流的“机会之窗”打开，伴随着庙堂之上一群政治精英（改革家）的介入和推动，出台了体操课程，中国学校体育政策迎来了崭新的开始。清末

〔1〕 曲国洋．日本竞技体育体制研究［D］．北京：北京体育大学，2011.

10 年，学校体育政策从无到有，经历了巨大的变革。清末学校体育政策显现出了学校体育政策体系略有雏形、学校体育政策内容鲜明而单一、学校体育政策主题强调建章立制、清政府学校体育政策颁布机构单一等特征，但是也出现了许多问题，如学校体育政策数量的无序变化；清末学校体育课程并未得到有效实施，而且没有相应的考核要求。

二、国民政府时期学校体育政策变迁的动因（1912—1949 年）

（一）民主革命打开了现代学校体育政策发展的窗口

国民政府的建立，是中国历史上具有重要意义的事件。从政治上看，它宣告了封建君主专制制度的彻底灭亡和资产阶级民主共和国的诞生，并通过法律赋予并保障了民众一定程度的自由和权利。在经济层面上，国民政府颁布了一系列有利于资本主义经济发展的措施，奖励和保护行业，鼓励人们兴办实业，鼓励华侨在国内投资，废除清朝的苛捐杂税，推动了生产力的发展。作为新兴的资产阶级政权，政府处理民族关系也更为平等。国民政府的建立，即使后来历经诸多波折和艰困，但其作为新兴资产阶级政权的性质，仍然为社会各项事业的现代化发展奠定了一定的基础。在崭新的时代环境、历史条件和重大机遇面前，更具现代性的教育应运而生。而在体育的价值观念上，从清末的体育强兵、强种、强国的观念，向体育竞技、健身、休闲娱乐的观念转变，所构建的体育文化也获得了越来越多的社会认同，现代学校体育立法的大门由此打开。行政管理构建上的教育部统管全国体育事务也更为学校体育政策的踊跃出台提供了制度保障和政策发展窗口。

（二）新政权对国民身体教育改革诉求需要学校体育政策的保障和维护

清末时期，国力孱弱，并受鸦片侵袭，国民不善武力，体质亦弱。国民政府这个资产阶级性质的新政权的建立，必然需要对国民体格健康进行加强。国民政府早期领导人对教育发展和体育文化传播的高度关注和着力强调，为学校体育制度的确立及发展，尤其是为各类学校体育政策的迅猛发展提供了更好的机遇并提出了更高的要求。

1912 年，国民政府颁布的《中华民国临时约法》是一个具有临时宪法性质的根本大法，随后国民政府相继制定了一系列改革政策法令。而孙中山等政治精英提出了“教育为立国之本，振兴之道，不可稍缓”。这一时期体育作为教育的重要组成部分，体育政策成为对国民身体教育改革的重要推行动力。

国民政府中后期，国民政府、国民党军队、国民党党部系统均成立了体育管理机构，更是公布了中国历史上的第一个《国民体育法》及其实施方案。国民政府基于教育变革的需求和国民体质发展的诉求，对学校体育政策予以高度关注，推动了学校体育政策的迅速发展。

（三）清末学校体育政策的尝试奠定了必要的制度基础

清末广泛而开创性的学校体育课程政策，虽然存在着有极其浓厚的军国民主义色彩、专门性政策缺失及政策内容单一等问题，但从某种意义上说，清末学校体育政策的出现不仅从总体上确立了现代学校体育制度的基础，对学校体育的发展起着比较明显的促进作用，而且还奠定了中国近现代学校体育法制的坚实基础。

清末学校体育政策形成了以体操课程法规来促进学校体育发展、推动和保障学校体育改革的先例，为后来的国民政府提供了学校体育法制建设的范例。清末学校体育政策对国外教育法规的借鉴、对国民政府的学校体育政策制定有着一定的启迪作用。

而针对清末中央教育行政机构与地方相结合的多元化学校体育政

策颁布机制，对国民政府也有显而易见的示范作用。此外，因为已经经历了一定时期的学校体育政策探索，并取得了较为明显的成效，对学校体育发展起到了一定的促进和保障作用，国民政府时期人们对体育的观念明显增强，有着更加突出的体育参与意识。凡此种种，都为国民政府学校体育政策高潮的形成奠定了比较坚实的物质基础，并准备了较为充分的思想观念条件。

（四）小　结

辛亥革命推翻了延续2000年之久的封建专制王朝，中国开始走上现代国家之路。而以往的政治体制发生了巨大的变革，问题源流、政策源流、政治源流也发生了不同形式、形态的变化。问题源流在于“新政权对国民身体教育改革诉求需要学校体育政策的保障和维护”。而民主革命打开了现代学校体育政策发展的窗口，创造出了政治源流条件。清末学校体育政策的尝试又打开了政策源流的通道。

国民政府时期不同于清末时局，其被世界局势捆绑得更加紧密，处于更加不稳定、信息更加流畅的历史格局期。新政权的成立是“机会之窗”打开的关键期，正是由于3个源流在新的历史时期都发生了不同的变化并有机汇合。同时不仅是政治精英，还有社会精英以及诸如郝更生、徐一冰[①]等懂体育教育的技术性官僚成为多源流中的“政策倡导者”，推动了新时期下的学校体育政策变迁动因。而变迁的政策结果呈现出了立法视角下政策形成愈加民主、政策颁布机构协同工作的初现、学校体育政策制定技术熟练而规范、学校体育政策体系完备、学校体育政策内容层次清晰而严谨等特征，但是也出现了学校体育政策中国化程度较弱、学校体育政策实际可行性存疑等问题。

---

① 郝更生：体育教育家，美国春田大学体育专业毕业，1932年任国民政府教育部体育督学，兼国民体育委员会主任委员，掌管全国体育行政；徐一冰：体育教育家，1905年日本大森体操学校毕业，1908年首创中国体操学校任校长。

三、中华人民共和国成立初期至改革开放前期学校体育政策变迁的动因（1949—1978 年）

（一）国民政府及解放区学校体育制度的延续与苏联学校体育政策模式的引进

国民政府时期广泛而开创性的学校体育政策，促进了学校体育发展，推动和保障了学校体育改革，奠定了中国近现代学校体育法制的坚实基础，形成了历史时期独特的学校体育制度模式。而共产党领导的解放区开展的学校体育工作也取得了比较好的实践效果。由于制度惯性，为中华人民共和国成立后中国共产党在教育系统中开展体育教育工作起到了形成路径依赖的作用。

人类社会的一切发展都离不开实践过程中提炼出的理论指导。而苏联经历了多年的国内建设，这一历史时期的教育及体育在全世界都处于优势地位，学校体育也形成了较为完善的管理模式及制度。因而其学校体育政策模式较为完善，为我们国内学校体育事业带来了比较完善的制度层面学习。

（二）执政党政策至上理念带动学校体育政策发展

作为现代社会最严密的组织之一，中国共产党自成立以来就非常重视政策的运行，毛泽东更是强调“政策和策略是党的生命”。作为革命时期的政党，中华人民共和国成立之前中国共产党领导革命实践的主要方式就是制定并实施各种各样的政策。从基本层面上看，政策关系着革命政党能否广泛而有效地带领民众，为实现政党的革命目标不断努力奋斗。无论是革命目标的达成，还是革命力量的整合，都需要政策作为支撑。可以说，其任何行动都离不开政策的制定和实施，都是为某些政策在行动的。

就中国共产党的政策而言，它是革命理论和革命实践的中间环节，是联结理论和实践的桥梁和纽带；既受理论的指导，又受实践的制约；既是理论的具体化，又是实践的原则化。理论是通过政策的制定和执行来指导实践的，离开对政策的研究、制定和执行，目标和任务就无法实现。正是在长期的革命战争年代里，作为革命党的中国共产党越来越娴熟地运用政策方式和手段，带领广大民众不断地从一个胜利走向另一个胜利，最终取得了革命战争的伟大胜利，成立了中华人民共和国。革命成功以后，虽然中国共产党的身份已经由革命党转化成执政党，但在很长时期中，党的自我意识以及行为模式还没有及时地进行应有的转换。因此，人们难免很自然地把革命战争年代行之有效的政策工具用在国家的各项建设事业之中，从社会主义改造到社会主义建设，一直秉持政策优先的观念，坚持普遍而广泛地运用政策工具进行国家和社会治理。

长此以往，挟持着强大的思维惯性，政策就逐渐成为社会治理的首要工具和基本手段，在某种意义上形成了对于政策手段的路径依赖。同时，由于娴熟于政策工具的运用，在得心应手的惯性之下，不愿去尝试新的社会治理工具和手段，因此这一时期学校体育立法处于缺失状态，即专门性的学校体育法律缺失。而 1961 年出台的高校、中学、小学 3 个学校暂行工作条例，虽有法律属性，但是运用了过多的政策工具，对工作条例的完善及实施反而有着明显的漠然心理，学校体育立法的主观动因不够强劲。其学校体育政策至上的理念弱化了教育自身的主观意愿。

（三）对国民政府学校体育政策进行改造

作为资产阶级政权的国民政府，自从成立以来，虽然基于其资产阶级性质，但国民政府对包括学校体育在内的法治事务一直保持较为积极的态度。其间也多有波折和反复，但总体上向前发展的态势还是相当明显的。经历多年的积淀，到南京国民政府时期，立法工作受到一定程度的重视，尤其是《国民体育法》的颁布，使学校体育立法取得了显著的进展。南京国民政府不仅在学校体育立法层面，而且在政策出台的指导思想、颁布机制和颁布主体方面颇为规范，建构了相对健全的学校体育制度体系。从某种意义上讲，国民政府学校体育工作在十分复杂的情况下获得一定程度的发展，一定程度上要归功于其健全的学校体育政策、法规体系。

1949 年，中华人民共和国成立，基于法律体系本身强烈而显著的政治属性，国民党政权的法律体系在中国大陆的存在就此完全终结。1949 年 2 月 22 日，中共中央发布了《中共中央关于废除国民党的六法全书与确定解放区的司法原则的指示》，强调了法律作为实现统治阶级利益工具的阶级属性，以及国民党政权法律必然的反动性，明确指出，在人民的法律还不完备的情况下，各级人民司法机关的办事原则应该是"有纲领、法律、命令、条例、决议规定者，从纲领、法律、命令、条例、决议之规定；无纲领、法律、命令、条例、决议规定者，从新民主主义的政策"。这就确立了党和政府的纲领、政策、命令、条例、决议等与国家法律处于同等的司法依据地位。由于中华人民共和国成立后在较长时期比较欠缺法律，因此党的决议与政府政策成了司法依据的主角。同时，该指示还明确要求司法机关"应该经常以蔑视和批判六法全书及国民党其他一切反动的法律法令的精神以蔑视和批判欧美日本资本主义国家一切反人民法律、法令的精神，以学习和掌握马列主义毛泽东思想的国家观、法律观及新民主主义的政策、纲领、法律、命令、条例、决议的办法，来教育和改造司法干部"[1]。

中华人民共和国成立后对资产阶级的蔑视和批判精神，是必然、必要的。但是在实践中对于中华人民共和国成立初形成的学校体育工作制度及体育教学、课程、师资等一系列的政策完全否定，对革命战争时期计划式政策成功经验的高度依赖，造成学校体育政策的虚无主义，在引进苏联学校体育工作的经验在中国化的探索中，学校体育政策难以独善其身，并长期受到明显的忽视。

---

〔1〕 王健．论中国的法律教育［J］．比较法研究，1994，8（2）：139－152.

（四）计划经济体制与经验缺乏造就的政策发展偏差

计划经济体制严密运行的时期，全国各个领域盛行的是刚性十足的严格计划。计划的基本特征就是一种指令或命令，强调的是无条件地服从。这为中华人民共和国成立初期的百废待兴提供了极大的发展红利。但是把作为资源配置手段的计划经济体制等同于作为社会发展目标的社会主义指导，致使多领域陷入日益僵化的状况，而学校体育政策也面临越来越局促的空间。

正是由于缺乏经验，认识出现偏差，在较长时期中，许多人始终秉持社会主义制度与计划经济体制完全等同的观念，认为两者存在不可分割的本质联系。在这种情况下，任何对计划经济体制的言论与行动，都被看作对社会主义制度的言论与行动，其权威性与不可触动性极为突出。这就造成这一时期学校体育政策生存空间受限于计划经济体制。从学校体育管理来看，只有上下级的隶属关系，没有也不需要各级管理主体间的权责均衡；就体育教学来看，只需遵守上级计划指令就行，而针对学生在身体活动中的能动性也不用过多思考。学校体育政策内容的刚性较强，过分强调统一性、计划性和教师主导作用，存在形式主义、机械照搬的现象。其忽略了学校体育工作的多样性、创造性和学生生动、活泼、主动发展。针对学校体育的发展目标、课程教材建设、师资培养的短期高要求、学生体质与技能水平的达标高要求、体育器材设备的配置标准都做了脱离实际的刚性要求；针对培养体育师资的院校几次变动培养目标与办学体制，对体育师资培养及学校发展造成很大的不利；出现“以劳动代替体育”“以军事代替体育”的政策倾向。这期间的学校体育忽略了教育的客观规律，对学校体育造成了一定的伤害。

可以说，对于各级各类学校体育主体而言，既没有自主决定相关体育教育事务的权利，当然也就无须承担有关事务的责任，倒也形成一种别样的平衡关系，只是这种别样的所谓平衡关系，与法规权责无关，只与计划指令相连，由此几乎所有的学校体育主体，既没有多少权利，也就无所谓什么义务，当然也就没有多么紧迫的必要性去进行严谨而规范的学校体育立法了。

（五）小　结

在中国共产党的领导下，建立起了人民当家作主的社会主义国家。伴随着政体从资产阶级向无产阶级的变革，学校体育工作体制也跟随着变化，并转向全面学习苏联模式。依靠“对国民政府学校体育政策进行改造”这一问题源流，造成了学校体育政策比较大的政策真空状态，因此国民政府及解放区学校体育制度的延续与苏联学校体育政策模式的引进成了中华人民共和国成立初期学校体育政策转变绝佳的政策源流。政治源流在于执政党政策至上理念，以及计划经济体制带动学校体育政策发展。这两个政治源流代表了执政党的意识形态，虽然具有经验缺乏造就的政策发展偏差和政策至上阻碍了学校体育立法进展，但是在新政权建立之时，就打开了“机会之窗”，使多源流有机汇合。在中华人民共和国成立初期一群精英主导下，尤其是像徐英超先生、苏竟存先生等这群“技术官僚”成为多源流中的“政策倡导者”，推动了中华人民共和国成立初期学校体育政策变迁动因，并由此致使学校体育政策呈现出了如下特征：形成了苏联模式完备的学校体育政策体系；政策颁布机构协同工作常态化，政策形式多样；法制化较弱，仅部分政策具备法规属性；计划色彩浓厚；但是也出现了强调阶级路线和阶级斗争，“大跃进”的政策使学校体育发展难以数质兼顾等严重问题。

四、改革开放至新时期学校体育政策变迁的动因（1979—2014 年）

（一）政治体制深入改革：打开学校体育法制化进程

中华人民共和国在经历短暂的代行宪法职责的《共同纲领》时代

后，很快迎来了1954年的“五四宪法”，它是普遍被认为结构和内容都较为合理的宪法，也曾经被看作治国理政的基石。然而，在旗帜鲜明地表达了其开创新时代的意志后，它并没能充分实现其作用，甚至有极端意见认为“五四宪法”制定仅仅几年之后，就基本被束之高阁了[1]。

鉴于过去历史上有法律基本废弛的教训，国家于1978年制定了“七八宪法”，继承了“五四宪法”的一些基本原则，增加了实现4个现代化的任务，但未能彻底清理“左”的思想影响，还存在一些不正确的政治理论观念和不适应客观实际情况的条文规定。这就注定了它的过渡性。国家于1982年制定了“八二宪法”，以宪法为根基的政治体制深入改革，打开了社会主义法治进程的快速通道。

“八二宪法”特别突出了民主与法治精神，强调宪法至上原则，这对于改变当时社会生活中比较普遍存在的政策高于法律的现象提供了充足的依据，从而为“建立法治化国家”的目标打开了尘封已久的大门。

从我国自身的历史教训来看，学校体育政策缺乏足够的稳定性，导致学校体育的指导思想、发展目标，尤其是体育教学改革等政策的浮动性很大，连续性较弱，不利于人才培养。而新宪法提出的宪法至上的法制化原则，使过去废弛的学校体育政策、法规又重新颁行，发布的学校体育政策的根本依据都开始向法制化的方向转变，伴随《教育法》《体育法》《学校体育工作条例》的颁布，学校体育立法也在这一时期得到了比较充分的酝酿和思想意识的积淀。

（二）思想解放促使人们对学校体育立法及政策的全面认识

长期以来，我们对“法”的认识不无偏颇。受历史经验的影响，大多数人眼里只有政策的威力，没有法规的空间。一些人即使心中有“法”也多停留于强制惩罚的刑法之类，几乎没有行政法的意识，当

---

〔1〕 李晟．八二宪法，三十而立［J］．社会观察，2012（10）：8－10.

然，即使谈到行政法，恐怕也难以有教育法的影子，更不用提学校体育的法制化了。现代人们对于“法”的认识已经更进一步，理解到“法”既会制止不法，也会保护守法；既会保障权利，也会规范义务；既会伸张权利，也会补偿受到的损害。这些关于“法”的观念和意识的逐渐形成，使现代社会法制化的学校体育政策蕴含了更加全面的功能，不仅要对违反学校体育制度的行为进行惩处，而且要对学校体育工作者及受教育者的观念行为进行引导，对于优异者进行表彰。学校体育立法在内的法治进程奠定了思想上的基础，使学校体育政策的颁布及实施更加合法与规范，有了学校体育基本制度的限制，就避免了许多朝令夕改的政策干预。

（三）经济体制改革与发展：带动人才需求为学校体育政策提供动力

改革开放以后，在中国特色的社会主义建设全面启动并快速进展的背景下，产生了对各方面人才的十分强劲的需求，而体育作为增强人才身体素质的特殊教育手段，体育人才的需求更为迫切。另外，随着经济的快速发展，人们有更多的闲暇时间，对体育的参与度也不断加深，社会层面对体育的认识进一步加深。在这一背景下，学校体育的改革和发展就需要法规的约束和保障。历史一再证明：任何国家和地区，无论其大小如何，也无论其社会制度怎样，经济的持续强盛，国力的稳步提高，首先依赖于科教的发展进步，本质在于人才的培养，而人才的身体健康干预又有赖于完备的学校体育立法的启动、护航、引导和监督。我国改革开放以后面临的形势和任务，教育方面面临的新目标，为学校体育政策的发展注入了强劲动力。

（四）学校体育工作的严峻：自身发展迫切需要政策的规范与保障

在经历中华人民共和国成立初期及“文化大革命”的曲折探索之后，学校体育极度衰弱，师资短缺，结构单调，质量低下，基本无章法可言。面临改革开放形势下社会主义建设事业对人才在数量和质量方面的双重需求，以及教育对人才培养中素质教育的要求，学校体育改革与发展任务十分紧迫。为此亟须针对学校体育立法为学校体育工作打开改革发展的通道，保障改革发展的顺利进行。

为了应对学校体育改革发展的迫切需要，1979 年学校体育建章立制的《中、小学体育工作暂行规定（试行草案）》《高等学校体育工作暂行规定（试行草案）》，在此基础上国务院于 1990 年批准的《学校体育工作条例》等工作制度的颁布，顺应了学校体育改革发展的强烈需求。

进入新时代以来，鉴于中国青少年身体素质全面下滑问题的迫切性，学校体育工作更加迫切需要政策的规范与保障，围绕着全体学生“健康第一”的指导思想，国家接连下发了《全国学生体育运动竞赛制度》《大、中、小学生体育合格标准》《中小学体育器材设施配备目录》《普通高等学校体育教育专业场馆设施、器材配备目录》《学校体育工作年度报告办法》《高等学校体育工作基本标准》《国家学生体质健康标准（2014 年修订）》等法规性文件，利用这一系列法律、法规、政策，完善了学校体育工作制度，有效地应对了学校体育工作的严峻状况。

（五）小　结

“文化大革命”中后期，中断 5 年的学校体育政策开始恢复，而伴随随后的改革开放以及 1992 年市场经济的确认，学校体育工作迎来了新的发展时期。首先，“文化大革命”中后期以及 20 世纪末学校体育工作一直面临着不同的严峻形势，基于学校体育自身发展迫切需要政策的规范与保障，这就打开了政策变迁的问题源流。其次，由于政治体制深入改革，在以宪法为根基的原则下，加快了学校体育法制化进程，中国探索出了一条符合自身情况的学校体育政策体系，成就了政策源流的出现。而政治源流中执政党的执政理念使人民思想得到解放、经济体制得到改革与发展，促使人们对学校体育立法及政策的全面认识和人才需求为学校体育政策提供了动力。政治形态和经济、社会的发展促使打开了学校体育政策变迁新一轮的“机会之窗”，在一群多次走出看世界的精英（多源流中的“政策倡导者”）主导下，多源流有机汇合，推动了新时期学校体育政策变迁动因。导致的政策变迁结果呈现出了学校体育政策数量大幅增加，法制化程度大幅提升；学校体育政策涉及范围广泛拓展；学校体育政策质量日益提高；学校体育政策制定机制逐渐健全等鲜明特征。同时，政策强制性较弱，部分政策尚需完善；部分政策重叠与过多，执行出现偏差等问题凸显。

第三节　百余年来学校体育政策变迁动因的认识

虽然每个时期都有不同的动因，但是通过多源流理论对上述4个阶段进行验证，其具备理论所特有的3个源流，从而导致了不同的政策结果。鉴于此，本研究将从理论所富含的几个要素和源流整体审视百余年来学校体育政策变迁动因。

一、百余年来学校体育政策变迁的问题源流：客观因素影响显著

在多源流理论看来，问题源流的打开为政策变迁提供了机会，如社会指标的公布、突发事故、实施政策的反馈、周期性事务等客观条件都是“问题之窗”打开的重要因素。通过对学校体育政策变迁的梳理发现，在清末学校体育政策的初兴中，“问题之窗”是被“连续战争溃败造成的内部变革需求”这种寻求自强的制度变革打开的。国民政府时期“问题之窗”打开在于“新政权对国民身体教育改革诉求需要学校体育政策的保障和维护”。中华人民共和国成立初期，为了维护新政权意识形态的需要，“对国民政府学校体育政策进行改造”成为问题源流。中华人民共和国成立中后期学校体育工作一直面临着严峻的形势，“基于学校体育自身发展”迫切需要政策的规范与保障，这就打开了政策变迁的“问题之窗”。从20世纪80年代至今社会局势稳定，学

校体育政策变迁的“问题之窗”一直都是围绕“学生体质下降”展开的，问题源流开始趋于稳定。

虽然不同的历史时期出现了不同的问题源流，但是综上可以看出，百余年来客观因素成为我国学校体育政策变迁的问题源流。

二、百余年来学校体育政策变迁的政策源流：精英化决策模式占主导地位

多源流理论认为，政策源流即方案的制定和修改、专家集团的动向，而制定结果更多地表现为不同利益主体之间的互动。

从实践上来看，在“西方文化传入奠定了国民认识学校体育的思想基础”及“近代西方体育教育政策成效带来了示范效应”2个因素的促动下，形成了清末所需的借鉴西方学校体育方案的政策源流。国民政府期间在“清末学校体育政策的尝试”下，通过向欧美国家的借鉴学习打开了政策源流的通道。中华人民共和国成立初期，国民政府及解放区学校体育制度的延续与苏联学校体育政策模式的引进成了中华人民共和国成立初期学校体育政策转变绝佳的政策源流。“文化大革命”中后期至今，由于政治体制深入改革，在以宪法为根基的原则下，加快了学校体育法制化进程，中国探索出了一条符合自身情况的学校体育政策体系，成就了政策源流的出现。

综上可以看出，政策源流在我国的演变中，利益主体还是以国家意志（中华人民共和国成立后，国体的性质是人民民主专政，人民民主专政的本质是人民当家作主，国家意愿即是人民意志）为主，因此，我国的学校体育政策制定过程从总体上看还是精英化决策模式占主导地位。

三、百余年来学校体育政策变迁的政治源流：政治力量构成不均衡

金登认为政治源流由国民的情绪、时代的气氛、有组织的社会力

量、政府精英等构成。意识形态通过影响政治话语来影响政策范式。主流意识形态是一定时期内一个社会占主导地位的意识形态，具有强大的思想约束力和广泛的社会认同[1]。

清末陈腐的教育体制已经成为很大的诟病，“革新派”的政治家着力推动改革，因此“陈腐传统教育是促使学校体育政策萌动的重要动因”，是政治源流所在。国民政府时期的民主革命打开了现代学校体育政策发展的窗口，创造出了政治源流条件。中华人民共和国成立初期政治源流在于执政党①政策至上理念，以及计划经济体制带动学校体育政策发展。这两个政治源流代表了执政党的意识形态。“文化大革命”中后期至今执政党的执政理念是人民思想解放、经济体制改革与发展，促使“人们对学校体育立法及政策的全面认识”和“人才需求为学校体育政策提供动力”成为政治源流。

综上可见，110 年来我国主流意识形态基本为执政党的意志，因此，我国学校体育政策历次变迁，鲜明地体现出国家在学校体育领域的主流意识倾向，执政党的意志成了关键或者决定性因素。

四、三个源流的关系：互动明显，政治源流主导

多源流理论认为，政策变迁的实现，最终是政治源流或问题源流的紧迫性致使重大事情触发，从而使问题源流、政策源流和政治源流进行有机结合。前文我们分析了每个阶段学校体育政策变迁的“政策窗口”打开的具体情形，3 个源流始终充斥着互动，而政治源流因素始终贯穿其中，成为 3 个源流发展的主要因素。

政策源流中的参与主体与政治源流中的构成要素关系密切，甚至政策源流的参与主体就是执政党。在我国学校体育政策源流中的备选

〔1〕 李宁，韩浩．中国高校扩招政策的多源流理论分析［J］．高教探索，2013（6）：23－27.

① 中国共产党是实行人民民主专政的中华人民共和国唯一执政党，代表最广大人民的根本利益。

方案通常是在问题源流出现后，才被有针对性地提出，存在因果联系。

国家意志的执政理念，使政治源流贯穿3个源流的始终，并影响着问题源流和政策源流的走向，体现了以政治源流为主导的三源流的高互动性。

第七章　余论：历史变迁对当今学校体育政策发展的启示

第一节　加强法制建设，健全颁布机制

百余年中，清末的学校体育制度不健全；中华人民共和国成立初期忽视学校体育制度建设，过度依靠颁发政策而指导学校体育的工作，都出现了较多问题。而国民政府中后期和中华人民共和国成立中后期，两个时期都颁布了相关的学校体育法律、政策，加强了学校体育制度建设，使之“有法可依”，显现出学校体育法制化特征，成为学校体育史上两个发展最快的时期。其虽成效显著，但是目前我国学校体育法制建设并不完善。因此在新时期下，我国更需要加强学校体育法制建设，健全学校体育法律、法规的颁布机制。

首先，应该加强学校体育法律的理论研究，加大与法学界的合作力量，促进学校体育法制建设的系统化，促进学校体育法律建设的科学化。目前，法学界和学校体育界的合作虽有加强，但实践与理论还是相脱节的。理论仅仅停留于专家学者等研究和探讨层面，而主管学校体育的行政部门尤其是立法部门往往关注不够。而在实践方面，许多专家学者缺乏一线管理工作经验，造成各方缺乏有效协作，既难以充分发挥整体优势，又难以产生高质量的成果，有限的成果也难以被充分利用。改变，需要各方尤其是学校体育行政部门予以足够的重视，将各方力量有机整合，特别需要充分注重法学专家与学校体育学者的

有机结合，发挥人才互补优势，使理论更加科学且切合实际，为科学、系统的学校体育立法奠定基础。

其次，健全学校体育政策颁布机制，尤其是学校体育法律、法规的颁布机制。百余年来，我国学校体育立法基本上采用行政机关起草、请示、审批、颁布等一套流程。中华人民共和国成立后，《中华人民共和国立法法》明确规定了全国人大、国务院、各具有行政管理职能的部委的立法权限。但是目前我国的《学校体育工作条例》《学生伤害事故处理办法》等大多由教育部等行政部门包办这些法律、法规的起草、审议过程。国务院、教育部等权力机关仅仅在形式上或象征性的批准程序上发挥作用，其制定的法规发挥出的作用也有限。在学校体育法律、法规建设上，应有国务院及教育部授权法制工作机构全面组织学校体育法规的起草工作，或者政府以购买服务的方式委托研究机构及学校体育法规草案招标制度等做法，从而提高立法质量，减少法规冲突，增进协调性。

第二节　调控政治源流，完善监督制度

中国共产党的执政地位造就了我国政治源流的根本性，其高效的运作机制和执行能力以及取得的成绩是有目共睹的。加上百余年来学校体育工作的公益性，注定了学校体育工作需要国家进行推动。因此在学校体育政策制定中的政治源流，我们需要中国共产党加强对其的领导工作，但是需要完善政策颁布过程中的监督机制。

我国现有的学校体育政策颁布的监督机制，主要有批准、备案、撤销等方面，其中由于制度本身不够科学，或者运用不当，容易产生监督不到位的问题。

首先，批准制度作为一种事前监督方式，本可以避免政策冲突或不当，但由于政策颁布机制上难以解决的矛盾，其实施反倒产生很多问题。经批准后颁布的学校体育政策在政策主体、效力等级方面并不明确，尤其是国务院对教育部政策的批转，教育部对体卫艺司的政策

以“部令”的下发，部分因无法律依据，可以说是问题突出，还有监督空虚、影响法规协调等副作用。例如，在批准层面缺失，曾出现政策目标过高的要求，如在体育教师培训方面，1996 年国家教委提出“力争在‘九五’期间对在岗兼职体育教师都培训一遍”，而到 2002 年也未达到这一目标。教育部办公厅继续发文提出“制定切实可行的培训计划，力争在 2005 年前，使农村中小学体育教师普遍接受一次专业培训”，而至今“国培计划”虽然不断加强，但是提出的全国体育教师全部培训一遍的初衷还未达到。这样就造成了学校体育政策的公信力受到一定的质疑。

其次，加强政策备案制度，政策备案是对政策、法规加强监督的重要做法。我国目前虽然有《法规规章备案条例》文件，提出“部委对下级行政机关发布的规章和其他具有普遍约束力的行政决定、命令的监督，到法制办备案，法制办定期公示”，但近些年教育部下发的如《学生体质健康监测评价办法》《中小学学校体育工作评估办法》《学校体育工作年度报告办法》《高等学校体育工作基本标准》等行政决定和命令未能在国务院法制办公室的官方网站查阅到，说明我国学校体育政策颁布后的备案工作缺乏，从而使其与其他部委、地区政策出现矛盾之时缺乏法制机构的协调作用。因此在条件许可的情况下，可以逐步适当加强学校体育政策的备案工作，尽可能实现政策的协调作用。

最后，在撤销机制上亦有缺乏，目前已经显现明显的“部门扩张主义”“地方保护主义”的越权、重复等不当政策颁布，但是很少被撤销，如教育部和国家体育总局在某些关于体育教育、竞赛等政策上的重复和冲突。

为此，应当结合备案制度的广泛运用，加大撤销不当学校体育政策的力度。这种撤销，虽然造成了立法成本的增加和立法资源的浪费，但较之于让它破坏学校体育政策的协调统一来说，是值得和必要的。这既要加强上级审查部门的循规照章办事，还要追究不当学校体育政策颁布的主要或直接责任，逐步提高学校体育政策质量，推进学校体育政策的完善。

第三节　丰富政策源流，优化政策条款

百余年来，学校体育政策源流大多依靠执政党政治精英进行草拟与制定，而金登曾讲过，“决策的科学化和民主化是制定合理有效的公共政策的基本保证”，因此应扩大学校体育政策制定过程中的参与主体范围，培育国民对学校体育工作的能动性，广开言路，重视思想库及专家学者的作用，实现科学合理的决策结构和参与主体的多元化，从而改善我国学校体育政策过程。

同时，优化政策条款，提高政策可操作性，这首先就需要改善政策结构。百余年来，学校体育政策的名称一直在发生演变，到中华人民共和国成立中后期，政策名称虽然稳定，但是还是以“令、通知、说明、意见、请示报告、函、讲话、要求、通报、任务”等繁杂多样的名称构成，不利于学校体育政策的科学和统一，造成许多单位及学校错乱理解这些政策的效力等级和层次范围，造成混乱。其次，在内容上，我国部分学校体育政策、法规缺乏“应为、必为、不为、后果”等界限分明、容易执行的措辞。而模糊原则、空洞无物的软性用语，造成既不知如何遵守与执行，违法者也无后顾之忧。因此要优化学校体育政策内容用语，增强其可操作性。

第八章　结论与后续研究建议

第一节　结　论

（1）百余年来，我国的学校体育组织管理机构设置逐步健全，管理逐渐规范。从近代清末学部开始，逐渐发展到以现代教育、体育和卫生等国家行政部门为主导，以相关学校体育事业单位、学校体育咨询与指导组织和学校体育社团等为辅的学校体育组织管理体系，构成了我国学校体育政策出台的坚实基础。

（2）清末随着各级学校和教育管理体系迅速建立，学校体育课程和教学也仿照日本逐渐建立起来，学校体育政策体系初具雏形并强调建章立制。虽然其政策内容鲜明而单一，甚至没有相应的考核要求，但学校体育已经成为中国人接受现代体育教育的主要场所。

（3）国民政府时期开始探索中国自己的学校体育发展道路，政策颁布机构开始协同工作，以《国民体育法》为标志，学校体育政策规范化程度日益提高，对有关机构、制度、人员和设施、标准等都有了相关的法规文件，呈现出了体系比较完备、内容层次比较清晰严谨、制定技术比较规范的特征，但政策中国化程度较弱，实际可行性存疑。

（4）中国共产党领导的红色学校体育政策与中华人民共和国成立初期学校体育工作全面学习苏联模式，构成了中华人民共和国成立时学校体育制度的基础。这期间中国构建了较完备的学校体育政策体系，政策颁布机构协同工作常态化，政策形式多样，但法制化较弱，计划色彩浓厚，强调阶级路线和阶级斗争，出现学校体育发展数质难以兼顾等问题。

（5）“文化大革命”中后期中断5年的学校体育政策开始恢复，1978年伴随改革开放及市场经济的确认，学校体育工作迎来了新的发展时期，学校体育的法制体系逐步形成与完善。我国的学校体育法制体系包括了《中华人民共和国宪法》与专门法中有关学校体育的法律规定，中共中央和国务院相关文件中有关学校体育具有法规性质的要求，政府相关行政部门有关学校体育的专门法规，形成了3个相互联系的具有中国特色的学校体育的法律、法规的体系。学校体育政策呈现出数量大幅增加，涉及范围广泛拓展，政策质量日益提高，政策制定机制逐渐健全等鲜明特征。但其存在政策强制性较弱，政策重叠过多，政策内容尚需优化等问题。

（6）多源流理论解释不同历史时期学校体育政策变迁的不同动因。它将清末学校体育政策变迁动因归结为战争溃败引起了内部变革需求，“西学东渐”奠定了学校体育思想基础，近代西方政策成效带来了示范效应，陈腐传统教育促进了学校体育政策发展等因素。国民政府时期新政权对国民身体教育改革诉求、民主革命以及清末学校体育政策的积极尝试成为变迁重要动因。国民政府及解放区学校体育制度的延续与苏联学校体育政策模式的引进、政策至上理念、对国民政府学校体育政策改造、计划经济体制与经验缺乏等成为中华人民共和国成立初期学校体育政策变迁动因。改革开放至今，学校体育自身发展的迫切需要、政治体制的改革的深入、思想的解放、经济体制改革与发展、人才培养的需求成为新时期学校体育政策变迁动因。

（7）各个时期政治源流、政策源流和问题源流互动明显，政治源流占主导地位；问题源流受客观因素影响显著；精英化决策模式主导政策源流；政治源流表现在政治力量构成不均衡。国家意志的执政理念，使政治源流贯穿3个源流的始终，并影响着问题源流和政策源流的走向，体现了以政治源流为主导的三源流的高互动性。

（8）针对百余年来学校体育政策的历史变迁，我国提出了“加强法制建设，健全颁布机制”“调控政治源流，完善监督制度”“丰富政策源流，优化政策条款”的学校体育政策发展的启示。

第二节 后续研究建议

（1）内容和评价将继续完善。虽然本研究在政策资料收集整理方面做出了很大的努力，克服了不少困难，但由于学校体育政策涉及的范围实在是一个庞大的结构体系，牵扯到多个方面，针对政策资料依然有收集的空间，并且对实际的典型政策资料挖掘深度还要加强，从而做出更科学的评价，尤其是改革开放后颁发出的巨大数量政策文献，这也是下一步继续深入研究的目标。

（2）学校卫生与学校体育交叉性政策待完善。学校体育事业的发展一直离不开学校卫生事业的支持，尤其从学校体育制度诞生以来就确定了发展学生体质健康的宗旨，这就尤其需要学校卫生政策进行配合，与学校体育政策相辅相成。然限于篇幅，本研究未能将清末至今以来学校卫生方面的政策完全纳入，仅仅涉及了部分学校卫生的政策。这样做无疑对学生体质健康政策的变迁把握稍欠缺，未来会进一步将学校卫生与学校体育关联性强的政策纳入，用整体论的思维，重新审视学校体育政策的变迁。

（3）学校体育政策理论化研究有待深入。本研究利用的多源流理论可以对学校体育政策变迁动因起到很好的解释作用，但是这属于政策分析理论，对政策变迁预测功能相对缺乏。因此，本研究在学校体育政策变迁特征的基础上结合变迁动因，提出了学校体育政策发展启示。本研究在今后需要进一步用不同政策理论进行探讨，从而得出更好的政策发展建议。

参考文献

一、连续出版物

[1]孙成林．晚清至国民政府体育设施政策研究[J]．体育文化导刊,2011(11):127－130.

[2]刘斌,成双凤．现行《体育法》与国民政府体育法规的比较及思考[J]．武汉体育学院学报,2007(10):10－13.

[3]张庆文,杨刚,万莹莹．当代中国体育政策的变迁与思考[J]．上海体育学院学报,2013(6):20－23.

[4]金世斌．改革开放以来我国体育政策演进与价值嬗变[J]．体育与科学,2013(1):36－41.

[5]肖谋文．从功能演绎到制度变迁:改革开放后我国体育政策的演进[J]．北京体育大学学报,2012(2):16－18,38.

[6]蔡治东,汤际澜,虞荣娟．中国大众体育政策的历史变迁与特征[J]．体育学刊,2016(4):35－39.

[7]SHEN L,FAN H. Historical review of state policy for physical education in the People's Republic of China[J]. International Journal of the History of Sport,2012,29(4):583－600.

[8]JIN A J. Physical education curriculum reform in China:a perspective from physical education teachers[J]. Physical Education & Sport Pedagogy,2013,18(1):1－13.

[9]LI M,DIBLEY M J,YAN H. School environment factors were associated with BMI among adolescents in Xi'an City,China[J]. BMC Public Health,2011,11(1):1－6.

[10]WU R H. The Status Quo of College－Sports in China and The Issues of Legal and Policy[J]. The Journal of Sports and Entertainment Law,2014,17(2):25－46.

[11]SUN C Z,HWANG E R. A Study on Sports Policy before Reform and Opening－

up Policy in China[J]. The Korean Society of Sports Science,2011,20(1):3 –11.

[12]TAN T C. Assessing the sociology of sport: on globalisation and sport policy [J]. International Review for the Sociology of Sport,2015,50(4 –5):612 –616.

[13]TAN T C,BAIMER A. Globalization and Chinese Sport Policy:The Case of Elite Football in the People's Republic of China[J]. China Quarterly,2010,203(9):581 –600.

[14]郭红娟,马乃欣．从“重文轻武”到“文武兼课”——晚清学校体育教育制度述评[J]．江西社会科学,2003(4):103 –107.

[15]张爱玲,余万予,沈丽玲．“癸卯学制”与我国学校体育制度确立时间考[J].体育学刊,2007(1):89 –90.

[16]朱本建．略论中国近代学校兵操废存之争[J]．西安体育学院学报,1987(2):94 –98.

[17]吕凤英．军国民教育时期学生身体改造的历程初探(1902—1919)[J]．身体文化学报,2005(12):259 –280.

[18]江姗姗,黄瑾．1941—1944 年的国民政府学校体育视导制度的内容及启示初探[J]．南京体育学院学报:社会科学版,2007(2):35 –38.

[19]陈彩祥,马廉祯．论抗战期间国民政府的国防体育政策[J]．体育文化导刊,2007(12):88 –90.

[20]邓彩兰,陈玉忠．抗日战争时期陕甘宁边区和国统区体育发展述略[J]．青海师范大学学报:哲学社会科学版,2016(4):115 –118.

[21]谭华．旧中国的体育立法活动[J]．体育文史,1989(2):15 –17,21.

[22]蒲志强,赵道卿,董淑道．国民政府时期(1927—1949)中学学校体育制度的演变过程、特点及其历史价值[J]．北京体育大学学报,2005(10):1386 –1389.

[23]张丽艳,杜放．我国学校体育政策法规的回顾与展望[J]．中国学校体育:高等教育,2014(6):19 –26.

[24]魏国旗,文兰佃．中华人民共和国成立以来学校体育发展阶段研究[J]．体育文化导刊,2007(3):70 –72.

[25]刘宁,刘静民,张威．改革开放以来我国学校体育政策、法规演变脉络之研究[J]．体育科学,2009(12):88 –92.

[26]彭雪涵．改革开放时期学校体育政策法规的文本解读[J]．北京体育大学学报,2009(6):76 –79.

[27]李洪川,许晓明,张雪霞,等．对近 20 年国家出台学校体育法规政策的梳理与思考[J]．成都体育学院学报,2011(9):1 –5.

[28]黄衍存,彭雪涵．改革开放以来我国学校体育政策法规的演进与思考[J]．福州大学学报:哲学社会科学版,2015(4):92-96.

[29]张文鹏,王健．中华人民共和国成立以来学校体育政策的演进:基于政策文本的研究[J]．体育科学,2015(2):14-23.

[30]曾桓辉．中华人民共和国成立后推行"劳卫制"的历史研究[J]．体育文化导刊,2005(2):74-76.

[31]李忠堂,阎智力．我国基础教育体育课程改革60年回顾[J]．体育学刊,2010(12):52-56.

[32]季浏,汪晓赞,汤利军．我国新一轮基础教育体育课程改革10年回顾[J]．上海体育学院学报,2011(2):77-81.

[33]李静波．我国升学体育考试政策文件的回顾、分析与展望[J]．中国学校体育,2014(10):28-29.

[34]孙成林,王健,高嵩．中华人民共和国学校体育设施政策发展研究[J]．北京体育大学学报,2014(5):36-43,76.

[35]陈善平,刘丽萍,张中江,等．学校体育政策态度扎根理论:基于阳光体育的质性研究[J]．首都体育学院学报,2015(5):414-419,431.

[36]东锋,吴健,汪君民．我国学校体育政策执行问题研究述评[J]．湖北民族学院学报:哲学社会科学版,2014(1):139-142.

[37]王书彦,周登嵩．学校体育政策执行力的评价指标体系[J]．体育学刊,2010(6):46-50.

[38]陶克祥．学校体育政策执行力及其影响因素[J]．现代教育管理,2012(6):68-71.

[39]涂端午．我国高等教育政策分类研究——从理论到经验[J]．复旦教育论坛,2007(6):12-20.

[40]柴江．不同目标教育政策的分类研究:单维与多维的视角[J]．浙江社会科学,2016(6):95-100,158.

[41]王骚,靳晓熙．动态均衡视角下的政策变迁规律研究[J]．公共管理学报,2005,2(4):26-30.

[42]吕凤英．军国民教育时期学生身体改造的历程初探(1902—1919)[J]．身体文化学报,2005(12).

[43]晓红．晚清学部成立前的中央教育行政机构沿革[J]．近代史研究,1998(4):91-108,10.

[44]陈睿腾. 从学校教育制度视角看《钦定学堂章程》废除[J]. 教育史研究,2011(1):27－30.

[45]汪业群.《奏定女子学堂章程》价值探析[J]. 兰台世界,2006(6):71－72.

[46]张文鹏,王健. 清末学校体育改革的制度更新:基于政策文本的研究[J]. 成都体育学院学报,2016(5):113－117.

[47]李宁,韩浩. 中国高校扩招政策的多源流理论分析[J]. 高教探索,2013(6):23－27.

[48]陈刚,蒋苏,吕艳玲. 国民政府前期的我国体育发展[J]. 体育文化导刊,2012(7):126－131.

[49]王建吾. 从实验中与郝督学商讨我国大学体育问题[J]. 体育季刊,1935(7):1－3.

[50]郝更生. 十年来我国之体育[J]. 体育,1927(2):7,11.

[51]王健. 论中国的法律教育[J]. 比较法研究,1994,8(2):139－152.

[52]高晓峰,杨贵仁,孙葆丽. 少子化背景下我国学校体育面临的挑战与机遇[J]. 天津体育学院学报,2015,30(5):388－392.

[53]李晟. 八二宪法,三十而立[J]. 社会观察,2012(10):8－10.

二、专(译)著

[1]陈元晖. 中国近代教育史资料汇编[M]. 上海:上海教育出版社,2007.

[2]李国钧,王炳照. 中国教育制度通史[M]. 济南:山东教育出版社,2000.

[3]宋恩荣,章咸."中华民国"教育法规选编[M]. 南京:江苏教育出版社,1990.

[4]国家教育委员会体育卫生司. 学校体育卫生工作文件汇编[M]. 沈阳:辽宁大学出版社,1988.

[5]国家教育委员会体育卫生与艺术教育司. 学校体育卫生工作文件汇编[M]. 北京:人民教育出版社,1997.

[6]教育部体育卫生与艺术教育司. 学校体育工作重要法规文件选编[M]. 北京:人民教育出版社,2008.

[7]国家体委体育文史工作委员会. 中国近代体育议决案选编[M]. 北京:人民体育出版社,1991.

[8]成都体育学院体育史研究所. 中国近代体育史资料[M]. 成都:四川教育出版社,1985.

[9]李晋裕,腾子敬,李永亮. 学校体育史[M]. 海口:海南出版社,2000.

[10]宋尽贤,廖文科. 中国学校体育30年:1979—2009[M]. 北京:高等教育出版社,2010.

[11]苏竞存. 中国近代学校体育史[M]. 北京:人民教育出版社,1994.

[12]费正清. 剑桥中国晚清史1800—1911年下卷[M]. 北京:中国社会科学出版社,1985.

[13]李华兴. 国民政府教育史[M]. 上海:上海教育出版社,1997.

[14]教育部. 国民体育实施方案[M]. 上海:勤奋书局,1933.

[15]教育部. 各级学校体育实施方案[M]. 南京:正中书局,1941.

[16]孙培青. 中国教育史[M]. 上海:华东师范大学出版社,2009.

[17]徐建平. 教育政策与法规[M]. 重庆:重庆大学出版社,2013.

[18]王伦信. 清末国民政府时期中学教育研究[M]. 上海:华东师范大学出版社,2002.

[19]李赐平. 我国近现代教育立法的探索与实践[M]. 北京:中国社会科学出版社,2013.

[20]张翼. 教育发展与制度选择:我国二十五年来教育制度变迁分析[M]. 广州:暨南大学出版社,2012.

[21]林康义,唐永强. 比较·分类·类比[M]. 沈阳:辽宁人民出版社,1987.

[22]吴志宏. 教育行政学[M]. 北京:人民教育出版社,2000.

[23]袁振国. 教育政策学[M]. 南京:江苏教育出版社,2000.

[24]游正伦. 教学论[M]. 北京:教育科学出版社,1982.

[25]约翰·W. 金登. 议程、备选方案和公共政策[M]. 丁煌,方兴,译. 北京:中国人民大学出版社,2004.

[26]叶澜. 教育概论[M]. 北京:人民教育出版社,1991.

[27]詹姆斯·E. 安德森. 公共政策制定[M]. 谢明,等译. 北京:中国人民大学出版社,2009.

[28]陈振明. 政策科学:公共政策分析导论[M]. 北京:中国人民大学出版社,2003.

[29]中国社会科学院近代史研究所,张海鹏. 中国近代通史[M]. 南京:江苏人民出版社,2007.

[30]保罗·A. 萨巴蒂尔. 政策过程理论[M]. 彭宗超,等译. 北京:生活·读书·新知三联书店,2004.

[31]陈玲．制度、精英与共识：寻求中国政策过程的解释框架[M]．北京：清华大学出版社，2011.

[32]李均．中国高等教育政策史（1949—2009）[M]．广州：广东高等教育出版社，2014.

[33]曾业英．蔡松坡集[M]．上海：上海人民出版社，1984.

[34]钟叔河．走向世界丛书[M]．长沙：岳麓书社，2008.

[35]罗世龙．天津中华基督教青年会与近代天津文明[M]．天津：天津人民出版社，2005.

[36]陈景磐．中国近代教育史[M]．北京：人民教育出版社，1980.

[37]陈元晖．中国近代教育史资料汇编：教育行政机构及教育团体[M]．上海：上海教育出版社，2007.

[38]郎净．近代体育在上海[M]．上海：上海科学院出版社，2006.

[39]王忠欣．基督教与中国近现代教育[M]．武汉：湖北教育出版社，2000.

[40]谷世权．中国体育史[M]．北京：北京体育大学出版社，2004.

[41]曾飙．苏区体育[M]．北京：中央文献出版社，2004.

[42]王炳照，郭齐家，刘德华．简明中国教育史[M]．北京：北京师范大学出版社，1985.

[43]陕西师范大学教育研究所．陕甘宁边区教育资料小学部分·上[M]．北京：教育科学出版社，1981.

[44]辽宁省教育科学研究所．东北解放区教育资料选编[M]．北京：教育科学出版社，1983.

[45]方晓东．中华人民共和国教育史纲[M]．海口：海南出版社，2002.

[46]何沁．中华人民共和国史[M]．北京：高等教育出版社，2009.

三、学位论文

[1]黄正岚．国民政府体育法规研究[D]．苏州：苏州大学，2010.

[2]孙成林．我国体育设施政策演进及优化[D]．武汉：华中师范大学，2013.

[3]刘洪涛．我国体育科技政策历史变迁研究[D]．北京：北京体育大学，2011.

[4]白旭盛．我国反兴奋剂政策变迁研究[D]．北京：北京体育大学，2014.

[5]陈爱辉．我国体育产业政策变迁的研究[D]．北京：北京体育大学，2015.

[6]王栋．国民政府时期江西体育教育问题研究（1912 年至 1945 年）[D]．南昌：江西师范大学，2009.

[7]李浩波．抗战时期中国三大区域的体育发展探析[D]．长沙：湖南师范大学,2009.

[8]王华倬．论我国近现代中小学体育课程的发展演变及其历史经验[D]．北京：北京体育大学,2003.

[9]赵卓．中国近代体育制度发展研究[D]．北京：北京体育大学,2011.

[10]黄甜甜．学校体育政策的本质研究[D]．沈阳：沈阳师范大学,2013.

[11]周文佳．北洋政府时期高等教育政策研究[D]．石家庄：河北大学,2013.

[12]王瑜．近代高等教育法研究[D]．成都：西南政法大学,2015.

[13]张慧杰．近代中国教会学校体育发展史研究(1840—1949)[D]．苏州：苏州大学,2010.

[14]曲国洋．日本竞技体育体制研究[D]．北京：北京体育大学,2011.

四、其他

[1]教育部禁用前清各书通告各省电文[Z]．临时政府公报第32号,1912-03-08.

[2]中国蔡元培研究会蔡元培全集：第四卷[G]．杭州：浙江教育出版社,1997:762.

[3]罗时铭．国民政府体育[EB/OL]. http://baike.baidu.com/item/%E6%B0%91%E5%9B%BD%E4%BD%93%E8%82%B2.

[4]中央对新区文教事业的政策[Z]．北京：中央档案馆,1958:262.

附　录

附录A　国民政府期间全国性教育、体育会议决议案（1912—1949年）

序号	年份	政策文件名称	发布单位/会议名称
1	1915 年	军国民教育施行方法案	全国教育会联合会
2	1918 年	推广体育计划案	全国教育会联合会
3	1918 年	请速办全国联合运动会及各省区运动会案	全国教育会联合会
4	1918 年	推广中华新武术案	全国教育会联合会
5	1918 年	高等师范学校规定体育试验议决案	全国高等师范学校校长会议
6	1918 年	请将中国固有武术加入专门学科案	全国高等师范学校校长会议
7	1919 年	中学校学生体育应如何从生理卫生上体察施行规律的训练并应如何订定运动标准以收实行锻炼之实效案	全国中学校校长会议
8	1919 年	拟请全国中学校一律添习武术案	全国中学校校长会议

续表

序号	年份	政策文件名称	发布单位/会议名称
9	1919 年	请订体育成绩考查规程案	全国中学校校长会议
10	1919 年	改革学校体育案	全国教育会联合会
11	1919 年	组织体育委员会案	全国教育会联合会
12	1919 年	推广童子军案	全国教育会联合会
13	1920 年	请设“国立”体育学校案	全国教育会联合会
14	1921 年	拟定儿童发育标准，以便考察体育成绩案	全国教育会联合会
15	1923 年	推广童子军教育案	全国教育会联合会
16	1923 年	改革童子军建议案	全国教育会联合会
17	1923 年	改进与赛远东运动会之办法案	全国教育会联合会
18	1925 年	学校体育应特别注重国技案	全国教育会联合会
19	1928 年	中等以上学校实施军事训练案	全国教育会议
20	1928 年	国民体育之振兴及其进行方法案	全国教育会议
21	1928 年	各县普设公共体育场案	全国教育会议
22	1928 年	请全国一致提倡体育案	全国教育会议
23	1928 年	励行体育案	全国教育会议
24	1928 年	改订体育课程提高体育师资案	全国教育会议
25	1928 年	确定各省立中等学校体育经费案	全国教育会议
26	1928 年	请令全国学校定国术为体育主课案	全国教育会议
27	1932 年	国民体育实施方案	全国体育会议
28	1932 年	各级教育行政机关应设置体育督学案	全国体育会议

续表

序号	年份	政策文件名称	发布单位/会议名称
29	1932 年	教育部、厅、局应各设置体育委员会，并于社会教育司、科、课之下，添设体育科、股、组，专司其所辖区域内学校，及社会体育之设计，及行政事宜案	全国体育会议
30	1932 年	拟全国体育行政系统以利进行案	全国体育会议
31	1932 年	各省市县体育场应设国术部以资提倡案	全国体育会议
32	1932 年	请筹办“国立”国术专科学校案	全国体育会议
33	1932 年	严格甄别私立体育学校分别奖励或取缔案	全国体育会议
34	1932 年	设立小学师资训练机关案	全国体育会议
35	1932 年	设立初中及县体育场服务人员之训练机关案	全国体育会议
36	1932 年	设立体育行政人员社会体育指导员及中等以上教员之训练机关案	全国体育会议
37	1932 年	规定体育教师待遇案	全国体育会议
38	1932 年	利用假期应设补习体育教育案	全国体育会议
39	1932 年	中央及各省派遣国内体育专门人才到国外考察或留学以造就高等体育人才案	全国体育会议
40	1932 年	检定体育师资案	全国体育会议
41	1932 年	慎选体育师资案	全国体育会议
42	1932 年	创办体育实验区推广民众体育案	全国体育会议

续表

序号	年份	政策文件名称	发布单位/会议名称
43	1932 年	各省市县应以人口为标准限期成立及添设公共体育场、简易体育场、儿童游乐园，并确定其经费设备以利民众体育之进展案	全国体育会议
44	1932 年	请注重全民体育以救国难案	全国体育会议
45	1932 年	提倡沿海河流及江湖一带水上运动案	全国体育会议
46	1932 年	我国今后考查体育成绩应注重测验案	全国体育会议
47	1932 年	各级学校体育经费应确定预算案	全国体育会议
48	1932 年	全国运动会每两年一次由教育部全国体育委员会指定在各省轮流举行案	全国体育会议
49	1939 年	体育改进案	全国教育会议
50	1939 年	学校军训与军事管理之改进案	全国教育会议
51	1939 年	普遍设立体育场推行民众体育案	全国教育会议
52	1939 年	确立全国行政系统组织，加强推行力量案	全国教育会议
53	1939 年	请设法造就高级体育人才，整理在职各级学校体育教师及奖励体育学术之研究案	全国教育会议
54	1939 年	游击区战区或接近战区应加强童子军训练案	全国教育会议
55	1939 年	请中央及地方政府增列体育经费案	全国教育会议

续表

序号	年份	政策文件名称	发布单位/会议名称
56	1939 年	请充实体育及卫生教育视导制度以利体育及卫生教育之实际推动案	全国教育会议
57	1939 年	大会决议送部参考案一：确定全国体育设施方针积极推行国民体育案	全国教育会议
58	1939 年	大会决议送部参考案二：拟定各级学校救护训练实施标准并积极训练学生以资防护及便利学生服务家庭及社会案	全国教育会议
59	1939 年	大会决议送部参考案三：中小学学生身体健康应如何增进案	全国教育会议
60	1939 年	大会决议送部参考案四：实行体育会考以强青年体格案	全国教育会议
61	1940 年	学校体育改进案	全国国民体育会议
62	1940 年	拟请由部通全国大中小各级学校列国术为必修科案	全国国民体育会议
63	1940 年	改进专科以上学校体育行政组织案	全国国民体育会议
64	1940 年	请教育部积极举办假期训练营案	全国国民体育会议
65	1940 年	拟请举行小学儿童体格测量案	全国国民体育会议
66	1940 年	拟请加测初高中学生六千人，以完成合乎统计原理的运动技能标准案	全国国民体育会议
67	1940 年	拟请完成女生体格测量及运动技能标准案	全国国民体育会议

续表

序号	年份	政策文件名称	发布单位/会议名称
68	1940 年	各特种性质学校体育应如何推进案	全国国民体育会议
69	1940 年	中小学应讲授滑翔机降落伞之常识案	全国国民体育会议
70	1940 年	请规定中心学校及国民学校之体育课程时间教材及体育师资之养成办法案	全国国民体育会议
71	1940 年	全国中等以上学校附设民众体育场案	全国国民体育会议
72	1940 年	培养师资案	全国国民体育会议
73	1940 年	奖进体育学术研究案	全国国民体育会议
74	1940 年	请拨庚款培养师资案	全国国民体育会议
75	1940 年	体育研究机关亟应设置案	全国国民体育会议
76	1940 年	请由部设立中央国术体育特别训练班，严格补习，籍资沟通，以期健全师资统一教学案	全国国民体育会议
77	1940 年	体育师资极感缺乏应如何补救案	全国国民体育会议
78	1940 年	请教部从速商同有关机关开办各种短期训练班案	全国国民体育会议
79	1940 年	体育行政改进案	全国国民体育会议
80	1940 年	请中央颁发战时国民体育实施方案以增强抗战力量案	全国国民体育会议
81	1940 年	请迅速编辑国民体育丛书案	全国国民体育会议
82	1940 年	请修正国民体育法以适应时代需要案	全国国民体育会议

续表

序号	年份	政策文件名称	发布单位/会议名称
83	1940 年	增进体育效率实施办法案	全国国民体育会议
84	1940 年	体育工作人员应予保障案	全国国民体育会议
85	1940 年	请教育部确立体育人员养老制度及奖励办法案	全国国民体育会议
86	1940 年	请制定章程统一全国民众体育团体管理案	全国国民体育会议
87	1940 年	创办中央体育卫生博物案	全国国民体育会议
88	1940 年	重庆市政府夫子池公共体育场改建模范新村，请予制止，以利国民军事教育及体育训练案	全国国民体育会议
89	1940 年	请由大会推举五人至七人组织委员会拟定本届会议	全国国民体育会议
90	1940 年	决议各案分期实施案	全国国民体育会议
91	1940 年	社会体育推行办法案	全国国民体育会议
92	1940 年	为促进社会人士对于体育之认识起见，应致力于文学宣传（如杂志报章等），籍以发扬体育真谛及其伟大作用案	全国国民体育会议
93	1940 年	政府对于民众体育社团及业余运动团体，应积极予以辅助与鼓励案	全国国民体育会议
94	1940 年	请于重庆市设立陪都体育场，以供市民运动及运动大会之用案	全国国民体育会议
95	1940 年	我国体育应提倡大众活动，同时注意个别需要案	全国国民体育会议

续表

序号	年份	政策文件名称	发布单位/会议名称
96	1940 年	编订国民体育教材统一训案	全国国民体育会议
97	1940 年	拟请激励公务员及各级学校教职员，注重体育，用增效率，并促进国民体育案	全国国民体育会议
98	1940 年	如何加紧推行战区国民体育案	全国国民体育会议
99	1940 年	请明定九月九日（重阳）为国民体育节，以养成崇尚体育风气案	全国国民体育会议
100	1940 年	彻底推行国民体育，以健身强种案	全国国民体育会议
101	1940 年	整理国术教材案	全国国民体育会议
102	1940 年	全国各省市县亟应限期普遍设立国术馆或国术教练所，以便推行国民体育案	全国国民体育会议
103	1940 年	发展国术，以普及国民体育案	全国国民体育会议
104	1940 年	国民体育应切实推行我国固有之射术、拳术、摔跤、跳远、举重案	全国国民体育会议
105	1940 年	卫生教育改进案	全国国民体育会议
106	1940 年	拟请规定有关体育之各种卫生习惯条例，通令各省市公私立学校运动场所及负责体育指导人员，对于运动人员之体育卫生，勤加指正，以利体育功效案	全国国民体育会议
107	1940 年	如何保持及增进国民身体之健康案	全国国民体育会议

续表

序号	年份	政策文件名称	发布单位/会议名称
108	1940 年	拟订高中毕业生体格标准参考表案	全国国民体育会议
109	1940 年	童子军教育改进案	全国国民体育会议
110	1940 年	大会决议送部参考案一：拟请改善体育训练方法以期普及国民体育案	全国国民体育会议
111	1940 年	大会决议送部参考案二：体育设备宜求经济化案	全国国民体育会议
112	1940 年	大会决议送部参考案三：请教育部加强督导各公私立大中小学体育课程之实施案	全国国民体育会议
113	1940 年	大会决议送部参考案四：各省市各级学校体育费应切实增筹以充实体育设备案	全国国民体育会议
114	1940 年	大会决议送部参考案五：请订定国术课程为国民体育案	全国国民体育会议
115	1940 年	大会决议送部参考案六：拟请定期举办国民健康检查及运动技术测验案	全国国民体育会议
116	1940 年	大会决议送部参考案七：体育师资应注重生理及卫生学科案	全国国民体育会议
117	1942 年	拟定体育专业保障办法案	国民体育委员会全体委员会议
118	1942 年	如何实行体育教育登记检定使合格者得有保障不合格者督令受训案	国民体育委员会全体委员会议

续表

序号	年份	政策文件名称	发布单位/会议名称
119	1942年	为准备战后国民体育之实施拟请推定小组委员会拟订整个方案于下届大会提出讨论案	国民体育委员会全体委员会议
120	1942年	体育增强杀敌卫国实力案	国民体育委员会全体委员会议
121	1942年	请依照现行新县制确立县以下各级体育行政组织以利国民体育推进案	国民体育委员会全体委员会议
122	1942年	拟请教部颁布奖励体育从业员案	国民体育委员会全体委员会议
123	1942年	健全全国体育行政组织系统以利推进国民体育案	国民体育委员会全体委员会议
124	1942年	推行国民体育应从组织人才及实施计划三方面进行案	国民体育委员会全体委员会议
125	1942年	请规定本年度体育中心工作并特拨专款办理案	国民体育委员会全体委员会议
126	1942年	拟请重行拟订国民体育实施方案以利推行案	国民体育委员会全体委员会议
127	1942年	拟定三年制五年制体育专科学校教学科目及各学期每周教学时数讨论案	国民体育委员会全体委员会议
128	1942年	改善体育科系招生办法案	国民体育委员会全体委员会议
129	1942年	设置固定性体育师资训练班案	国民体育委员会全体委员会议

续表

序号	年份	政策文件名称	发布单位/会议名称
130	1942 年	拟请教育部从速聘请体育交换教师案	国民体育委员会全体委员会议
131	1942 年	奖励体育学术研究案	国民体育委员会全体委员会议
132	1942 年	对于女子体育设施拟请切实规定例假办法案	国民体育委员会全体委员会议
133	1942 年	拟请规定各级学校学生体育成绩考核办法案	国民体育委员会全体委员会议
134	1942 年	请开办国民体育学院广造各级体育干部以推进国民体育巩固民族复兴基础案	国民体育委员会全体委员会议
135	1942 年	为请转呈教育部恢复中央国术馆组织章程内之设置国术师资训练班之条文以利教学而便倡导案	国民体育委员会全体委员会议
136	1942 年	女子体育师资甚感缺乏应如何奖励培养案	国民体育委员会全体委员会议
137	1942 年	拟请教育部设法在各项公款留学考试中设体育留学学额并在各省市特设奖金保送留学体育案	国民体育委员会全体委员会议
138	1942 年	请教育部令各师范学院体育系自本年起得招收备体育专修科毕业学生酌予甄别编入相当年级以资深造案	国民体育委员会全体委员会议
139	1942 年	分年完成全国体育场设置办法案	国民体育委员会全体委员会议

续表

序号	年份	政策文件名称	发布单位/会议名称
140	1942 年	提倡运动比赛办法案	国民体育委员会全体委员会议
141	1942 年	实施民众体格检查办法案	国民体育委员会全体委员会议
142	1942 年	请确定各省市县社会体育事业应由中华全国体育协进会组织各省市县分会负责推动案	国民体育委员会全体委员会议
143	1942 年	为增进国民体育效率计势须积极提倡固有体育奠定中华人民共和国成立建军万代永固之基础案	国民体育委员会全体委员会议
144	1943 年	拟定国民保健运动体育部分第一年度实施计划请讨论案	国民体育委员会全体委员会议
145	1943 年	国民保健运动实施方案大纲	国民体育委员会全体委员会议
146	1943 年	请规定每年四月为国民健康运动月案	国民体育委员会全体委员会议
147	1943 年	请邀集中央有关各部会组织全国体育总机构以推行全民体育案	国民体育委员会全体委员会议
148	1943 年	请将体育经费专为直接发展国民体育事业费用不得经常移作开办体育学校案	国民体育委员会全体委员会议
149	1943 年	请改大学体育卫生组为体育卫生处实行德智体三育并重案	国民体育委员会全体委员会议

续表

序号	年份	政策文件名称	发布单位/会议名称
150	1943 年	请速普遍设置各省体育督学以便建立省以下体育工作核心案	国民体育委员会全体委员会议
151	1943 年	体育教师及体育指导员专业保障及进修办法请讨论案	国民体育委员会全体委员会议
152	1943 年	体育教师或体育指导员进修办法草案	国民体育委员会全体委员会议
153	1943 年	树立中华民族本位体育加强国防力量案	国民体育委员会全体委员会议
154	1943 年	如何增广体育师资训练机关学生来源案	国民体育委员会全体委员会议
155	1943 年	请修正师范学院体育学系科目表案	国民体育委员会全体委员会议
156	1943 年	请供给体育教师及体育指导员必须应用之运动衣着案	国民体育委员会全体委员会议
157	1943 年	体育师资训练班应加长修业年限并发给毕业文凭案	国民体育委员会全体委员会议
158	1943 年	中小学体育教材教法提请审查案	国民体育委员会全体委员会议
159	1943 年	编辑体育教科书参考书案	国民体育委员会全体委员会议
160	1943 年	请审定体操及运动术名案	国民体育委员会全体委员会议
161	1943 年	拟请规定评定体育成绩不应根据技术之优劣应以体格实际健康之程度为标准案	国民体育委员会全体委员会议

续表

序号	年份	政策文件名称	发布单位/会议名称
162	1943 年	请提倡劈刺运动培养战斗技能增强国防实力案	国民体育委员会全体委员会议
163	1944 年	拟定战后国民体育整理及改进办法大纲请讨论案	国民体育委员会全体委员会议
164	1944 年	组织体育巡回指导团案	国民体育委员会全体委员会议
165	1944 年	拟修订学生体格检查办法原则请讨论案	国民体育委员会全体委员会议
166	1944 年	发展民众体育社团健全国民体育基层组织案	国民体育委员会全体委员会议
167	1944 年	普遍推行家庭健身操案	国民体育委员会全体委员会议
168	1944 年	拟请特别奖励体育著作并酌量补助出版经费案	国民体育委员会全体委员会议
169	1944 年	拟请征集我国体育史料以供研究参考并资宣扬案	国民体育委员会全体委员会议
170	1944 年	请奖励体育学术研究案	国民体育委员会全体委员会议
171	1944 年	请奖励编辑各种体育教材案	国民体育委员会全体委员会议
172	1945 年	拟定国民体育实施计划草案请讨论案	国民体育委员会全体委员会议

附录B 中华人民共和国成立后学校体育政策文件（1949—2014年）

序号	年份	题名	发布单位
1	1951年	关于施行“发展卫生教育和培养各级卫生工作人员的决定”草案给各大行政区、内蒙古卫生部、教育部等的公布令	教育部、卫生部
2	1951年	关于改善各级学校学生健康状况的决定	中央人民政府政务院
3	1951年	教育部关于发展卫生教育和培养各级卫生工作人员的决定的令	教育部办公厅
4	1951年	关于京津高等学校学生健康调查组工作决定及文娱体育活动的调查报告	教育部
5	1951年	关于同意中山大学体育系改为三年制给中南军政委员会教育部的批复	教育部
6	1951年	师范学院体育系课程草案（初稿）	教育部
7	1952年	中央人民政府教育部关于改进北京高等学校体育工作的指示和学生健康状况的汇报	教育部办公厅
8	1952年	关于改进北京各高等学校体育工作的几点指示给北京市各高等学校的函	教育部
9	1952年	关于各大行政区省市等的体育工作情况给中央人民政府教育部的报告	教育部办公厅
10	1952年	关于西南区体育工作情况给中央教育部的报告	西南军政委员会文教部
11	1952年	关于西北区体育工作情况给西北教育部的函	教育部

续表

序号	年份	题名	发布单位
12	1952 年	报送“西北区体育工作情况的汇报”给中央教育部的函	西北军政委员会教育部
13	1952 年	教育部印发师范学校心理学和苏联师范学校体育教学大纲的通知	教育部师范教育司
14	1953 年	教育部关于设立体育行政机构的通知	教育部
15	1953 年	关于调整若干高师体育系科成立体育学院的意见和文委的批示	教育部高等师范教育司
16	1953 年	关于全国高等师范学校体育师范学校体育系科的调查问题（草案）	教育部师范教育司
17	1953 年	关于各大区成立体育学院给教育部的函	中央人民政府体育运动委员会
18	1953 年	关于拨出若干高师体育系科成立体育学院问题的意见签报	教育部
19	1953 年	关于设立专门机构培养体育师资等问题的报告	荣高棠
20	1953 年	为调整若干高师体育系科成立体育学院给中南、西南、西北区高教局教育局等的通知	教育部、财政部等
21	1953 年	关于中小学及师范学校体育教学指导工作给各省市教育厅、局等的通知	教育部
22	1953 年	关于各地中学体育成绩的暂时考查办法给各大区教育局等的通知	教育部
23	1953 年	关于设立体育行政机构给各省（市）教育厅（局）、内蒙古文教部的通知	教育部
24	1953 年	关于高等师范学校教育、英语、体育、政治等系科调整设置的决定给各大行政区教育局、内蒙古自治区文教部的通知及决定	教育部

续表

序号	年份	题名	发布单位
25	1953 年	为通知“初中植物和小学算术、体育三科的教学时数调整办法”给各大行政区教育（文教）部的命令	教育部
26	1953 年	关于正确发展学校体育运动、防止伤害事故的联合指示	高等教育部、国家体委、教育部
27	1954 年	关于在中等以上学校中开展群众性体育运动的联合指示	国家体委、高等教育部、教育部、卫生部、青年团中央、全国学联
28	1954 年	关于开展学校保健工作的联合指示	高等教育部、教育部、卫生部、体育运动委员会
29	1954 年	政务院文化教育委员会广播事业局、中国新民主主义青年团中央委员会关于在“全国小学中推行少年广播体操”给各省、市人民政府体育运动委员会、教育厅（局）等的联合指示	教育部、卫生部等
30	1954 年	请对“师生健康状况调查报告”提意见给卫生部、体委等部委的函	教育部
31	1954 年	进一步做好劳卫制工作——1954 年 7 月在劳卫制工作会议上作的关于劳卫制工作的报告	中央人民政府、体育运动委员会群众体育指导司
32	1954 年	中共中央批转中央体委党组织关于加强人民体育运动工作的报告的指示	中央人民政府
33	1955 年	编写实验中、小学体育教学大纲的通知和推行儿童广播体操的联合指示	教育部办公厅
34	1955 年	关于颁发“小学教学计划”及“关于小学课外活动的规定”的命令	教育部

续表

序号	年份	题名	发布单位
35	1955 年	关于改进中小学体育工作联合指示	教育部、国家体委、卫生部
36	1955 年	关于召开有关单位座谈会征求对中学体育教育大纲施工计划草案的意见给体育运动委员会、卫生部等的函	教育部
37	1955 年	布置实验小学体育教学大纲（草案）及干部参加小学体育教学大纲（草案）学习会给北京、天津等地的通知	教育部
38	1955 年	关于颁发教育系科学体育系科暂行教学计划给各市系师范学校的通知	教育部
39	1956 年	教育部 1956 年全国小学体育工作座谈会简报第一号讨论 1956—1957 年度在全国试行小学体育教学大纲（草案）工作的有关问题	教育部体育指导处
40	1956 年	教育部关于改进小学体育工作的指示	教育部
41	1956 年	关于举办“全国第一届少年体育运动大会”给各省（自治区）、市体育运动委员会等的联合通知及竞赛规程	教育部、国家体委等
42	1956 年	关于 1956—1957 学年度在中学、师范学校及高等师范学校推行劳动和卫国体育制度给各省、自治区、市教育厅局、各高等师范学校等的通知	教育部
43	1956 年	关于在中等学校内建立体育协会给各省、自治区、直辖市教育厅局等的通知	教育部
44	1956 年	印发“小学体育教学大纲（草案）教材部分”“小学体育教学大纲（草案）部分教材分析”和“体育教学参考材料”三个文件给各省、自治区、直辖市教育厅、局的通知	教育部

续表

序号	年份	题名	发布单位
45	1957 年	关于高等院校一、二年级体育课不能改为选修课程的通知	高等教育部
46	1957 年	关于高等学校体育教师晋升教授、副教授的通知	高等教育部
47	1957 年	教育部一九五七年对学校体育工作的几点意见	教育部办公厅
48	1958 年	关于进一步加强学校保健工作领导的联合指示	教育部、卫生部
49	1958 年	教育工作会议文件（119）：国家体委党组关于体育院校下放及发展规划的意见	国家体委党组
50	1958 年	关于切实贯彻全国中、小学体育工作经验交流会精神的联合通知	国家体委、教育部
51	1958 年	1958 年学校体育工作的几点意见（初稿）及部分地区高等学校体育工作情况的报告	教育部办公厅
52	1958 年	关于各竞技指导科田径运动员参加 1958 年全国中等学校学生田径运动会和 1958 年全国大学生田径运动会的规定给各省、自治区、直辖市体委、教育厅、局等的联合通知	教育部、国家体委等
53	1958 年	教育部召开新建体育学院和体育专科座谈会的通知、简报	教育部办公厅
54	1958 年	转发国家体委关于改进体育学院工作的指示等文件给有体育系的高等师范院校、十三所教师进修学院的通知	教育部
55	1958 年	司、局长鸣放会第一次（扩大）记录：劳动能不能代替体育，究竟体育课要不要	教育部整风办公室
56	1958 年	教育部和国家体委联合召开中小学体育工作会议及高校评比会等的联合通知	教育部办公厅、国家体委办公厅

续表

序号	年份	题名	发布单位
57	1958年	关于切实贯彻全国中小学体育工作经验交流会精神给各省、市、自治区体委、教育厅（局）的联合通知	教育部、国家体委
58	1958年	关于召开全国高等学校体育工作评比会议给各省（市）自治区教育、高教厅（局）等的联合通知	教育部、国家体委
59	1958年	关于召开1958年十六省市学校体育工作座谈会给北京、天津等地教育（厅）局的通知	教育部
60	1959年	关于召开体育学院院长座谈会给北京、上海、武汉、成都、沈阳、西安体育学院的通知	国家体委
61	1959年	关于发展和巩固体育院校的几点意见	国家体委
62	1959年	关于培养中等学校体育师资工作的意见	教育部、国家体委
63	1960年	教育部和国家体委关于颁发体育学院和体育教育计划的通知及会议简报	办公厅
64	1960年	关于召开全国体育学院、体育专科学校和体育系科会议给各有关省、自治区、直辖市体委等的通知	国家体委
65	1960年	关于全国体育学院、体育专科学校和高等师范学校体育系科会议的报告	教育部、国家体委（国务院文教办公室批准）
66	1960年	关于颁发体育学院和体育专科学校教育计划给各省、自治区、直辖市体委、高教厅（局）、教育厅（局）等的通知	教育部、国家体委
67	1960年	教育部关于召开1960年全国学校体育工作座谈会的通知、简报及学校大搞爱国卫生运动的通知	教育部办公厅

续表

序号	年份	题名	发布单位
68	1960 年	关于保护学生视力的须知	教育部、卫生部
69	1960 年	关于在各级学校中大搞爱国卫生运动和加强体育运动的通知	教育部、卫生部
70	1961 年	高等学校普通体育课教材纲要	人民教育出版社
71	1961 年	关于参考使用“高等学校普通体育课教材纲要时应注意的几个问题”给各省、市、自治区高教（教育）、厅（局）的通知	教育部
72	1961 年	关于参考使用“高等学校普通体育课教材纲要时应注意的几个问题”给高等学校的通知	教育部
73	1961 年	中小学体育教材编写工作的请示报告、简报、修改意见	教育部办公厅
74	1961 年	关于编好十年制学校体育教材给董纯才部长的请示报告	人民教育出版社
75	1961 年	“十年制学校体育教材”（教师用书）编辑方针	人民教育出版社
76	1961 年	关于参考使用中、小学体育教材应注意的几个问题给各省、市、自治区教育厅（局）的通知	教育部
77	1962 年	1961 年全国体育工作会议纪要和报告及中、小学学生的健康状况和体育卫生工作情况的调查报告	教育部办公厅
78	1962 年	报送“西安、咸阳两市学生的健康状况和体育、卫生工作情况的调查报告”给中宣部国务院文教办公室的函	教育部
79	1962 年	高师体育系教学计划和各门专业课程教学大纲的通知	教育部办公厅
80	1962 年	编写师范学校体育教材座谈会的通知	教育部办公厅

续表

序号	年份	题名	发布单位
81	1962年	师范学校体育教材（教师用书）的编辑方案（初稿）	人民教育出版社体育编辑组
82	1962年	师范学校体育教材纲要（初稿）	
83	1962年	对当前学校体育工作的几点意见给各省、市、自治区教育厅等的函	教育部
84	1963年	全日制中学暂行工作条例（草案）	教育部
85	1963年	全日制小学暂行工作条例（草案）	教育部
86	1963年	关于召开各省、市、自治区教育厅（局）体育干部座谈会给各省、市、区教育厅的补充通知	教育部
87	1963年	寄发“教育厅（局）体育干部座谈会纪要”给各省、市、自治区教育厅的通知及座谈会纪要	教育部
88	1964年	关于试行中小学校保护学生视力暂行办法（草案）的联合通知	卫生部、教育部、文化部、建筑工程部、国家体委、共青团中央、全国妇联、保卫儿童全国委员会
89	1964年	关于在男少年中开展小足球活动的联合通知	共青团中央、教育部、国家体委
90	1964年	教育部关于目前中小学生健康情况和改进学校体育卫生工作的报告及国务院批转的函	教育部办公厅
91	1964年	国务院批转教育部、体育运动委员会、卫生部关于中、小学学生健康状况和改进学校体育卫生工作的报告给各省、自治区、直辖市人民委员会等的函及报告	国务院

续表

序号	年份	题名	发布单位
92	1965 年	中央批转二届全运会的报告及教育部有关举办体育比赛、开展体育活动的通知、函	教育部办公厅
93	1965 年	关于体育活动中学生负担太重的情况和今后意见给中央宣传部的报告	国家体委
94	1965 年	贯彻毛主席“七·三”指示座谈会文件之五：国务院批转教育部、体育运动委员会、卫生部关于中、小学学生健康状况和改进学校体育、卫生工作的报告	贯彻毛主席“七·三”指示座谈会小组
95	1965 年	贯彻毛主席“七·三”指示座谈会参考材料之二：有关中小学学生健康状况的一些材料	教育部体育卫生处
96	1972 年	国务院科教组、体委关于批发 1972 年全国青少年业余体育学校工作座谈会纪要的通知	国家体委办公室
97	1972 年	国务院科教组关于批发一九七二年全国青少年业余体育学校工作座谈会纪要给各省、市、自治区体育（体育局）、教育局（组）的通知	国家体委
98	1973 年	关于推行第五套儿童广播体操问题给各省、市、自治区体委等的通知	国家体委办公室
99	1973 年	关于在全国推行《体育锻炼标准》给国务院的请示	国家体委、国务院科教组
100	1973 年	关于试行《体育锻炼标准》给各省、市、自治区体委的通知	国家体委
101	1973 年	下发“高等学校体育专业一九七三年招生工作的意见”给各省、市、自治区教育局（组）等的通知	国务院科教组、国家体委
102	1974 年	转发河南省教育局、体委《关于河南省中学生运动会违犯规程情况的通报》（摘要）给各省、市、自治区体委、教育局的通知	国家体委、国务院科教组

续表

序号	年份	题名	发布单位
103	1974 年	送《关于我省中学生运动会违反规程情况的通报》摘要和批语给国务院科教组中小学组的函	国家体委群众体育司
104	1975 年	关于增设体育司给国务院的请示	教育部
105	1975 年	全国体育工作会议座谈对关于加强学校体育工作的意见	教育部
106	1975 年	关于教育部增设体育司请示的意见	国务院办公室编制小组
107	1976 年	关于成立体育司给各省、市、自治区教育局的通知	教育部
108	1977 年	1977 年全国高校分专业统计资料：高等学校分专业学生数统计表（体育）	教育部计划司
109	1978 年	《全日制中学暂行工作条例（试行草案）》《全日制小学暂行工作条例（试行草案）》	教育部
110	1978 年	教育部关于学校体育卫生工作问题的通知	普通教育司
111	1978 年	教育部、国家体委、财政部、商业部关于体育教师、体育专业学生粮食定量和教学工作（运动）服装供应问题的通知	教育部、国家体委、财政部、商业部
112	1978 年	检查教育部、卫生部和国家体委《关于加强学校体育、卫生工作的通知》贯彻落实情况给各省、市、自治区教育局、高教局的通知	教育部
113	1978 年	一九七八年全国高等学校分专业学生统计表（文、理、财经、政治、体育、艺术）	教育部计划司
114	1979 年	关于《少年儿童业余体校章程》《全国学生体育运动竞赛制度》和“关于在学校中进一步广泛施行《国家体育锻炼标准》的意见”的通知	国家体委、教育部

续表

序号	年份	题名	发布单位
115	1979 年	关于体育教师粮食定量和教学工作（运动）服装供应问题的补充通知	教育部、国家体委、财政部、粮食部、商业部、国家劳动总局
116	1979 年	关于贯彻全国学校体育、卫生工作经验交流会议纪要精神的通知	教育部、国家体委、卫生部、共青团中央
117	1979 年	关于中等专业学校选用英语教材和体育教学大纲给各省、市、自治区教育（高教）局，国务院有关部、委的通知	教育部办公厅
118	1979 年	关于全国学校体育、卫生工作经验交流会议情况给国务院的报告及方毅批示	教育部
119	1979 年	关于贯彻全国学校体育、卫生工作经验交流会议纪要精神给各省、市、自治区革委会等的通知	教育部、卫生部、国家体委、共青团中央
120	1979 年	教育部、卫生部和国家体委关于试行学校体育、卫生工作暂行规定的通知	教育部体育司
121	1979 年	关于试行《高等学校体育工作暂行规定（试行草案）》和《中、小学体育工作暂行规定（试行草案）》给各省、市、自治区文办、高教局、教育局、体委等的通知	教育部、国家体委
122	1980 年	关于北京体育学院与西德科隆体育学院建立校际联系事宜给国家体委的复函及来函、协议书	教育部、外交部
123	1980 年	关于认真贯彻落实全国学校体育卫生工作经验交流会议精神抓好学校体育工作的意见	国家体委
124	1980 年	教育部转发桃江县《认真贯彻〈中小学体育工作暂行规定〉，搞好学校体育工作的报告》的通知	教育部

续表

序号	年份	题名	发布单位
125	1980 年	高等学校卫生工作暂行规定（草案）	教育部、卫生部
126	1980 年	教育部关于贯彻执行《高等学校体育工作暂行规定（草案）》的检查验收标准（草案）	教育部
127	1980 年	关于一九八二年对重点中、小学体育、卫生工作检查验收的通知	教育部
128	1980 年	关于召开 1980 年学校体育卫生工作座谈会给各省、市、自治区高教局、教育局的通知	教育部
129	1980 年	教育部关于举办学校体育竞赛的通知	教育部体育司
130	1980 年	高师院校体育专业教学计划（试行草案）通知	教育部体育司
131	1980 年	关于试行高等师范院校体育专业教学计划（试行草案）给各省、市、自治区高教（教育）厅（局），有关高等师范院校的通知	教育部
132	1980 年	关于实行体育学院体育系教学计划和体育学院学生学籍管理的暂行规定的通知	国家体委
133	1980 年	关于在全国中、小学生中积极开展足球活动的联合通知	国家体委、教育部、共青团中央
134	1980 年	教育部关于学校体育卫生工作通知	教育部体育司
135	1980 年	关于印发《贯彻执行〈高等学校体育工作暂行规定〉（试行草案）和〈高等学校卫生工作暂行规定（草案)〉的检查验收标准（草案)》给各省、市、自治区高教（教育）厅（局）等的通知	教育部
136	1981 年	一九八一年全国学校体育卫生工作会议纪要	教育部
137	1981 年	《中学生守则》和《小学生守则》	教育部
138	1981 年	关于实行《高等学校学生体质、健康卡片》和《中、小学学生体质健康卡片》的通知	教育部

续表

序号	年份	题名	发布单位
139	1981 年	关于积极推行第六套广播体操的联合通知	国家体委、教育部等十三单位
140	1981 年	关于下发裁判员守则的通知	国家体委
141	1981 年	关于修改《国家体育锻炼标准》的通知和学生健康状况、改进学校体育卫生工作的报告、请示及函	教育部体育司
142	1981 年	关于实行高等学校教师工作量制度的通知	教育部
143	1981 年	教育部重新印发《关于进一步建立、健全“体质、健康卡片”，进行全国学生体质、健康调查研究的实施方案》的通知	教育部
144	1981 年	关于 81—83 年高校体育专业教师及公共体育课教师培训计划的通知	教育部
145	1981 年	关于下发体育学院的任务、系科设置、专业设置和修业年限意见的通知	国家体委
146	1981 年	关于贯彻中、小学体育、卫生两个《暂行规定》的检查验收试点给各省、市、自治区教育厅（局）的通知	教育部办公厅
147	1981 年	关于当前学生健康状况和改进学校体育、卫生工作的意见给党组的报告	教育部体育司
148	1981 年	关于中国青少年儿童体质调研情况的报告与几个问题给国家体委、教育部、卫生部的请示	国家体委体育科学院研究所
149	1981 年	全国体育卫生工作的会议纪要、简报、验收方案、调查提纲及通知	教育部体育司
150	1981 年	关于召开全国学校体育、卫生工作会议给各省、市、自治区高教、教育厅（局）的通知及会议日程表、会议人员名单	教育部

续表

序号	年份	题名	发布单位
151	1981 年	关于贯彻全国学校体育卫生工作会议纪要精神给各省、市、自治区高教、教育厅（局），国务院有关部、委教育司（局），教育部部属高等学校的通知及会议纪要	教育部
152	1981 年	关于学生健康状况的调查提纲	教育部体育司
153	1981 年	关于高考中体育的标准与要求及师范院校体育专业招生问题调查提纲	教育部体育司
154	1981 年	关于编写高师体育专业教学大纲及高校体育教师培训计划的通知、函	教育部体育司
155	1981 年	关于 1981—1983 年高校体育专业教师及公共体育课教师培训计划给各省、市、自治区高教（教育）厅（局）等的通知	教育部
156	1981 年	关于一九八一至一九八三年高校体育专业教师及公共体育课教师培训计划给各省、市、自治区高教、教育厅（局）、福建、东北师范大学等的补充通知	教育部办公厅
157	1981 年	关于举办全国重点大、中学校、田径通讯比赛、“三好杯”排球、足球比赛等的通知	教育部体育司
158	1981 年	一九八一年高等学校分专业学生数（文、理、财经、政法、体育、艺术科）统计表	教育部计划司
159	1981 年	学校思想政治教育工作会议参阅资料：当前学生健康状况和改进学校体育卫生工作的意见	教育部体育司
160	1981 年	关于贯彻中、小学体育、卫生两个《暂行规定》的检查验收试点给各省、市、自治区教育厅（局）的通知	教育部办公厅
161	1981 年	关于召开全国学校体育、卫生工作会议给各省、市、自治区高教、教育厅（局）的通知及会议日程表、会议人员名单	教育部

续表

序号	年份	题名	发布单位
162	1981 年	关于贯彻全国学校体育卫生工作会议纪要精神给各省、市、自治区高教、教育厅（局），国务院有关部、委教育司（局），教育部部属高等学校的通知及会议纪要	教育部
163	1981 年	关于召开全国学生近视眼防治工作经验交流会议给各省、市、自治区教育、高教厅（局）、卫生厅（局）、体委的通知	教育部、卫生部、国家体委
164	1982 年	关于贯彻执行《保护学生视力工作实施办法（试行）》给各省、市、自治区教育、高教、卫生、文化厅（局）、广播事业局、体委、建委、团委、妇联、红十字会的联合通知及保护学生视力工作实施办法（试行）	教育部、国家体委等
165	1982 年	关于请承办全国师范专科学校体育专业教学计划讨论会给广东省高教局的函	教育部办公厅
166	1982 年	关于做好新《国家体育锻炼标准》推行工作的联合通知	国家体委、教育部等八单位
167	1982 年	关于召开中小学体育教材会议给各省、市、自治区教育厅（局），各特邀代表单位的补充通知	教育部办公厅
168	1982 年	卫生部、教育部、国家体委印发《关于在中医院校体育课中增加保健体育内容的意见》的通知	卫生部、教育部、国家体委
169	1982 年	关于保证中、小学生每天有一小时体育活动的通知	教育部
170	1982 年	关于聘请《中小学体育教师参考资料》特约通讯员的通知	教育部体育司
171	1982 年	全国重点中小学体育、卫生工作检查验收实施方案	教育部

续表

序号	年份	题名	发布单位
172	1982 年	关于举办第一届全国大学生运动会的通知、请示、名单、方案、请柬	教育部体育司
173	1982 年	关于举办第一届全国大学生运动会给各省、市高教厅体委、团委等的通知	教育部、国家体委、共青团中央等
174	1982 年	关于征订《学校体育科研交流会论文选编》给各省、市、自治区高教（教育）厅（局）的通知	教育部办公厅
175	1982 年	关于组织编写高等师范院校体育专业各科教材给各省、市、自治区高教（教育）厅（局），各有关高等院校的通知	教育部
176	1982 年	印发《关于在中医院校体育课中增加保健体育内容的意见》给各省、市、自治区卫生、教育厅（局）、体委，各中医院校的通知	教育部、卫生部、国家体委
177	1982 年	关于保证中、小学生每天有一小时体育活动给各省、市、自治区教育厅（局）的通知	教育部
178	1982 年	关于做好新《国家体育锻炼标准》推行工作给各省、市、自治区体委等的联合通知	教育部、国家体委等
179	1982 年	关于在全国小学推行《第六套儿童广播体操》给各省、市、自治区体委、教育厅（局）、卫生厅（局）、广播局、团委、妇联的通知	教育部、国家体委等
180	1982 年	关于召开全国学校体育卫生工作会议给各省、市、自治区高教、教育厅（局），国务院有关部委教育司（局）的通知	教育部
181	1983 年	全国学生体质、健康调查研究会议、调查中等专业学校体育卫生工作情况的通知、函	教育部体育司
182	1983 年	关于高师体育专业各科教材会议经费预算给各有关高等学校的复函	教育部办公厅

续表

序号	年份	题名	发布单位
183	1983 年	关于召开高师体育系科教材会议给北京师大、河北师大等的通知及更正通知	教育部办公厅
184	1983 年	关于举办中小学生“雏鹰起飞奖”比赛、开创体育新局面及技术人员考核标准的通知、报告、函	教育部体育司
185	1983 年	国家体委、教育部关于试办职工体育运动技术学校（学院）的意见给各省、市、自治区体委、高教（教育）厅（局）等的通知（附：一、学校试行方案；二、学院试行方案；三、指导性教学计划）	教育部、国家体委
186	1983 年	关于印发《全国学校体育卫生工作会议纪要》给各省、市、自治区高教、教育厅（局），国务院有关部委教育司（局），教育部部属高等学校的通知及纪要	教育部
187	1983 年	关于体育教师参加社会体育活动和学生参加体育竞赛活动的意见给各省、市、自治区教育、高教厅（局）的通知	教育部
188	1983 年	关于进一步开创体育新局面的请示的通知	国务院批转国家体委
189	1983 年	教育部、国家体委、卫生部、国家民委印发《关于进一步建立健全“体质、健康卡片”，进行全国学生体质、健康调查研究的实施方案》的通知	教育部、国家体委、卫生部、国家民委
190	1983 年	关于体育教师参加社会体育活动和学生参加体育竞赛活动的意见	教育部
191	1983 年	体育传统项目学校试行办法	国家体委、教育部

续表

序号	年份	题名	发布单位
192	1983年	关于各类中等专业学校贯彻执行《高等学校体育工作暂行规定（试行草案）》等三个文件的通知	教育部
193	1983年	国家体委下发《关于进一步加强学校体育工作的意见》等三个文件的通知	国家体委
194	1983年	关于试行《高等师范专科学校体育专业教学计划（试行草案）》的通知	教育部
195	1983年	体育运动学校办校方案	国家体委
196	1983年	关于召开全国体育传统项目学校经验交流会议给各省、市、自治区体委，教育厅（局）的通知	教育部、国家体委
197	1983年	关于召开全国学生体质、健康调查研究工作会议的通知	教育部、国家体委、卫生部、国家民委
198	1983年	印发《关于进一步建立、健全"体质、健康卡片"，进行全国学生体质、健康调查研究的实施方案》给各省、市、自治区教育厅（局）、高教厅（局）、体委、卫生厅（局）、民委的通知	教育部、国家体委、卫生部、国家民委
199	1983年	关于印发《全国学校体育卫生工作会议纪要》给各省、市、自治区高教、教育厅（局），国务院有关部委教育司（局），教育部部属高等学校的通知及纪要	教育部
200	1984年	一九八四年全国普通高等学校体育专业学生数	
201	1984年	关于召开高师体育专业教材编审委员会议的通知	教育部办公厅

续表

序号	年份	题名	发布单位
202	1984 年	关于改进和加强中学生理卫生知识教育的通知	教育部、卫生部、国家计划生育委员会
203	1984 年	关于高师体育专业教材工作安排的通知	教育部
204	1984 年	关于中国学生体质、健康调研《实施方案》和《细则》中若干具体问题的补充规定	教育部
205	1984 年	关于进一步发展体育运动的通知	中共中央
206	1984 年	关于印发《高师体育专业教学大纲出版计划及编委会活动安排》给各省、自治区、直辖市高教（教育）厅（局），重庆、武汉、沈阳、大连市教育局，部属师范院校等的通知	教育部办公厅
207	1984 年	关于增强学生体质的调研和实施方案、召开会议及举办小足球比赛的通知、请示、报告、函	教育部体育司
208	1985 年	全国普通高等学校体育专业学生数统计表	
209	1985 年	关于召开高师体育专业《体育理论》教材审稿会的通知	教育部办公厅
210	1985 年	关于中国学生体质、健康调研工作的若干具体问题的通知	教育部、国家体委、卫生部、国家民委
211	1985 年	教育部转发山西省教育厅《关于加强学校体育卫生工作的意见》的通知	教育部
212	1985 年	关于搞好夏季饮食卫生工作保护学生身体健康的通知	国家教委
213	1985 年	关于举办第二届全国大学生运动会和第三届全国中学生运动会的补充通知	国家教委
214	1985 年	部分高等学校修订《高等学校普通体育课教学大纲》座谈会情况汇报	国家教委

续表

序号	年份	题名	发布单位
215	1985 年	关于召开中国教育学会体育研究会成立大会的通知	中国教育学会学校体育研究会筹备组
216	1985 年	中国教育学会研究会和中国高等教育学会体育研究会筹备组第一次会议纪要	国家教委体育司
217	1985 年	中国高等教育学会体育研究会章程（草案）	国家教委体育司
218	1985 年	关于召开全国学校学生业余体育训练工作座谈会给各省、自治区、直辖市教育厅（局）、体委的通知	国家教委、国家体委
219	1985 年	关于召开全国学校学生业余体育训练工作座谈会给各省、自治区、直辖市教育委员会、教育厅（局）、高教局、体委的补充通知	国家教委办公厅
220	1985 年	关于召开学生《体育合格标准》试点工作座谈会给各省、自治区、直辖市高教、教育厅（局），沈阳、大连、哈尔滨、武汉、广州、西安、重庆市教育（高教）局的通知	国家教委办公厅
221	1985 年	关于召开部分高等学校修订《高等学校普通体育课教学大纲》座谈会给各有关省、自治区、直辖市高教（教育）厅（局），有关高等学校的通知	国家教委体育司
222	1985 年	关于召开学校体育工作座谈会、举办第二届全国学生运动会的通知、请示及体育卫生工作情况反映（第三、四期）	国家教委体育司
223	1985 年	关于同意“学校体育”编辑部改革方案的批复及给何东昌的请示、编辑部改革的请示报告	国家教委体育司
224	1985 年	全国学生体质、健康调研工作会议情况报告	国家教委体育司

续表

序号	年份	题名	发布单位
225	1985 年	关于印发何东昌同志《关于学校体育卫生工作的讲话》给各省、自治区、直辖市教育直属高等学校等的通知	国家教委办公厅
226	1986 年	关于将中国中学生体育协会移交给国家教委领导管理给国务院体制改革委员会的报告及与国家教委商谈大、中学生运动会简况	国家教委、国家体委、财政部
227	1986 年	关于将中国中学生体育协会移交给国家教委领导管理给国务院体制改革委员会的报告	国家教委、国家体委、财政部
228	1986 年	关于拟同意李晋裕同志参加竞选 1986 年国际中学生体联副主席给邹时炎同志的请示及承办文电说明单	国家教委体育司
229	1986 年	关于《学校体育工作条例（征求意见稿）》征求意见的通知	国家教委体育司
230	1986 年	关于公布一九八六年全国先进体育传统项目学校名单给各省、自治区、直辖市体委、教委（教育厅、局）的通知及一九八六年全国先进体育传统项目学校名单	国家教委、国家体委
231	1986 年	关于参加世界中学体育联合会执委会会议的情况报告	国家教委体育司
232	1986 年	关于成立中国教育学会体育研究会、编审高校体育专业教材、教学计划试点院校改革工作的通知、请示、报告、函	国家教委体育司
233	1986 年	印发《关于加强中小学体育师资队伍建设的意见》的通知	国家教委
234	1986 年	关于试点高等院校体育专业招生工作的补充通知	国家教委

续表

序号	年份	题名	发布单位
235	1986 年	关于召开中国教育学会体育研究会成立大会给中国教育学会的报告及章程、通知	国家教委体育司
236	1986 年	印发中国高等教育学会和中国教育学会体育研究会筹备组第二次会议纪要及第一届理事会理事候选人名单（草案）的通知及会议纪要	国家教委体育司
237	1986 年	关于编写体育课本在中小学试用问题给郑州市教育局的复函	国家教委
238	1986 年	关于加强中小学体育师资队伍建设的意见	国家教委
239	1986 年	国家教委、国家体委办公厅印发全国学校学生业余体育锻炼工作座谈会几个文件的通知	国家教委、国家体委办公厅
240	1986 年	关于加强全国大、中学生运动会运动员资格审查等工作的通知	国家教委
241	1986 年	关于印发全国培养高水平学生运动员试点学校申报审批暂行办法的通知	国家教委、国家体委
242	1986 年	一九八六年全国体育传统项目学校先进集体评选办法	国家体委、国家教委
243	1986 年	关于试点高等院校体育专业招生工作的补充通知	国家教委
244	1986 年	全国学生运动会运动员资格审查工作会议纪要	国家教委
245	1986 年	关于采取措施，加强管理，防止学生意外伤亡事故发生的通知	国家教委
246	1986 年	高师体育专业《体育概论》研讨会会议纪要	国家教委
247	1986 年	“中国传统体育保健”研讨会会议纪要	国家教委
248	1986 年	国家教委转发《关于开展中小学卫生教育问题的座谈会纪要》的通知	国家教委

续表

序号	年份	题名	发布单位
249	1986 年	关于认真组织学习李鹏同志、何东昌同志在全国大、中学生运动会开幕式上的讲话并搞好运动会总结、表彰工作的通知	国家教委
250	1986 年	高师体育专业教学计划研讨会会议纪要	国家教委
251	1986 年	国家教委、国家体委印发《关于开展课余体育训练，提高学校体育运动技术水平的规划》的通知	国家教委、国家体委
252	1986 年	关于全国培养高水平学生运动员试点学校申报审批暂行办法的补充规定	国家教委
253	1986 年	关于在学校中积极开展红十字青少年活动的通知	中国红十字会总会、国家教委
254	1986 年	关于印发《高师体育专业〈体育理论〉研讨会会议纪要》的通知	国家教委体育司
255	1986 年	关于征求《高师体育专业教学计划试点院校改革方案》修订意见的函	国家教委体育司
256	1986 年	关于召开“高师体育专业教学计划”改革方案讨论会的通知	国家教委体育司
257	1986 年	关于印发《高师体育专业教学计划研讨会会议纪要》及有关文件的通知	国家教委体育司
258	1986 年	关于召开“高校体育师资培养培训和中师体育班教学计划研讨会”的通知	国家教委体育司
259	1986 年	关于征求对《中师体育班教学计划试验方案》意见的函	国家教委体育司
260	1986 年	关于召开“中国传统体育保健”教材研讨会的通知及章程（草案）	国家教委体育司

续表

序号	年份	题名	发布单位
261	1986 年	关于印发《中国传统体育保健研讨会会议纪要》及有关材料的通知	国家教委体育司
262	1986 年	关于召开制订学校体育卫生器材设备供应目录座谈会的通知	国家教委体育司
263	1986 年	关于印发部分省、自治区、直辖市修改学校体育、卫生暂行规定工作座谈会纪要的通知	国家教委办公厅
264	1986 年	印发《关于开展课余体育训练，提高学校体育运动技术水平的规划》的通知	国家教委、国家体委
265	1986 年	关于举行一九八六年全国体育传统项目学校学生三项比赛的通知及初中生田径、小学生游泳、初中生足球比赛规程	国家教委、国家体委
266	1986 年	关于评选一九八六年全国体育传统项目学校先进集体的通知	国家教委、国家体委
267	1986 年	关于印发《全国学生〈体育合格标准〉试点工作座谈会纪要》的通知	国家教委办公厅
268	1986 年	转发中国学校体育考察团赴日考察情况汇报材料的通知及考察情况汇报	国家教委体育司
269	1986 年	关于组织编写出版《中国学校体育画册》及拍摄运动会录像片的有关通知	第二届大学生、第三届中学运动会筹备组办公室
270	1986 年	关于举办第二届全国大学生运动会和第三届全国中学生运动会的通知、报告、函	国家教委体育司
271	1986 年	关于召开全国大中学生运动会赛区工作会议给河北、江苏、广东、四川省高教局、教育厅（局）的通知	国家教委体育司

续表

序号	年份	题名	发布单位
272	1986 年	关于评选第二届全国大学生运动会、第三届中学生运动会精神文明最佳赛区的通知及评选办法	国家教委体育司
273	1986 年	关于认真组织学习李鹏同志，何东昌同志在全国大、中学生运动会开幕式上的讲话并搞好运动会总结、表彰工作的通知	国家教委办公厅
274	1986 年	关于全国学生体质健康调研、卫生工作等的通知、请示、报告、函及体育卫生工作情况反映（第一期至第四期）	国家教委体育司
275	1986 年	国家教委体育司关于中国学生体质、健康调查研究工作总结讨论稿和关于中国学生体质、健康状况调查研究结果给何东昌同志的请示	国家教委体育司
276	1986 年	关于征求制订《增强学生体质、提高健康水平工作的规划》意见的通知	国家教委体育司
277	1986 年	关于全国学生体质健康调研、卫生工作等的通知、请示、报告、函及体育卫生工作情况反映（第一期至第四期）	国家教委体育司
278	1986 年	转发《关于开展中小学卫生教育问题座谈会纪要》的通知	国家教委
279	1987 年	关于加强学校体育、卫生工作的通知	国家教委、国家体委、卫生部
280	1987 年	关于印发《关于中国学生体质、健康状况调查研究结果和加强学校体育卫生工作的意见》的通知及意见	国家教委、国家体委、卫生部等
281	1987 年	关于中国学生体质、健康状况调查研究结果和加强学校体育卫生工作给国务院的请示	国家教委、国家体委、卫生部等

续表

序号	年份	题名	发布单位
282	1987年	报送《关于中国学生体质、健康状况调查研究结果和加强学校体育卫生工作的请示》（修改稿）给国务院秘书局的函	国家教委办公厅
283	1987年	关于印发全国学生体质、健康调研工作总结与论文报告会若干文件的通知及邹时炎的讲话	国家教委、国家体委、卫生部等
284	1987年	关于建议由国家教委、国家体委、卫生部、国家民委、国家科委加强对全国学生体质、健康调研工作的领导和指导给国家教委的函及国家科委的复函	国家教委办公厅
285	1987年	关于加强学生视力保护、全面开展学校卫生保健工作的通知	国家教委、卫生部
286	1987年	关于印发《中师体育班教学计划研讨会会议纪要》及有关文件的通知	国家教委
287	1987年	关于印发全国学生体质、健康调研工作总结与论文报告会若干文件的通知	国家教委、国家体委、卫生部、国家民委
288	1987年	关于印发《全日制普通中等专业学校校舍规划面积定额（试行）》的通知	国家教委、国家计委
289	1987年	关于改进高师体育专业教材建设工作的意见	国家教委
290	1987年	中等师范学校体育科教学设备目录（试行草案）	国家教委
291	1987年	关于在全国小学生中进一步开展小足球、小篮球活动的通知	国家体委、国家教委
292	1987年	关于部分普通高等学校试行招收高水平运动员工作的通知	国家教委
293	1987年	关于召开全国先进体育传统项目学校及优秀工作者表彰奖励大会的通知	国家体委、国家教委

续表

序号	年份	题名	发布单位
294	1987 年	关于加强学生视力保护、全面开展学校卫生保健工作的通知	国家教委、卫生部
295	1987 年	国家教委印发《关于试点高校培养高水平运动员的管理办法（试行）》的通知	国家教委
296	1987 年	关于进行中国青少年、儿童身体形态、机能、素质调查研究的通知	国家体委、教育部、卫生部
297	1987 年	国家教委关于发布《中学生体育合格标准的试行办法》的通知	国家教委
298	1987 年	关于加强儿童计划免疫工作的通知	卫生部等六单位
299	1987 年	关于整顿全国性大学生体育组织的通知	国家教委、国家体委
300	1987 年	关于加强全国学生体育竞赛纪律纠正不良赛风的通知	国家教委、国家体委
301	1987 年	关于加强第三届全国大学生运动会运动员资格审查的通知	国家教委
302	1987 年	教育学院系统体育师资培训教学改革研讨会会议纪要	国家教委
303	1987 年	《关于中国学生体质、健康状况调查研究结果和加强学校体育卫生工作的意见》的通知	国家教委、国家体委、卫生部、国家民委、国家科委、财政部
304	1987 年	关于在学校中开展红十字青少年工作情况给国家教委领导的报告	国家教委体育司卫生处
305	1987 年	关于 1987 年普通高等学校体育专业招生工作的通知	国家体委
306	1987 年	关于下发《全国体育学院教材委员会暂行工作条例》的通知	国家体委

续表

序号	年份	题名	发布单位
307	1987 年	关于《体育运动荣誉奖章和体育运动一、二、三级奖章获得者的条件》内容变动、重新印发的通知	国家教委办公厅
308	1987 年	关于印发《1987—1990 年全国体育学院教材编选出版规划》的通知	国家体委
309	1987 年	关于我“学校体育考察团”赴民德、南斯拉夫考察事给驻民主德国使馆、驻南斯拉夫使馆的函	国家教委国际司
310	1987 年	关于纠正不良赛风、培养高水平学生运动员、举办传统校学生体育比赛的批复、请示、通知、函	国家教委体卫司
311	1987 年	关于加强全国学生体育竞赛纪律纠正不良赛风的通知	国家教委、国家体委
312	1987 年	国家教育委员会办公会议议定事项（7）：讨论体卫司起草的《中学生体育合格标准的试行办法（草案）》、《学校体育工作条例（草案）》、《中、小学生近视眼防治工作方案（草案）》及邹时炎对体育卫生工作提出的意见	国家教委
313	1987 年	关于征求对《中小学学生体育合格标准》意见的通知	国家教委办公厅
314	1987 年	关于发布《中学生体育合格标准的试行办法》的通知	国家教委
315	1987 年	关于将《中学生体育合格标准的试行办法》下发至各普通中学的通知	国家教委体卫司
316	1987 年	报请审批《学校体育工作条例（草案）》给国务院的请示	国家教委、国家体委

续表

序号	年份	题名	发布单位
317	1987 年	关于举办中、小学田径传统学校体育教师（训练辅导员）训练班的通知	国家教委体卫司、国家教委群体司
318	1987 年	关于印发职工体育运动技术学院、校指导性教学计划的通知	国家体委
319	1987 年	关于部分普通高等学校试行招收高水平运动员工作的通知	国家教委
320	1987 年	关于召开制订九年义务教育体育教学大纲设计方案论证会的通知	国家教委办公厅
321	1987 年	印发《关于改进高师体育专业教材建设工作的意见》的通知及意见	国家教委
322	1987 年	关于召开教育学院系统体育师资培训教学改革研讨会的通知	国家教委体卫司
323	1987 年	关于印发《教育学院系统体育师资培训教学改革研讨会会议纪要》的通知	国家教委体卫司
324	1987 年	关于印发《关于中国学生体质、健康状况调查研究结果和加强学校体育卫生工作的意见》的通知及意见	国家教委、国家体委、卫生部等
325	1987 年	关于中国学生体质、健康状况调查研究结果和加强学校体育卫生工作给国务院的请示	国家教委、国家体委、卫生部等
326	1987 年	关于收集《中国学生体质、健康调查研究论文汇编》有关论文的通知	国家教委体育司
327	1988 年	关于全国学校体育卫生工作会议、一九九〇年亚洲中学生足球赛事、大学生体育训练基地的通知、请示、报告、函	国家教委体卫司
328	1988 年	李铁映同志关于加强学校体育工作的谈话要点	国家教委办公厅
329	1988 年	关于召开全国学校体育卫生工作会议的通知	国家教委、国家体委、卫生部

续表

序号	年份	题名	发布单位
330	1988 年	邹时炎同志在全国学校体育卫生工作会议上的讲话	邹时炎
331	1988 年	关于全国学校体育卫生工作会议和第三届大学生运动会的情况报告	国家教委体卫司
332	1988 年	关于印发《关于中学培养体育运动后备人才试点工作的几点意见》及公布第一批试点中学名单的通知	国家教委
333	1988 年	关于举办第三届全国大学生运动会、审查运动员参赛资格、下发中学生体育合格标准等问题的通知、请示、报告、函	国家教委体卫司
334	1988 年	关于实施《中学生体育合格标准的试行办法》的意见	国家教委办公厅
335	1988 年	关于下发《中华人民共和国中学生体育合格证》的通知	国家教委体卫司
336	1988 年	关于召开课余体育训练试点高校试点工作研讨会的通知	国家教委体卫司
337	1988 年	关于印发《课余体育训练试点高校试点工作研讨会会议纪要》的通知	国家教委体卫司
338	1988 年	关于印发《邹时炎同志在表彰全国先进体育传统项目学校优秀体育工作者新闻发布会上的讲话》的通知及讲话	国家教委体卫司
339	1988 年	关于预订《学校体育卫生工作文件选编》的通知	国家教委体卫司
340	1988 年	关于印发《参加国际中学生体育竞赛活动若干问题的暂行规定》（征求意见稿）的通知	国家教委体卫司

续表

序号	年份	题名	发布单位
341	1988 年	关于中国学生体质与健康调查研究工作、学校体育卫生情况、中小学学生近视眼防治方案的通知、函	国家教委体卫司
342	1988 年	关于召开全国普通高等学校体育本科专业目录论证会和中师体育班管理意见讨论会、印发专业目录的通知	国家教委体卫司
343	1988 年	关于成立第二届全国高等师范院校体育专业教材编审委员会的通知（附：委员会名单）	国家教委
344	1988 年	关于印发《全国普通高等学校体育本科专业目录》等文件的通知	国家教委
345	1988 年	关于 1988 年普通高等学校体育专业招生工作的通知	国家教委
346	1988 年	关于印发《全国普通高等学校体育本科专业目录（征求意见稿）》的通知	国家教委办公厅
347	1988 年	关于召开《全国普通高等学校体育本科专业目录》论证会的通知	国家教委体卫司
348	1988 年	关于实施《中学生体育合格标准的试行办法》的意见	国家教委
349	1988 年	关于印发《邹时炎同志在表彰全国先进体育传统项目学校优秀体育工作者新闻发布会上的讲话》的通知	国家教委
350	1988 年	关于 1989 年体育学院硕士生的部分专业招生考试科目继续试行统一命题的通知	国家教委
351	1988 年	关于一九八八年普通高等学校体育专业招生工作的通知	国家教委、国家体委
352	1988 年	关于全国学校体育卫生工作会议和第三届大学生运动会的情况报告	国家教委体卫司

续表

序号	年份	题名	发布单位
353	1988 年	关于报送学校体育卫生基本情况的通知	国家教委体卫司
354	1989 年	关于对全国运动学校进行评估的通知及标准	国家体委
355	1989 年	学校体育卫生司的主要职责与“三定”方案	国家教委体卫司
356	1989 年	报送关于审批《学校体育工作条例（草案）》给李铁映的报告及草案、国务院批复通知、函	邹时炎
357	1989 年	关于印发《学校体育工作规定》的通知	国家教委、国家体委等
358	1989 年	报请国务院批准发布学校体育、卫生工作两个条例及修改意见	国家教委、国家体委等
359	1989 年	关于报批《学校体育工作条例（草案）》的请示	国家教委、国家体委等
360	1989 年	关于印发《普通高等学校体育专业招生工作暂行规定》的通知及暂行规定	国家教委、国家体委
361	1989 年	关于 1989—1990 学年度开办体育专业青年教师进修班给北京市高教局、山东省教委、河南省教委，北京体育师范学院、山东师范大学、河南大学的通知	国家教委体卫司
362	1989 年	关于检查《中学生体育合格标准的试行办法》实施情况的通知	国家教委办公厅
363	1989 年	关于印发《普通高等学校体育专业招生工作暂行规定》的通知	国家教委、国家体委等
364	1989 年	关于对部分高校 89 级新生进行“体育合格标准”检查的通知	国家教委体卫司
365	1989 年	伍绍祖和张彩珍同志在直属体院工作会议上的讲话	国家体委
366	1989 年	关于印发《国家体委直属体院附属竞技体校办学水平评估工作总结》的通知及总结	国家体委

续表

序号	年份	题名	发布单位
367	1989 年	关于公布 1989 年全国体育学院教学研究论文报告会评审结果的通知	国家体委
368	1989 年	关于召开 1989 年全国体育学院教学研究论文报告会有关问题的通知	国家体委
369	1989 年	关于印发《大学生体育合格标准》及《大学生体育合格标准实施办法（征求意见稿）》的通知	国家教委办公厅
370	1989 年	对武汉工业大学申报编撰《学校体育大词典》科研项目的批复	国家教委体卫司
371	1989 年	关于召开“全国高师体育专业（专科）教学计划修订会”的通知	国家教委体卫司
372	1989 年	关于印发《二年制师范专科学校体育专业教学计划（征求意见稿）》的通知	国家教委体卫司
373	1989 年	关于制订“高等学校体育教育专业基本设施配备标准”给有关高等学校的函	国家教委体卫司
374	1989 年	关于征求“普通高等学校体育教育专业场馆设施、器材配备方案（草案）和实验室仪器、设备配备方案（草案）”修订意见的函	国家教委体卫司
375	1989 年	关于印发《中学体育器材设施配备目录》《小学体育器材设施配备目录》的通知	国家教委
376	1989 年	关于下发《中小学体育器材设施配备目录》（征求意见稿）的通知及配备目录	国家教委体卫司
377	1989 年	关于世界中学生体育运动会、第四届全国中学生运动会、培养后备人才座谈会、大学生体育竞赛的批复、通知	国家教委体卫司

续表

序号	年份	题名	发布单位
378	1989 年	关于印发《参加国际中学生体育竞赛活动若干问题的暂行规定》的通知	国家教委
379	1989 年	关于召开试点中学培养体育后备人才座谈会的通知	国家教委体卫司
380	1989 年	关于印发何东昌、邹时炎同志在全国培养体育运动后备人才试点中学座谈会上的讲话的通知	国家教委体卫司
381	1989 年	关于严格管理全国大学生体育竞赛的通知	国家教委办公厅
382	1989 年	关于由香港平伟印刷公司在港集资并印刷《中国学校体育》画册事宜给新华社香港分社的函	国家教委办公厅
383	1989 年	关于全国大学生体育协会与全国中学生体育协会联合编印的《中国学校体育》画册出版事给赵紫阳的请示	国家教委办公厅
384	1989 年	关于召开出版《中国学校体育》画册新闻宣传会的通知	国家教委办公厅
385	1989 年	关于召开学校体育工作研讨会的通知	国家教委体卫司
386	1989 年	关于拟安排邹时炎副主任访问民主德国、捷克和保加利亚给国务院的请示及李铁映的批示、组团考察民主德国学校体育的报告、对外交涉摘报、出国人员批件、出国人员审批意见表	国家教委
387	1989 年	关于邀请捷克教育青年体育部副部长率团访华给国务院的请示及函、电	国家教委
388	1990 年	关于修改高中学生档案中《体质测试表》《健康检查表》《体育合格登记卡》表式的通知	国家教委
389	1990 年	关于学校体育卫生工作研讨会、学校卫生工作条例、学生体质与健康监测工作等问题的通知、函、令	国家教委体卫司

续表

序号	年份	题名	发布单位
390	1990年	关于举办全国农村千名优秀体育教师评选活动的通知	国家教委办公厅、国家体委办公厅
391	1990年	关于中学生体育合格标准、九年义务教育体育教学大纲的实施等问题的通知及函	国家教委体卫司
392	1990年	国家教委关于印发“《中学生体育合格标准的试行办法》实施情况检查结果公报”的通知	国家教委
393	1990年	关于征求《中学生体育合格标准实施办法（征求意见稿)》的意见的通知	国家教委办公厅
394	1990年	关于对部分高校九〇级新生进行“体育合格标准”检查的通知	国家教委办公厅
395	1990年	关于《九年制义务教育体育教学大纲（初审稿)》和全日制《高中体育教学大纲（征求意见稿)》试验工作的通知	国家教委
396	1990年	关于召开九年制义务教育体育教学大纲全国实验工作汇报、交流会的通知	国家教委体卫司
397	1990年	关于印发《九年义务教育体育教学大纲全国实验工作汇报、交流会简报》的通知	国家教委体卫司
398	1990年	关于召开农村教育综合改革试验县学校体育卫生工作研讨会的通知	国家教委体卫司
399	1990年	关于实施《学校体育工作条例》的通知及条例	国家教委、国家体委
400	1990年	关于印发《农村教育综合改革实验县贯彻〈学校体育工作条例〉和〈学校卫生工作条例〉的意见》的通知	国家教委
401	1990年	关于举办试点大、中学校体育教师培训班的通知	国家教委体卫司

续表

序号	年份	题名	发布单位
402	1990年	关于下发组建中国大学生体育协会单项协会几点意见的通知	国家教委体卫司
403	1990年	关于下发成立中国大学生体育协会足球协会等五个单项协会审批意见的通知	国家教委体卫司、中国大学生体育协会
404	1990年	关于下发试点大、中学校及运动员情况调查表的通知	国家教委体卫司
405	1990年	转发国家体委关于公共体育场所应进一步向中小学生开放的通知	国家教委办公厅
406	1990年	关于印发《全国普通大、中学校学生体育竞赛暂行规定》的通知	国家教委
407	1990年	关于试行《培养体育后备人才试点校运动员档案卡》的通知	国家教委体卫司
408	1990年	关于大、中、小学体育场馆器材配备目录、大学生体育合格标准、体育考试试点等问题的批复、通知及函	国家教委体卫司
409	1990年	关于检查《中学体育器材设施配备目录》《小学体育器材设施配备目录》贯彻情况的通知	国家教委办公厅
410	1990年	关于印发《普通高等学校体育教育专业场馆设施、器材配备目录（试行草案）》等两个文件的通知	国家教委
411	1990年	关于印发《大学生体育合格标准》及《大学生体育合格标准实施办法》的通知	国家教委
412	1990年	关于召开体育考试试点工作座谈会的通知	国家教委体卫司
413	1990年	关于印发《中等学校招生体育考试试点工作座谈会纪要》的通知	国家教委办公厅

续表

序号	年份	题名	发布单位
414	1990 年	关于报送亚洲足球赛总结和筹建亚洲中学生体育组织初步方案给李铁映的报告及李铁映批示复印件	国家教委
415	1990 年	关于北京体育学院与苏联国立中央体育学院建立关系事给国家体育运动委员会办公厅的复函及来函	国家教委国际司
416	1990 年	关于印发《全国学生体质、健康监测工作座谈会纪要》搞好全国学生体质、健康监测工作的通知	国家教委、卫生部等
417	1990 年	关于召开农村教育综合改革试验县学校体育卫生工作研讨会的通知	国家教委体卫司
418	1991 年	关于印发国家体委直属体院竞技体校文化教学座谈会纪要的通知	国家体委
419	1991 年	关于召开中国大、中学生体育协会工作会议的通知	国家教委体卫司
420	1991 年	关于成立中华人民共和国大学体育协会棋类、健美操艺术体操协会的通知	国家教委体卫司
421	1991 年	关于拟组队参加一九九二年世界大学生单项体育竞赛给国家教委国际司的函	国家教委体卫司
422	1991 年	关于印发全国学校体育卫生工作研讨会会议文件的通知	国家教委办公厅
423	1991 年	关于印发《部分高校对 90 级新生“体育合格标准”检查结果公报》的通知	国家教委办公厅
424	1991 年	关于做好对部分高校九一级新生“体育合格标准”检查工作的通知	国家教委办公厅

续表

序号	年份	题名	发布单位
425	1991 年	关于制订《全国普通高校体育课程教学指导纲要》和《全国普通高校体育场馆设施、器材配备目录》的通知	国家教委体卫司
426	1991 年	关于转发《学校体育》杂志创刊十周年工作总结和组织订阅该杂志工作的通知	国家教委体卫司
427	1991 年	关于颁发《中学生体育合格标准实施办法》的通知	国家教委
428	1991 年	关于征求对《小学生体育合格标准试行办法》意见的通知	国家教委办公厅
429	1991 年	关于转发《当前中小学体育工作中存在的主要问题及改进意见》的通知	国家教委办公厅
430	1991 年	关于印发《中小学体育器材、设施配备情况检查结果通报》的通知及关于检查《中学体育器材设施配备目录》《小学体育器材设施配备目录》贯彻情况的通知	国家教委办公厅
431	1991 年	关于准备召开升学体育考试研讨会事项的通知	国家教委体卫司
432	1991 年	关于召开义务教育体育教学大纲试验工作汇报、交流会的通知	国家教委体卫司
433	1991 年	关于扩大“体育与健康教育结合”试验范围给天津市教育局、广东省教育厅、广东省湛江市教委的通知	国家教委体卫司
434	1991 年	关于开展第二届全国体育学院优秀教材评奖工作的通知	国家体委
435	1991 年	关于印发《第二届全国高师体育专业教材编审委员会第一次全体会议纪要》及有关材料的通知及曲宗湖、李晋裕的讲话	国家教委办公厅

续表

序号	年份	题名	发布单位
436	1991年	关于印发《普通高等学校本科体育教育专业教学计划》的通知	国家教委办公厅
437	1991年	关于召开全国高师体育专业教材编审委员会组长会议的通知	国家教委体卫司
438	1991年	关于印发《全国高师体育教育专业（系主任）管理学习班总结报告》及有关材料的通知	国家教委体卫司
439	1991年	体育运动学校办校暂行规定及教学计划	国家体委
440	1991年	关于印发《全国高师体育专业教材编审委员会组长会议纪要》及有关材料的通知	国家教委体卫司
441	1991年	关于印发《全国普通高等学校体育课程教学指导纲要》征求意见稿的通知	国家教委体卫司
442	1991年	关于筹建亚洲中学体育联合会给国务院的请示及第十九届亚洲中学生足球锦标赛工作总结	国家教委、国家体委等
443	1991年	关于印发《试点中学培养体育运动后备人才暂行管理办法》的通知	国家教委
444	1991年	关于举办培养体育后备人才试点中学校长培训班给北京、上海、辽宁、吉林、河北、山东、江苏、湖北、湖南、广东、广西、福建省（自治区、直辖市）教委、教委厅（局）的通知	国家教委体卫司
445	1991年	关于表彰全国农村千名优秀体育教师的通知	国家教委办公厅、国家体委办公厅
446	1991年	关于申请公开出版《体育学通讯》杂志给新闻出版署的函	国家教委
447	1991年	关于总结近几年高校体育专业招生情况的通知	国家教委学生司
448	1992年	关于进一步加强学校体育卫生工作，提高学生体质健康水平的意见	国家教委、国家体委等

续表

序号	年份	题名	发布单位
449	1992年	关于印发学校民族传统体育工作研讨会会议纪要的通知及会议纪要	国家教委办公厅
450	1992年	关于我委直属六所体院充实整顿和布局调整工作的报告	国家体委
451	1992年	关于中国大学生体育协会国际体育活动移交国家教委统一管理给国家体委的函	国家教委
452	1992年	关于下发一九九二年全国大学生体育竞赛计划的通知	国家教委体卫司
453	1992年	对《关于举办第二、第三届全国大学生田径锦标赛的请示》给中国大学生体育协会田径协会的复函	国家教委体卫司
454	1992年	关于大学生体育合格标准实施工作的通知、意见	国家教委体卫司
455	1992年	关于转发“实施《大学生体育合格标准》经验交流会会议纪要”的通知	国家教委体卫司
456	1992年	关于义务教育体育教学大纲实验、初中毕业生升学考试体育试点、《中小学体育管理讲座》等问题的通知	国家教委体卫司
457	1992年	关于印发“义务教育体育教学大纲实验工作汇报、交流会纪要”的通知	国家教委体卫司
458	1992年	关于继续做好九年义务教育体育教学大纲实验工作的通知	国家教委办公厅
459	1992年	关于印发《小学生体育合格标准实施办法》的通知	国家教委
460	1992年	关于印发“初中毕业生升学考试体育试点工作意见”的通知	国家教委

续表

序号	年份	题名	发布单位
461	1992 年	关于印发《“初中毕业生升学考试体育”研讨会纪要》的通知	国家教委体卫司
462	1992 年	关于高等学校体育课程、表彰高校体育课程评估优秀学校和优秀老体育教师活动等问题的通知、决定	国家教委体卫司
463	1992 年	关于印发《全国普通高等学校体育课程教学指导纲要》的通知	国家教委
464	1992 年	关于推荐使用《全国普通高等学校体育教材》的通知	国家教委体卫司
465	1992 年	国家教委关于表彰全国普通高等学校体育课程评估优秀学校和优秀老体育教师的决定	国家教委
466	1992 年	关于印发《高等师范专科学校体育教育专业教学计划》的通知	国家教委
467	1992 年	关于讨论、修订体育教育专业各门课程教学指导纲要（征求意见稿）的通知	国家教委体卫司
468	1992 年	关于召开全国普通高校本科体育教育专业十一门课程教学指导纲要审订会议的通知	国家教委体卫司
469	1992 年	关于印发《普通高等学校本科体育教育专业十一门课程基本要求》的通知	国家教委办公厅
470	1992 年	关于印发《普通高等学校体育场馆设施、器材配备目录（征求意见稿）》的通知	国家教委体卫司
471	1992 年	关于下发《中等体育运动学校合格标准与基本合格标准》的通知	国家体委
472	1992 年	关于全国普通高校体育教育场馆设施、器材设备的有关目录及合格评估的通知	国家教委体卫司

续表

序号	年份	题名	发布单位
473	1992 年	关于对全国普通高校体育教育专业点的场馆设施、器材和实验室仪器、设备配备情况进行合格评估的通知	国家教委办公厅
474	1992 年	关于印发《普通高等学校体育场馆设施、器材配备目录》的通知	国家教委办公厅
475	1992 年	关于印发《部分高校对 91 级新生“体育合格标准”检查结果公告》的通知	国家教委办公厅
476	1992 年	关于印发《各地及委属部分高校新生“中学生体育合格标准”检查工作总结》的通知	国家教委体卫司
477	1992 年	国家教委、卫生部、国家体委关于卫生防病、中小学生体育活动、幼儿体操等问题的批复、通知、报告、决定	国家教委体卫司
478	1992 年	关于在全国继续开展“雏鹰起飞”小学生体育活动的通知	国家教委、国家体委、共青团中央
479	1992 年	关于举办一九九二年全国体育传统项目学校初中学生“长江杯”“长城杯”田径比赛的通知	国家教委体卫司、国家体委群体司
480	1992 年	关于同意《中国学校体育》杂志增加中心插页给中国学校体育杂志社的批复	国家体委
481	1992 年	关于举办“学校卫生管理干部培训班”的通知	国家教委体卫司
482	1992 年	关于进一步加强学校体育卫生工作，提高学生体质健康水平的意见	国家教委、国家体委等
483	1992 年	关于召开“全国学校卫生防病工作会议”有关问题给国务院并李铁映同志的报告	国家教委、卫生部
484	1992 年	关于国家体委直属体育学院硕士学位研究生培养工作质量评估的总结报告	国家体委

续表

序号	年份	题名	发布单位
485	1992 年	关于印发何界生副部长在“全国学校卫生防病工作会议”上的工作报告的通知	国家教委办公厅、卫生部办公厅
486	1992 年	关于学生防病工作有关问题给国务院的报告	国家教委、卫生部
487	1993 年	关于重新印发《中、小学卫生室器械与设备配备目录》的通知	国家教委
488	1993 年	关于征求《中小学卫生保健机构工作规程（征求意见稿)》意见的通知	国家教委体卫司
489	1993 年	关于印发有关学生常见病防治方案的通知	国家教委、卫生部、全国爱卫会
490	1993 年	关于在职业高中和中专学校选用新编体育课教材的通知	国家教委职教司
491	1993 年	下发《关于深化直属体育学院教育改革扩大办学自主权的若干意见》的通知	国家体委
492	1993 年	关于成立全国高等学校体育教学指导委员会、贯彻学校体育工作条例及印发邹时炎讲话等的通知	国家教委体卫司
493	1993 年	关于世界中学生体育联合会执行委员会接待工作给北京市人民政府的通知	国家教委
494	1993 年	关于成立全国高等学校体育教学指导委员会的通知	国家教委
495	1993 年	国家教委、国家体委关于表彰全国中学贯彻《学校体育工作条例》优秀学校的决定	国家教委、国家体委
496	1993 年	关于在第五届全国中学生运动会期间表彰“全国中学贯彻《学校体育工作条例》优秀学校的通知”	国家教委体卫司

续表

序号	年份	题名	发布单位
497	1993 年	关于印发“国家教委直属高校实施《大学生体育合格标准》工作检查结果公告”的通知	国家教委办公厅
498	1993 年	关于印发《邹时炎在中国大学生民族传统体协会成立暨全国高校民族传统体育学术研讨会上的讲话》和《会议纪要》的通知	国家教委办公厅
499	1993 年	关于印发《部分高校对 92 级新生“体育合格标准”检查结果公告》的通知	国家教委办公厅
500	1993 年	关于贯彻《九年义务教育全日制小学、初级中学课程方案（试行）中有关体育教学要求的意见》	国家教委办公厅
501	1993 年	关于开展“全国中学贯彻《学校体育工作条例》评估评优”工作的通知	国家教委办公厅
502	1993 年	关于印发《国家教委关于全国普通高等学校体育教材建设的意见》的通知	国家教委
503	1993 年	关于印发《1993 年全国初中毕业生升学考试体育试点工作会议纪要》的通知	国家教委办公厅
504	1993 年	关于编印学校体育器材设施配备目录、初中升学考试体育试点交流工作、高校体育专业办学条件评估工作抽查等通知	国家教委体卫司
505	1993 年	关于编印《学校体育器材设施配备目录》的通知	国家教委体卫司
506	1993 年	关于印发《初中毕业升学考试体育试点工作方案》的通知	国家教委体卫司
507	1993 年	关于对全国部分高校本科体育教育专业点的办学条件进行合格评估工作抽查的通知	国家教委体卫司
508	1993 年	关于发布《国家体委直属体育学院本科专业设置实施办法》的通知	国家体委

续表

序号	年份	题名	发布单位
509	1993 年	关于普通高等学校体育教育专业办学条件合格评估情况的通报	国家教委体卫司
510	1993 年	关于印发《全国培养体育后备人才试点中学评估体系及方法（试行）》的通知	国家教委体卫司
511	1993 年	关于召开中国职业技术学校体育协会第三次筹备工作会议的通知	国家教委体卫司、职教司、师范司等
512	1993 年	关于组织中国大学生体育代表团参加 1993 年世界大学生夏季运动会问题给国家体委的函	国家教委
513	1993 年	关于下发《一九九四年大、中学生全国体育竞赛活动计划》的通知	国家教委体卫司
514	1994 年	关于举办世界中学生越野赛、成立全国中小学体育教学改革指导小组等的通知、请示、函	国家教委体卫司
515	1994 年	关于成立全国中小学体育教学改革指导小组的通知	国家教委
516	1994 年	关于印发《全国普通高等学校体育教材审定办法（试行）》的通知	国家教委体卫司
517	1994 年	关于进行 1994 年初中毕业生升学考试体育工作总结的通知	国家教委体卫司
518	1994 年	关于表彰职业技术教育系统体育工作先进学校的通知	国家教委、国家体委、劳动部
519	1994 年	关于举办全国初中毕业生升学考试体育工作培训班并召开落实学生每天一小时体育活动现场研讨会的通知	国家教委体卫司
520	1994 年	关于举办全国学校体育教研员骨干培训班的通知	国家教委体卫司

续表

序号	年份	题名	发布单位
521	1994 年	关于召开中等师范学校体育工作经验交流会的通知	国家教委体卫司、国家教委师范教育司
522	1994 年	关于对部分高校体育教育专业点的办学条件进行合格评估工作抽查给有关省（直辖市）教委、高教局的通知	国家教委体卫司
523	1994 年	关于举办全国职业技术学校田径运动会及各类体育比赛的批复、通知	国家教委体卫司
524	1994 年	关于举办第四届全国大学生田径锦标赛请示给中国大学生体育协会田径分会的批复	国家教委体卫司
525	1994 年	关于印发加强学生体育协会工作意见的通知	国家教委体卫司
526	1994 年	关于同意中国大学生体育协会下设国防体育分会、击剑分会、网球分会和橄榄球分会四个分支机构给中国大学生体育协会的批复	国家教委办公厅
527	1994 年	关于成立中国大学生体育协会橄榄球分会申请报告给北京市高教局的批复	国家教委体卫司、中国大学生体育协会
528	1994 年	1994 年国家体委直属体育院校工作会议纪要	国家体委
529	1994 年	关于下发直属体育院校重点学科评估工作总结及“九五”重点学科布局的通知	国家体委
530	1994 年	关于对成立中国大学生体育协会击剑分会申请报告给广东省高教局的批复	国家教委体卫司、中国大学生体育协会
531	1994 年	关于成立中国大学生体育协会国防体育分会申请报告给北京高教局的批复	国家教委体卫司、中国大学生体育协会

续表

序号	年份	题名	发布单位
532	1994 年	关于同意成立中国大学生体育协会网球分会给浙江省教委、上海市高教局的通知及关于同意中国大学生体育协会下设国防体育分会、击剑分会、网球分会和橄榄球分会四个分支机构的批复	国家教委体卫司、中国大学生体育协会
533	1994 年	关于成立羽毛球、手球、游泳三个单项分会机构给办公厅的请示	国家教委体卫司、中国大学生体育协会
534	1994 年	关于印发《一九九五年全国学生体质健康状况调查研究实施方案》的通知	国家教委、国家体委、卫生部等
535	1995 年	关于印发《全国学校卫生工作研讨会纪要》的通知及研讨会纪要	国家教委体卫司
536	1995 年	关于印发《中小学卫生保健机构工作规程》的通知	国家教委
537	1995 年	关于培养后备人才、初中毕业生升学考试体育工作、农村学校体育工作等问题的通知	国家教委体卫司
538	1995 年	关于下发《培养体育后备人才试点中学评估办法》的通知	国家教委体卫司
539	1995 年	关于印发《一九九五年培养体育后备人才试点中学评估调查表》的通知	国家教委体卫司
540	1995 年	关于召开学校课余训练工作经验交流会和表彰“全国培养体育后备人才试点中学”优秀学校的通知	国家教委办公厅
541	1995 年	关于印发“全国培养体育后备人才试点中学”优秀学校名单的通知	国家教委办公厅
542	1995 年	关于下发《1995 年初中毕业生升学考试体育工作会议纪要》和《全国继续试行初中毕业生升学考试体育工作方案》等的通知	国家教委体卫司

续表

序号	年份	题名	发布单位
543	1995 年	关于在全国继续试行初中毕业生升学考试体育工作的通知	国家教委
544	1995 年	关于下发《全国初中毕业生升学考试体育锦州现场研讨会会议纪要》的通知	国家教委体卫司
545	1995 年	关于下发《关于加强农村学校体育工作的几点意见》的通知	国家教委体卫司
546	1995 年	关于召开《农村体育参考教材》编写工作会议的通知	国家教委体卫司
547	1995 年	关于召开“全日制普通高中体育课程标准（讨论稿）编写会”暨“农村学校体育补充教材编写会”的通知	国家教委体卫司
548	1995 年	关于召开“西南、西北部分省、自治区农村学校体育岳池现场研讨会”的通知	国家教委体卫司
549	1995 年	关于高校体育教师选优评估工作、职业技术学校体育工作、省级体育教研员会议等问题的通知、请示、函	国家教委体卫司
550	1995 年	关于在普通高等学校中开展贯彻《学校体育工作条例》选优评估工作的通知	国家教委
551	1995 年	关于转发一九九四年全国职业技术学校体育工作通报的通知	国家教委办公厅
552	1995 年	关于召开《全国省级体育教研员教学研讨会》的通知	国家教委体卫司
553	1995 年	关于下发《全国省级体育教研员研讨会纪要》的通知	国家教委体卫司
554	1995 年	关于对高等学校实施《大学体育合格标准》的情况进行检查的通知	国家教委体卫司

续表

序号	年份	题名	发布单位
555	1995年	关于印发《全国主管体育的大学校长研讨会会议纪要》的通知	国家教委办公厅
556	1995年	关于印发一九九五年全国大、中学生体育竞赛活动计划的通知	国家教委体卫司
557	1995年	关于对举办1997年第五届全国大学生田径锦标赛的请示报告给中国大学生体育协会田径分会的批复及请示	国家教委体卫司
558	1995年	关于同意筹备成立中国大学生体育协会羽毛球分会给湖北省教育委员会的通知及请示	国家教委体卫司
559	1995年	关于举办第六届全国中学生运动会、参加亚太地区学校体育研讨会、举办全国中学生歌唱比赛的通知、请示、函	国家教委体卫司
560	1995年	关于征集“亚太地区学校体育研讨会”论文的通知	国家教委体卫司
561	1995年	关于参加“亚太地区学校体育研讨会”的通知	国家教委体卫司
562	1995年	关于印发《直属体育院校博士生指导教师审核实施细则》的通知	国家体委、国家教委
563	1995年	关于组建中国大学生体育代表团参加1995年世界大学生夏季运动会问题给国家体委的函	国家教委
564	1996年	关于体育卫生、艺术教育、国防教育“八五”工作总结和“九五”规划工作及体卫司一九九七年重点工作的通知	国家教委体卫司
565	1996年	关于印发《“九五”期间农村学校体育卫生工作意见》的通知	国家教委
566	1996年	关于下发实验“体育两类课程整体教学改革”的通知	国家教委办公厅

续表

序号	年份	题名	发布单位
567	1996年	关于举办1997年全国体育教育专业大学生基本功大赛的通知	国家教委办公厅
568	1996年	关于召开“计划单列市和部分经济发达地区（市、县）学校体育研讨会”给有关单位的通知	国家教委体卫司
569	1996年	关于修订体育教育专业教学计划、召开“九五”规划座谈会、体育教育课程方案等工作的批复、通知、函	国家教委体卫司
570	1996年	关于做好1996年“初中毕业生升学考试体育”工作的通知	国家教委体卫司
571	1996年	关于召开“高中体育教学大纲研讨会”的通知	国家教委体卫司
572	1996年	委托主办“第四届中日学校体育研讨会”给重庆市教育委员会的通知及请示	国家教委体卫司
573	1996年	参加“第四届中日学校体育研讨会”给有关单位和同志的通知	国家教委体卫司
574	1996年	关于发布“1995年普通高等学校实施《大学生体育合格标准》的情况检查结果公告”的通知	国家教委体卫司
575	1996年	关于委托辽宁省教委承办“全国农村学校体育工作研讨会”给辽宁省教委的函	国家教委体卫司
576	1996年	关于召开“全国农村学校体育工作研讨会”给有关省、自治区教委、教育厅的通知	国家教委体卫司
577	1996年	关于印发体育院校、研究所学位与研究生教育改革研讨会纪要的通知	国家体委
578	1996年	关于承办一九九八年世界中学生运动会给国务院的请示	国家教委、财政部、外交部、国家体委

续表

序号	年份	题名	发布单位
579	1996年	对《关于举办第四期全国高校健美操、艺术体操、教练员、裁判员培训班的请示》给中国大学生体育协会健美操、艺术体操分会的批复及请示	国家教委体卫司
580	1996年	关于积极开展“学校冬季体育锻炼”活动的通知	国家教委体卫司
581	1996年	关于对举办1998年第六届全国大学生锦标赛请示给中国大学生体育协会田径分会的批复及请示	国家教委体卫司
582	1996年	关于在普通高等学校中开展贯彻《学校体育工作条例》选优评估工作的通知（附：评估指标体系）及请示	国家教委
583	1996年	关于表彰“贯彻《学校体育工作条例》优秀高等学校”的通知	国家教委办公厅
584	1996年	关于表彰高校优秀青年体育教师的决定	国家教委体卫司
585	1996年	关于在第五届全国大学生运动会中评选《为高校体育做出突出贡献“校长杯”》的通知	国家教委体卫司
586	1996年	关于印发1995年直属体育院校附属竞技体校工作会议纪要的通知	国家体委
587	1996年	关于印发《“九五”期间农村学校体育卫生工作意见》的通知	国家教委
588	1996年	关于转发卫生部《学生集体用餐卫生监督办法》的通知	国家教委办公厅
589	1997年	关于召开部分地区初中毕业生升学考试体育工作座谈会的通知	国家教委体卫司

续表

序号	年份	题名	发布单位
590	1997年	关于印发《全国部分省市初中毕业生升学考试体育工作座谈会纪要》的通知	国家教委办公厅
591	1997年	关于转发《"面向21世纪体育师资培养和体育专业改革与发展研究"课题工作会议纪要》的通知	国家教委体卫司
592	1997年	关于举办全国农村学校体育卫生工作培训研讨班的通知	国家教委体卫司
593	1997年	关于对农村学校体育基本情况进行调查的通知	国家教委体卫司
594	1997年	关于召开全国学校体育卫生国防教育工作会议的通知	国家教委体卫司
595	1997年	关于体育教育专业主干课程、教材以及中学体育教材、教法工作会议等事宜的通知	国家教委体卫司
596	1997年	关于印发《全国普通高等学校体育教育专业本科专业课程方案（试行）》的通知	国家教委办公厅
597	1997年	关于印发《体育教育本科专业九门主干课程教学指导纲要编写工作研讨会会议纪要》给有关高等学校的通知及会议纪要	国家教委体卫司
598	1997年	国家教委直属高等学校1994—1995学年、1995—1996学年实施《大学生体育合格标准》检查情况的通报	国家教委体卫司
599	1997年	关于召开体育教材研讨会的通知	国家教委体卫司
600	1997年	关于印发1997年全国体育院校工作会议纪要的通知	国家体委
601	1997年	关于下发全国体育院校教材工作文件的通知	国家体委
602	1997年	关于印发《中学体育教材、教法研讨会会议纪要》的通知	国家教委体卫司

续表

序号	年份	题名	发布单位
603	1997 年	关于召开“中学体育教材、教法研究”课题组暨中学体育实验教材编写工作会议的通知	国家教委体卫司
604	1997 年	关于召开中学体育实验教材编委会工作会议的通知	国家教委体卫司
605	1997 年	关于委托湛江师范学院举办中学骨干体育教师培训班给广东省高教厅、教育厅，广西壮族自治区教委等的通知	国家教委体卫司
606	1997 年	关于印发《学校课余体育训练座谈会纪要》的通知	国家教委体卫司
607	1997 年	关于参加一九九七年夏季世界大学生运动会、大学生体育竞赛、全国学生体育竞赛管理规定等的批复、通知、函	国家教委体卫司
608	1997 年	关于召开'1997 全国体育教育专业大学生基本功大赛参赛队秘书长会议的通知	国家教委体卫司
609	1997 年	关于印发一九九七年全国大学生单项体育比赛和活动计划的通知	国家教委体卫司
610	1997 年	关于对《（CUBA）中国大学生篮球联赛组织办法（草案）及在全国推行（CUBA）中国大学生篮球联赛的报告》给中国大学生体育协会篮球分会的批复	国家教委体卫司
611	1997 年	关于印发《全国学生体育竞赛管理规定》的通知	国家教委
612	1997 年	关于当前学生体质健康状况给国务院的报告	国家教委、国家体委等

续表

序号	年份	题名	发布单位
613	1997 年	关于国家体委征求《关于保护体育场地设施的规定》（征求意见稿）意见给国家体委法规司的复函及来函	国家教委法规司
614	1997 年	关于印发《初中毕业生升学体育考试工作实施方案》的通知及意见	国家教委
615	1998 年	关于印发《普通中小学和中等职业学校落实〈学校体育工作条例〉检查评估细则》与《普通中小学和中等职业学校落实〈学校卫生工作条例〉检查评估细则》的通知	教育部
616	1998 年	关于印发《普通高等学校体育教育专业九门主干课程教学指导纲要》的通知	国家教委办公厅
617	1998 年	关于召开中学体育实验教材编写工作会议的通知	国家教委体卫司
618	1998 年	关于报送我委直属普通高校 1998 年分校分专业招生计划的函	国家体委
619	1998 年	关于 1998 年运动训练、武术专业单独招生录取工作有关事宜的通知	国家体委
620	1998 年	编制普通中等专业学校跨省招生来源计划表	国家教委
621	1998 年	关于同意成立“竞技体操高级教程”编委会的批复	国家体委
622	1998 年	关于成立国家级重点教材《大众艺术体操》编委会的请示	国家体委
623	1998 年	关于召开《中学体育实验教材》审议、统稿工作会议的通知	教育部体卫司
624	1998 年	关于印发《全国学校体育卫生国防教育工作会议纪要》的通知	国家教委办公厅

续表

序号	年份	题名	发布单位
625	1998 年	关于做好中学体育课程教材实验研究工作给四川、黑龙江、山东、吉林、福建省教委，宁夏自治区教委，常州市教委的通知	国家教委体卫司
626	1998 年	关于举办全国高校体育部主任研讨班的通知	教育部体卫司
627	1998 年	关于举办高等学校中青年体育学者研讨会的通知	教育部体卫司
628	1998 年	关于举办主管体育的大学校长研讨班的通知	教育部体卫司
629	1998 年	关于印发《体育教育专业大学生基本功大赛竞赛规程》的通知	教育部体卫司
630	1998 年	关于选拔组成中国中学生体育代表团参加 1998 年世界中学生运动会的通知	国家教委体卫司
631	1998 年	关于将中国大学生体育协会组织参加国际体育活动工作移交国家教委管理给国务院办公厅的请示	国家教委、国家体委
632	1998 年	关于印发一九九八年全国大学生单项体育比赛计划的通知	教育部体卫司
633	1998 年	关于举办第六届全国大学生运动会的通知	教育部、国家体育总局、共青团中央
634	1998 年	关于申办 2000 年世界大学生乒乓球赛给外交部的函	教育部、国家体育总局
635	1998 年	关于对全国培养体育后备人才试点中学和培养高水平学生运动员试点大学进行检查评估的通知	教育部办公厅
636	1998 年	关于表彰全国学生体质健康调研工作先进集体和先进个人的通报	教育部、国家体育总局等

续表

序号	年份	题名	发布单位
637	1998 年	一九九八年全省体育运动学校教学改革研讨会纪要	国家体育总局
638	1998 年	关于中学生体育代表团赴台访问给国务院台办的函及请示	教育部
639	1998 年	关于同意北京体育大学为香港地区举办教练员函授学历教育事宜给国家体育总局办公厅的批复及请示、报告、意向书	教育部港澳台办
640	1998 年	关于印发《1998 年艺术体育类普通中等专业学校跨省招生来源计划》的通知	教育部职教司
641	1999 年	对全国政协九届二次会议委员有关体育卫生、艺术教育、学生军训等提案的答复	教育部办公厅
642	1999 年	对全国政协九届二次会议第 0741 号（普通中学体育课应注意女学生的生理特点）提案给哈孝贤、祁秉文等二位委员的答复	教育部
643	1999 年	关于清华大学综合体育中心初步设计的批复及请示	教育部
644	1999 年	关于高校新建经济适用住房、建设体育馆、主楼加层、食堂扩建工程等问题的批复、报告、意见	教育部发展规划司
645	1999 年	关于举办 1999 年全国体育教育专业大学生基本功大赛的通知	教育部办公厅
646	1999 年	关于在普通高等学校中开展贯彻《学校体育工作条例》选优评估工作的通知	教育部办公厅
647	1999 年	关于假期、公休日学校体育场地向学生开放的通知及请示	教育部办公厅

续表

序号	年份	题名	发布单位
648	1999年	关于初中毕业生升学体育考试、全国中学生运动会、大学生运动会等问题的通知、函	教育部体卫艺司
649	1999年	关于召开初中毕业升学体育考试工作研讨会的通知	教育部体卫艺司
650	1999年	关于搞好1999年度初中毕业生升学体育考试总结工作的通知	教育部体卫艺司
651	1999年	关于召开中小学大课间体育活动现场观摩研讨会的通知	教育部体卫艺司
652	1999年	关于确定1999年全国体育教育专业大学生基本功大赛参赛学校名单及召开参赛队秘书长会议的通知	教育部体卫艺司
653	1999年	关于全国学校体育卫生工作经验交流会、成果展览、表彰先进单位和先进个人等问题的批复、通知、函	教育部体卫艺司
654	1999年	关于召开全国学校体育卫生工作经验交流会的通知	教育部办公厅
655	1999年	关于印发“全国学校体育卫生工作经验交流会会议纪要”的通知	教育部办公厅
656	1999年	关于对部分省、市、自治区落实《学校体育工作条例》《学校卫生工作条例》情况进行检查的通知	教育部体卫艺司
657	1999年	关于评选、表彰学校体育卫生工作先进单位和先进个人的通知	教育部办公厅
658	1999年	关于下发《少年儿童体育学校管理办法》的通知	国家体育总局
659	1999年	关于加强管理社会力量办各类体校的通知	国家体育总局

续表

序号	年份	题名	发布单位
660	1999 年	关于表彰全国学校体育卫生工作先进单位和先进个人的决定	教育部、国家体育总局
661	1999 年	全国学校体育工作有关情况调查统计分析报告	教育部体卫艺司、国家体委
662	1999 年	关于出版《辉煌的历程——改革开放 20 年的学校体育卫生工作》一书有关事项的通知	教育部体卫艺司
663	2000 年	关于通报第六届全国大学生运动会筹备情况及举办高校体育师资培训班等的通知、请示、函	教育部体卫艺司
664	2000 年	关于由上海市承办第七届全国大学生运动会给上海市人民政府的通知	教育部、国家体育总局等
665	2000 年	关于由江苏省人民政府承办第八届全国中学生运动会的通知及函	教育部、国家体育总局等
666	2000 年	关于印发《全日制普通高级中学体育与健康教学大纲（试验修订版）》的通知	教育部
667	2000 年	关于印发“第六届大运会预赛工作会议”有关文件的通知	教育部体卫艺司
668	2000 年	关于印发“园丁工程”全国体育教师培训方案的通知	教育部体卫艺司
669	2000 年	关于贯彻落实全国初中学生体育考试工作研讨会会议精神做好改革试点工作的通知	教育部体卫艺司
670	2000 年	关于召开初中毕业生升学体育考试工作研讨会及进行《学生体质健康标准》实验培训等的通知、函	教育部体卫艺司
671	2000 年	关于印发《体育学研究生管理暨学位授权点建设研讨会会议纪要》的通知	教育部体卫艺司、国家体育总局科教司

续表

序号	年份	题名	发布单位
672	2000 年	关于召开初中毕业生升学体育考试工作研讨会的通知	教育部体卫艺司
673	2000 年	关于国家体育总局普通中等体育运动学校 2000 年招生工作有关事宜的通知	国家体育总局、教育部
674	2000 年	部分省（区/市）体育运动学校校长座谈会会议纪要	国家体育总局
675	2000 年	关于上报我总局直属体育院校 2001 年研究生招生计划的函	国家体育总局
676	2000 年	关于举办初中学生毕业升学体育考试方法和内容改革培训班的函	教育部体卫艺司
677	2000 年	关于举办“园丁工程”体育教材骨干教师培训班的函	教育部体卫艺司
678	2000 年	关于印发《2000 年全国学生体质健康状况调查研究实施方案》的通知	教育部、国家体育总局、卫生部等
679	2000 年	关于对《2000 年国民体质监测工作方案》修改意见给国家体育总局办公厅的函及来函	教育部办公厅
680	2000 年	关于征求“中国学校体育研究会”理事候选人名单的函	教育部体卫艺司
681	2000 年	教育部办公厅关于开展学校体育卫生艺术教育工作专项督导检查的通知	教育部办公厅
682	2001 年	教育部关于申请举办中华人民共和国第八届中学生运动会专项经费给财政部的函	教育部
683	2001 年	关于学生体质健康标准、做好初中生毕业升学体育考试工作、举办中学生运动会、实施课外文体活动工程的通知	教育部体卫艺司

续表

序号	年份	题名	发布单位
684	2001 年	教育部办公厅 国家体育总局办公厅关于印发《学生体质健康标准（试验方案）》给辽宁、浙江等省（自治区、直辖市）教育厅（教委）等的通知	教育部办公厅、国家体育总局办公厅
685	2001 年	教育部办公厅关于做好 2001 年初中学生毕业升学体育考试工作的通知	教育部办公厅
686	2001 年	教育部 国家体育总局 共青团中央关于举办中华人民共和国第八届中学生运动会的通知	教育部、国家体育总局等
687	2001 年	教育部 国家体育总局 共青团中央 全国少工委关于实施“全国中小学生课外文体活动工程”的通知	教育部、国家体育总局等
688	2001 年	教育部 国家体育总局 共青团中央 全国少工委关于命名北京市东城区等五个区、市为“全国中小学生课外文体活动工程示范区”的决定	教育部、国家体育总局等
689	2001 年	关于第八届全国中学生运动会、中小学生课外文体活动工程启动工作、初中生毕业升学体育考试的通知、意见	教育部体卫艺司
690	2001 年	教育部办公厅关于在第八届全国中运会上开展贯彻《学校体育工作条例》优秀学校及先进个人表彰工作的通知	教育部办公厅
691	2001 年	教育部办公厅关于建设“国家体育与艺术师资培养培训基地”的意见及报告	教育部办公厅
692	2001 年	教育部办公厅关于认真做好 2002 年初中学生毕业升学体育考试工作的通知	教育部办公厅

续表

序号	年份	题名	发布单位
693	2001 年	关于体育考试工作会议、学生体质健康标准、课程改革、第八届全国中学生运动会、课余体育训练的通知、请示	教育部体卫艺司
694	2001 年	关于召开全国体育考试工作会议暨《学生体质健康标准》试验工作会议的通知	教育部体卫艺司
695	2001 年	关于召开全国高校体育教育专业课程改革研讨会给有关高等院校的通知	教育部体卫艺司
696	2001 年	关于召开《全国普通高等学校体育课程教学指导纲要》修订工作会议的通知	教育部体卫艺司
697	2001 年	关于修订《中学体育与健康实验教材》的函	教育部体卫艺司
698	2001 年	关于下发大学校长体育工作研讨会会议纪要的函	教育部体卫艺司
699	2001 年	关于召开中小学体育骨干教师培训经验交流会的通知	教育部体卫艺司
700	2001 年	关于召开中小学《体育与健康教学大纲》培训会议的通知	教育部体卫艺司
701	2001 年	关于委托广西师范大学承办 2001 年新苗体育奖学金颁奖活动给广西壮族自治区教育厅的函	教育部体卫艺司
702	2001 年	关于召开《学校课余体育训练管理工作座谈会》的函	教育部体卫艺司
703	2001 年	关于在四川省南部县召开“2001 年学校体育工作研讨会”的函	教育部体卫艺司
704	2001 年	国务院办公厅转发教育部等部门关于调整体育总局所属学校管理体制实施意见的通知	国务院办公厅

续表

序号	年份	题名	发布单位
705	2001 年	关于召开“国家体育与艺术师资培养培训基地”建设工作会议给有关省（市）教育厅（教委），有关高等学校的函及与会单位名单	教育部体卫艺司
706	2001 年	教育部办公厅关于做好 2001 年初中毕业生升学体育考试工作总结的通知	教育部办公厅
707	2001 年	关于召开 2001 年度学校体育、卫生、艺术教育和国防教育工作会议的通知	教育部体卫艺司
708	2001 年	教育部办公厅关于体人字〔2001〕258 号征求意见函［《关于征求对〈关于进一步做好优秀运动队退役运动员就业工作的意见（征求意见稿）〉的意见函》］给国家体育总局办公厅的复函及函	教育部办公厅
709	2001 年	教育部办公厅关于开展学校体育卫生艺术教育工作督导检查的补充通知	教育部办公厅
710	2001 年	关于委托沈阳体育学院编写《学校体育学》教材的函	国家体育总局
711	2001 年	关于委托上海体育学院编写《社会体育》教材的函	国家体育总局
712	2001 年	教育部办公厅关于对部分省（自治区、直辖市）贯彻落实《国务院关于基础教育改革与发展的决定》以及学校体育卫生艺术教育、教师继续教育工作开展督导调研和检查的通知	教育部办公厅
713	2001 年	关于召开全国学生体质健康经常性监测工作研讨会暨全国学校卫生管理干部培训班的通知及回执	教育部体卫艺司
714	2002 年	学生伤害事故处理办法	教育部

续表

序号	年份	题名	发布单位
715	2002 年	国家教育督导团关于印发《对青海等省（自治区、直辖市）体育卫生与艺术教育督导检查的情况报告的通知》	国家教育督导团
716	2002 年	国家教育督导团对青海等 10 省（自治区、直辖市）体育卫生与艺术教育工作督导检查情况的公报及报告、请示	国家教育督导团
717	2002 年	教育部办公厅 卫生部办公厅关于做好 2002 年全国中小学生安全教育日主题宣传活动及中小学安全工作的通知	教育部办公厅、卫生部办公厅
718	2002 年	关于体育卫生与艺术教育督导检查的通知	国务院教育督导委员会办公室
719	2002 年	国家教育督导团关于印发《对青海等省（自治区、直辖市）体育卫生与艺术教育督导检查的情况报告的通知》	国家教育督导团
720	2002 年	国家教育督导团对青海等 10 省（自治区、直辖市）体育卫生与艺术教育工作督导检查情况的公报及报告、请示	国家教育督导团
721	2002 年	关于印发学生体质健康标准（试行方案）、全国普通高校体育课程教学指导纲要等问题的通知	教育部体卫艺司
722	2002 年	教育部 国家体育总局关于印发《学生体质健康标准（试行方案）》及《〈学生体质健康标准（试行方案）〉实施办法》的通知	教育部、国家体育总局
723	2002 年	教育部关于印发《中学体育器材设施配备目录》《小学体育器材设施配备目录》的通知及报告	教育部

续表

序号	年份	题名	发布单位
724	2002年	教育部关于表彰贯彻《学校体育工作条例》优秀学校和先进个人的决定	教育部
725	2002年	教育部关于印发《全国普通高等学校体育课程教学指导纲要》的通知	教育部
726	2002年	关于学生体质健康标准工作、全国体育教育专业大学生基本功大赛工作等问题的通知、请示、函	教育部体卫艺司
727	2002年	教育部办公厅关于举办2002全国体育教育专业大学生基本功大赛的通知	教育部办公厅
728	2002年	关于确定2002全国体育教育专业大学生基本功大赛参赛学校名单及召开参赛秘书长会议的通知	教育部体卫艺司
729	2002年	关于召开全国体育考试工作会议暨《学生体质健康标准》试验工作会议的通知	教育部体卫艺司
730	2002年	教育部办公厅 国家体育总局办公厅关于举办全国中小学生文体活动夏令营的通知及请示	教育部办公厅、国家体育总局办公厅
731	2002年	关于召开中小学体育教学改革、大课间活动观摩研讨会的通知	教育部体卫艺司
732	2002年	教育部关于公布高等学校重点学科点名单的通知（体育学科）	国家体育总局科教司
733	2002年	关于印发《中小学体育教学改革、大课间活动现场观摩研讨会纪要》的函	教育部体卫艺司
734	2002年	教育部办公厅关于对《关于进一步加强运动员文化教育工作的意见（征求意见稿）》修改意见给国家体育总局办公厅的函	教育部办公厅
735	2002年	关于统计全国高等院校体育场馆的通知	教育部体卫艺司

续表

序号	年份	题名	发布单位
736	2002 年	关于召开全国中小学体育多媒体教学现场观摩会的通知	教育部体卫艺司
737	2002 年	教育部办公厅关于建立“国家体育与艺术师资培养培训基地”的通知	教育部办公厅
738	2002 年	关于召开 2002 年学校体育、卫生、艺术教育和国防教育工作会议的通知	教育部体卫艺司
739	2002 年	关于召开西部地区农村学校体育卫生工作现场会的通知	教育部办公厅
740	2002 年	关于体育总局所属学校管理体制调整工作情况的报告	国家体育总局
741	2002 年	关于加强农村学校体育卫生工作的几点意见及报告	教育部
742	2002 年	教育部 国家体育总局 共青团中央关于由郑州市人民政府承办第九届全国中学生运动会的通知	教育部、国家体育总局等
743	2002 年	关于印发《普通高等学校军事课教学大纲》的通知	教育部、总参谋部、总政治部
744	2003 年	关于印发《高级中学学生军事训练教学大纲》的通知	教育部、总参谋部、总政治部
745	2003 年	关于下达 2003 年“学校体育卫生艺术教育研究中心有关重点课题”专项经费预算给中央教育科学研究所的通知	教育部财务司
746	2003 年	国家教育督导团关于对部分省（自治区）学校体育卫生艺术教育工作开展专项督导检查给辽宁、吉林、江苏等省（自治区）教育厅的通知	国家教育督导团
747	2003 年	关于下达 2003 年“学校体育卫生艺术教育研究中心有关重点课题”专项经费预算给中央教育科学研究所的通知	教育部财务司

续表

序号	年份	题名	发布单位
748	2003 年	关于全国普通高校体育教育本科专业课程方案、高校、中小学体育器材、设施配备目录、学生体质健康标准的通知	教育部体卫艺司
749	2003 年	教育部关于“全国高等学校体育教学指导委员会”换届的通知	教育部
750	2003 年	教育部关于印发《全国普通高等学校体育教育本科专业课程方案》的通知	教育部
751	2003 年	关于召开《高等学校体育器材、设施配备目录》修订工作会议的通知	教育部体卫艺司
752	2003 年	关于《高等学校体育器材、设施配备目录》修订工作的函	教育部体卫艺司
753	2003 年	教育部办公厅 国家体育总局办公厅 共青团中央办公厅关于开展“全国学生体质健康标准推广活动”的通知	教育部办公厅、国家体育总局办公厅等
754	2003 年	关于赴美国参加国际体育学术会议的函	教育部体卫艺司
755	2003 年	关于举办 2003 年高校体育师资培训班的通知	教育部体卫艺司
756	2003 年	教育部办公厅 国家体育总局办公厅 共青团中央办公厅 全国少工委办公室关于评选第二批“全国中小学生课外文体活动工程示范区”的通知	教育部办公厅、国家体育总局办公厅等
757	2003 年	关于举办“全国学生体质健康标准推广活动”工作会议和全国《学生体质健康标准》培训班的函	教育部体卫艺司、国家体育总局群体司等
758	2003 年	关于举办中华人民共和国第七届大学生运动会的通知	教育部、国家体育总局、共青团中央
759	2003 年	关于《全国中小学体育器材、设施规格标准》研制工作的通知	教育部体卫艺司、国家体育总局群众体育司

续表

序号	年份	题名	发布单位
760	2003 年	教育部办公厅 国家体育总局办公厅关于举办中华人民共和国第七届大学生运动会科学论文报告会的通知	教育部办公厅、国家体育总局办公厅
761	2003 年	教育部办公厅关于做好学校体育卫生与艺术教育自查工作的通知	教育部办公厅
762	2003 年	关于报送学校体育卫生与艺术教育自查结果的通知	教育部体卫艺司
763	2003 年	2003 年普通高等学校运动训练专业、民族传统体育专业招生工作总结	国家体育总局
764	2003 年	关于做好普通高等学校公共体育、公共艺术、国防教育教师在职攻读硕士学位工作的函	教育部体卫艺司
765	2003 年	体育与健康、历史课程标准（实验）	教育部
766	2004 年	关于报送《国家标准〈人工材料体育场地使用要求及检验方法 第 1 部分 室外合成面层田径场地〉（征求意见二稿）》意见给国家体育总局设施建设和标准办公室的函及来函	教育部发展规划司
767	2004 年	教育部办公厅关于加强全国学生体质健康监测网络建设的通知	教育部办公厅
768	2004 年	关于召开 2004 年度学校体育、卫生、艺术教育和国防教育工作会议的通知	教育部体卫艺司
769	2004 年	教育部等五部门关于印发《2005 年全国学生体质健康调研实施方案》的通知	教育部、国家体育总局等
770	2004 年	关于召开《中小学体育器材、设施规格与安全》研制工作会议的通知	教育部体卫艺司
771	2004 年	关于召开国家标准《中小学体育器材、场地规格与安全》编写工作会议的通知	教育部体卫艺司

续表

序号	年份	题名	发布单位
772	2004 年	关于初中毕业升学体育考试工作、第七届全国大学生运动会、成立全国中小学体育教学指导委员会等问题的通知	教育部体卫艺司
773	2004 年	教育部关于认真做好 2004 年初中毕业升学体育考试工作的通知	教育部
774	2004 年	教育部办公厅关于在全国学生体育竞赛活动中加强卫生防疫与安全工作的通知	教育部办公厅
775	2004 年	关于印发《中华人民共和国第九届中学生运动会竞赛规程》的通知	教育部办公厅
776	2004 年	教育部 国家体育总局 共青团中央关于举办中华人民共和国第九届中学生运动会的通知	教育部、国家体育总局等
777	2004 年	教育部 国家体育总局 共青团中央 全国少工委关于命名天津市河西区等 10 个地区（县、团）为“全国中小学生课外文体活动工程示范区”的决定	教育部、国家体育总局等
778	2004 年	教育部关于成立全国中小学体育教学指导委员会的通知	教育部
779	2004 年	关于《学生体质健康标准》数据上报、管理有关工作的通知	教育部体卫艺司
780	2004 年	教育部关于保证中小学体育课课时的通知	教育部
781	2004 年	关于召开《普通高校体育教育本科专业主干课程教学指导纲要》审订工作会议给各有关高校的通知	教育部体卫艺司
782	2004 年	教育部办公厅关于印发《普通高等学校体育教育本科专业各类主干课程教学指导纲要》的通知	教育部办公厅

续表

序号	年份	题名	发布单位
783	2004 年	关于印发《普通高等学校本科教学工作水平评估方案（试行）》（调整、征求意见稿）的通知	教育部办公厅
784	2004 年	教育部办公厅关于印发《普通高等学校体育场馆设施、器材配备目录》的通知	教育部办公厅
785	2004 年	关于第七届全国大学生运动会主席团、组委会组成人员给国家体育总局、共青团中央办公厅的商函	教育部办公厅
786	2004 年	教育部办公厅关于征集第九届全国中学生运动会科学论文报告会暨第三届中国学校体育科学大会论文的通知	教育部办公厅
787	2004 年	教育部办公厅关于开展“体育、艺术 2 +1 项目”实验工作的通知	教育部办公厅
788	2004 年	关于举办 2004 年高校体育师资培训班、召开“高校高水平运动队建设研讨会”等问题的通知、函	教育部体卫艺司
789	2004 年	关于国家体育总局所属北京体育大学申请设置康复治疗学本科专业的报告	国家体育总局
790	2004 年	关于西安体育学院申请承办全国体育教育专业大学生基本功大赛的批复函	教育部体卫艺司
791	2004 年	关于邀请企事业单位参加国家标准《中小学体育器材、场地规格与安全》制订工作的函	教育部体卫艺司
792	2004 年	关于聘请有关人员参加“2 +1 项目”体育项目标准研制工作给各有关单位的函	教育部体卫艺司
793	2004 年	关于征求对“全国中小学体育教学指导委员会”换届人选意见的函及请示	教育部体卫艺司
794	2004 年	关于举办中小学体育教学观摩展示活动的通知	教育部体卫艺司

续表

序号	年份	题名	发布单位
795	2004 年	关于第七届全国大学生运动会本科专业课程指导方案、学生体质健康标准、中国体育院系大全等问题的通知、函	教育部体卫艺司
796	2004 年	教育部办公厅关于举办 2005′全国体育教育专业大学生基本功大赛的通知	教育部办公厅
797	2004 年	教育部关于印发《全国普通高等学校体育教育本科专业课程方案》的通知	教育部
798	2004 年	关于组织编写《中国体育院系大全》的函	教育部体卫艺司
799	2004 年	关于成立体育硕士专业学位论证专家小组暨召开第一次工作会议的通知	国务院学位委员会办公室
800	2004 年	关于召开体育硕士专业学位论证专家小组第二次工作会议的通知	国务院学位委员会办公室
801	2004 年	国家教育督导团关于印发对辽宁等 10 省（自治区）体育卫生与艺术教育工作督导检查的意见	国家教育督导团
802	2004 年	国家教育督导团对辽宁等 10 省（自治区）体育卫生与艺术教育工作专项督导检查的公报	国家教育督导团
803	2004 年	关于国家领导人会见国际大学生体育联合会主席基里安、FISU 代表团访华及亚洲大学体育研讨会有关情况的请示	国际司国际合作处
804	2004 年	教育部关于拟请温家宝总理会见国际大学生体育联合会主席基里安先生一行给国务院的请示	教育部
805	2004 年	关于印发《2004 年普通高等学校运动训练、民族传统体育专业招生管理办法》的通知	教育部办公厅、国家体育总局办公厅
806	2004 年	教育部关于拟请唐家璇国务委员会见国际大学生体育联合会主席基里安先生一行给国务院的请示	教育部

续表

序号	年份	题名	发布单位
807	2004 年	国家教育督导团关于印发对辽宁等 10 省（自治区）体育卫生与艺术教育工作督导检查的意见	国家教育督导团
808	2004 年	国家教育督导团对辽宁等 10 省（自治区）体育卫生与艺术教育工作专项督导检查的公报	国家教育督导团
809	2005 年	国家教育督导团关于对部分省（直辖市）学校体育卫生艺术教育工作开展专项督导检查给北京、天津、上海、浙江、福建、江西、海南、陕西、甘肃省（直辖市）教育厅（教委）的通知	国家教育督导团
810	2005 年	教育部 国家体育总局关于进一步加强普通高等学校高水平运动队建设的意见	教育部、国家体育总局
811	2005 年	关于公布全国普通高等学校高水平运动队建设综合评估结果的通知	教育部办公厅
812	2005 年	教育部关于进一步加强高等学校体育工作的意见	教育部
813	2005 年	教育部关于落实保证中小学生每天体育活动时间的意见	教育部
814	2005 年	教育部办公厅关于贯彻执行《中小学体育器材和场地》国家标准有关问题的通知	教育部办公厅
815	2005 年	关于《中小学体育器材和场地的规格与安全》国家标准征求意见的函	教育部体卫艺司
816	2005 年	教育部办公厅关于做好初中毕业升学体育考试安全工作的通知	教育部办公厅
817	2005 年	教育部关于加强学校体育活动安全防范工作的紧急通知	教育部
818	2005 年	关于举办 2005 年高校体育师资培训班的通知	教育部体卫艺司

续表

序号	年份	题名	发布单位
819	2005 年	关于召开“体育、艺术 2 +1 项目”实验工作研讨会议暨《“体育、艺术 2 +1 项目”辅导教材》编写工作会议的通知	教育部体卫艺司
820	2005 年	关于召开体育院校改革与发展座谈会的通知	教育部体卫艺司、国家体育总局科教司
821	2005 年	关于确定 2005′全国体育教育专业大学生基本功大赛参赛学校名单及召开参赛队秘书长会议的通知	教育部体卫艺司
822	2005 年	关于征集评选优秀中小学快乐体育园地图案的通知	教育部体卫艺司
823	2005 年	全国体育院校改革与发展座谈会议纪要	国家体育总局科教司
824	2005 年	关于商请作为“中国学校体育网”支持单位的函	教育部体卫艺司
825	2005 年	关于召开第九届全国中学生运动会科学论文报告会暨第三届中国学校体育科学大会论文评审会议的通知	教育部体卫艺司
826	2005 年	关于召开全国“落实中小学生每天一小时体育活动”现场研讨会的通知	教育部体卫艺司
827	2005 年	关于报批《中小学体育器材和场地》（国家标准）给国家标准化管理委员会的函	教育部体卫艺司
828	2005 年	教育部办公厅关于开展学校体育卫生和艺术教育专项督导自查工作的通知	教育部办公厅
829	2005 年	关于下达《体育硕士专业学位设置方案》的通知	国务院学位委员会

续表

序号	年份	题名	发布单位
830	2005 年	关于成立全国体育硕士专业学位教育指导委员会的通知	教育部、国务院学位委员会
831	2005 年	关于全国体育硕士专业学位教育指导委员会章程的批复	教育部、国务院学位委员会
832	2005 年	关于开展体育硕士专业学位教育试点工作的通知	国务院学位委员会办公室
833	2005 年	关于召开全国体育硕士专业学位教育指导委员会成立大会暨体育硕士专业学位试点单位工作会议的通知及会议回执	国务院学位委员会办公室
834	2005 年	关于同意北京体育大学举办 2005 年全国体育学研究生讲习班的通知	教育部学位管理与研究生教育司
835	2005 年	教育部关于章新胜副部长拟率团赴美国出席国际大学生体育联合会执委会给国务院的请示	教育部
836	2005 年	国家体育总局关于北京体育大学设置运动康复与健康本科专业的意见	国家体育总局
837	2005 年	关于在全国中小学生课外文体活动工程示范区研制开发集体竞赛项目的通知	教育部体卫艺司
838	2005 年	教育部关于章新胜副部长拟率团赴比利时出席世界大学生体育联合会主席团会议并赴澳大利亚、新西兰出席定期磋商工作会议给国务院的请示	教育部
839	2005 年	关于举行全国大学生军用枪射击比赛的通知	教育部体卫艺司
840	2005 年	国家教育督导团关于对部分省（直辖市）学校体育卫生艺术教育工作开展专项督导检查给北京、天津、上海、浙江、福建、江西、海南、陕西、甘肃省（直辖市）教育厅（教委）的通知	国家教育督导团

续表

序号	年份	题名	发布单位
841	2005 年	教育部关于章新胜副部长拟于全国“两会”期间率团赴比利时出席国际大学生体育联合会主席团会议的请示	教育部
842	2005 年	教育部关于章新胜副部长拟赴比利时出席国际大学生体育联合会执委会会议和顺访芬兰给国务院的请示	教育部
843	2005 年	教育部关于赵沁平副部长拟率团赴土耳其参加第 23 届世界大学生夏季运动会给国务院的请示	教育部
844	2005 年	教育部关于国际大学生体育联合会全体代表大会情况并做好大运会承办和申办相关工作给黑龙江省人民政府、广东省人民政府的函	教育部
845	2006 年	教育部 国家体育总局 共青团中央 全国少工委关于命名吉林省长春市等 4 个地区为“全国中小学生课外文体活动工程示范区”的决定	教育部、国家体育总局等
846	2006 年	教育部 国家体育总局 共青团中央关于举办中华人民共和国第八届大学生运动会的通知	教育部、国家体育总局等
847	2006 年	关于举办第八届全国大学生运动会科学论文报告会的通知	教育部办公厅、国家体育总局办公厅
848	2006 年	教育部关于拟请陈至立国务委员出席全国学校体育工作会议给国务院的请示	教育部
849	2006 年	教育部 国家体育总局关于进一步加强学校体育工作，切实提高学生健康素质的意见	教育部、国家体育总局
850	2006 年	教育部 国家体育总局 共青团中央关于开展全国亿万学生阳光体育运动的通知	教育部、国家体育总局等
851	2006 年	教育部 国家体育总局 共青团中央 全国少工委关于命名辽宁省鞍山市等 4 个地区为“全国中小学生课外文体活动工程示范区”的决定	教育部、国家体育总局等

续表

序号	年份	题名	发布单位
852	2006年	关于举办第二届全国中小学体育教学观摩展示活动的通知	教育部体卫艺司
853	2006年	关于组织开展体育集体竞赛项目工作的通知	教育部体卫艺司
854	2006年	周济部长在全国学校体育工作会议上的讲话	教育部办公厅
855	2006年	教育部办公厅关于召开2006年学校体育、卫生与健康、艺术教育和国防教育工作会议的通知及函、请示	教育部办公厅
856	2006年	关于转发《体育硕士专业学位研究生指导性培养方案》给体育硕士专业学位研究生培养单位的通知	国务院学位委员会办公室
857	2006年	中俄联邦教育、文化、卫生、体育合作委员会体育合作分委会会议纪要及名单	国家体育总局等
858	2006年	国家教育督导团关于对北京市学校体育卫生艺术教育和安全工作专项督导检查给北京市教育委员会的意见	国家教育督导团
859	2006年	国家教育督导团关于对天津市学校体育卫生艺术教育和安全工作专项督导检查给天津市教育委员会的意见	国家教育督导团
860	2006年	国家教育督导团关于对上海市学校体育卫生艺术教育和安全工作专项督导检查给上海市教育委员会的意见	国家教育督导团
861	2006年	国家教育督导团关于对浙江省学校体育卫生艺术教育和安全工作专项督导检查给浙江省教育厅的意见	国家教育督导团
862	2006年	国家教育督导团关于对福建省学校体育卫生艺术教育和安全工作专项督导检查给福建省教育厅的意见	国家教育督导团

续表

序号	年份	题名	发布单位
863	2006年	国家教育督导团对江西省学校体育卫生艺术教育工作专项督导检查给江西省教育厅的意见	国家教育督导团
864	2006年	国家教育督导团对海南省学校体育卫生艺术教育工作专项督导检查给海南省教育厅的意见	国家教育督导团
865	2006年	国家教育督导团对陕西省学校体育卫生艺术教育工作专项督导检查给陕西省教育厅的意见	国家教育督导团
866	2006年	国家教育督导团对甘肃省学校体育卫生艺术教育工作专项督导检查给甘肃省教育厅的意见	国家教育督导团
867	2006年	教育部办公厅 卫生部办公厅关于辽宁等8省（自治区）学校食品卫生专项检查的通报	教育部办公厅、卫生部办公厅
868	2006年	关于命名吉林省长春市等4个地区为“全国中小学生课外文体活动工程示范区”的决定	教育部、国家体育总局、共青团中央、全国少工委
869	2006年	关于印发“全国中小学生课外文体活动工程示范区工作会议纪要”的函	教育部体卫艺司
870	2006年	关于对全国高考体育测试现场进行调研和反兴奋剂抽测的通知	教育部办公厅
871	2006年	关于举办中华人民共和国第八届大学生运动会的通知	教育部、国家体育总局、共青团中央
872	2006年	关于2006年《学生体质健康标准》数据报送工作延期的通知	教育部体卫艺司
873	2006年	关于举办第二届全国中小学体育教学观摩展示活动的通知	教育部体卫艺司
874	2006年	关于印发“全国中小学生课外文体活动工程示范区工作会议纪要”的函	教育部体卫艺司
875	2006年	关于组织开展体育集体竞赛项目工作的通知	教育部体卫艺司

续表

序号	年份	题名	发布单位
876	2006 年	关于召开《校园青春健身操》推广工作会议的通知	教育部体卫艺司
877	2006 年	关于召开《校园青春健身操》研制工作会议的函	教育部体卫艺司
878	2006 年	关于召开《系列校园青春健身操》推广动员及现场观摩会的通知	教育部体卫艺司
879	2006 年	关于征集第八届全国大学生运动会科学论文报告会论文的通知	教育部体卫艺司
880	2006 年	关于开展“奥运文化进校园”宣传活动的通知	教育部体卫艺司、国家体育总局群体司
881	2006 年	关于举办第八届全国大学生运动会科学论文报告会的通知	教育部办公厅、国家体育总局办公厅
882	2006 年	关于举办 2007 年全国《学生体质健康标准》数据管理中心工作会议的通知	教育部体卫艺司
883	2006 年	关于召开全国高等学校体育教学指导委员会组长会议的通知	全国高等学校体育教学指导委员会
884	2006 年	关于进一步加强学校体育工作，切实提高学生健康素质的意见	教育部、国家体育总局
885	2006 年	关于印发《全国学校体育场馆向社会开放试点区工作会议纪要》的通知	国家体育总局办公厅、教育部办公厅
886	2006 年	关于下发《体育硕士专业学位研究生指导性培养方案》的通知	国务院学位委员会办公室
887	2006 年	关于开展全国亿万学生阳光体育运动的决定	教育部、国家体育总局、共青团中央
888	2006 年	关于进一步加强学校体育工作 切实提高学生健康素质的意见	教育部、国家体育总局

续表

序号	年份	题名	发布单位
889	2006 年	关于2007 年调整部分普通高等学校高水平运动队设项的通知	教育部体卫艺司
890	2006 年	关于举办中华人民共和国第八届大学生运动会的通知	教育部、国家体育总局、共青团中央
891	2006 年	教育部关于2005 年全国学生体质与健康调研结果公告	教育部
892	2006 年	关于命名辽宁省鞍山市等4 个地区为“全国中小学生课外文体活动工程示范区”的决定	教育部、国家体育总局、共青团中央、全国少工委
893	2007 年	关于公布2005 年全国学生体质健康调研论文评选结果的通知	全国学生体质健康调研协调小组
894	2007 年	关于加强青少年体育增强青少年体质的意见	中共中央、国务院
895	2007 年	教育部关于学习贯彻《中共中央国务院关于加强青少年体育增强青少年体质的意见》的通知	教育部办公厅
896	2007 年	关于在新学年贯彻落实中央7 号文件精神切实加强学校体育工作的通知	教育部办公厅
897	2007 年	关于《系列校园青春健身操》推广工作的通知	教育部体卫艺司
898	2007 年	关于组织开展中华少年团队竞技大赛的通知	教育部、国家体育总局、共青团中央、中国宋庆龄基金会
899	2007 年	关于申报2007 年全国学校体育场馆向公众开放试点单位的通知	国家体育总局办公厅、教育部办公厅
900	2007 年	关于在部分地区开展初中毕业升学体育考试改革试点工作的通知	教育部办公厅
901	2007 年	关于新一届全国高等学校体育教学指导委员会组成人员名单的通知	教育部

续表

序号	年份	题名	发布单位
902	2007 年	关于召开全国高等学校体育教学指导委员会全体委员会议的通知	全国高等学校体育教学指导委员会
903	2007 年	关于开展第八届大学生运动会“校长杯”奖评选工作的通知	教育部办公厅
904	2007 年	推广传唱《阳光体育之歌》的通知	教育部办公厅、国家体育总局办公厅、共青团中央办公厅
905	2007 年	关于成立“全国亿万学生阳光体育运动领导小组”的通知	教育部办公厅、国家体育总局办公厅、共青团中央办公厅
906	2007 年	关于请各地报送学校体育工作及“阳光体育运动”开展情况的通知	教育部办公厅
907	2007 年	关于举办“全国亿万青少年学生阳光体育运动展示大会”的通知	国家体育总局、教育部、共青团中央
908	2007 年	关于实施阳光体育奖章制度的通知	教育部、国家体育总局、共青团中央
909	2007 年	关于在部分地区开展初中毕业升学体育考试试点工作的通知	教育部办公厅
910	2007 年	关于举办《学生体质健康标准》管理工作培训班的通知	教育部体卫艺司
911	2007 年	教育部 国家体育总局关于实施《国家学生体质健康标准》的通知	教育部、国家体育总局
912	2007 年	关于开展 2008 年学生体质健康监测网络监测工作的通知	教育部办公厅
913	2007 年	教育部 总参谋部 总政治部关于印发新修订的《普通高等学校军事课教学大纲》的通知	教育部、总参谋部、总政治部

续表

序号	年份	题名	发布单位
914	2008 年	教育部 国家体育总局 共青团中央关于举办中华人民共和国第十届中学生运动会的通知	教育部、国家体育总局、共青团中央
915	2008 年	关于做好 2008 年初中毕业升学体育考试工作的通知	教育部体卫艺司
916	2008 年	关于推行校方责任保险完善校园伤害事故风险管理机制的通知	教育部、财政部、中国保险监督管理委员会
917	2008 年	关于印发《新一届全国高等学校体育教学指导委员会会议纪要》及《全国高等学校体育教学指导委员会章程》的通知	全国高等学校体育教学指导委员会
918	2008 年	关于开展 2008 年国家级体育传统项目学校评定工作的通知	国家体育总局、教育部
919	2008 年	关于召开“落实全国亿万学生阳光体育运动推进会议精神研讨会”的函	教育部体卫艺司
920	2008 年	教育部办公厅关于召开全国学校体育场馆向公众开放试点工作会议的通知	教育部办公厅
921	2008 年	教育部办公厅关于举办第十届全国中学生运动会科学论文报告会暨第五届中国学校体育科学大会的通知	教育部办公厅
922	2008 年	教育部关于推行实施《第三套全国中小学生系列广播体操》的通知	教育部
923	2008 年	教育部关于印发刘延东国务委员、周济部长在迎奥运全国亿万学生阳光体育运动推进会上讲话的通知	教育部
924	2008 年	教育部办公厅关于做好 2008 年《国家学生体质健康标准》测试数据报送工作的通知	教育部办公厅

续表

序号	年份	题名	发布单位
925	2008 年	教育部办公厅关于做好中小学体育专项督导检查自查工作的通知	教育部办公厅
926	2008 年	教育部 国家体育总局 共青团中央关于开展第二届全国亿万学生阳光体育冬季长跑活动的通知	教育部、国家体育总局、共青团中央
927	2008 年	教育部关于印发《中小学健康教育指导纲要》的通知	教育部
928	2008 年	教育部办公厅关于举办 2009′全国高校体育教育专业学生基本功大赛的通知	教育部办公厅
929	2008 年	关于征集第十届全国中学生运动会科学论文报告会暨第五届中国学校体育科学大会论文的通知	第十届全国中学生运动会科学论文报告会暨第五届中国学校体育科学大会筹备委员会
930	2008 年	关于确定 2009′全国高校体育教育专业学生基本功大赛参赛学校名单的函	教育部体卫艺司
931	2008 年	关于 2009′全国高校体育教育专业学生基本功大赛竞赛规程的补充规定	全国高等学校体育教学指导委员会
932	2009 年	教育部关于组成新一届全国中小学体育教学指导委员会的通知	教育部
933	2009 年	全国高等学校体育教学指导委员会关于推荐 2009 年度国家精品课程有关事项的通知	全国高等学校体育教学指导委员会
934	2009 年	教育部办公厅 国家体育总局办公厅 共青团中央办公厅关于通报表扬第二届全国亿万学生阳光体育冬季长跑活动优秀组织单位的通知	教育部办公厅、国家体育总局办公厅、共青团中央办公厅
935	2009 年	关于表彰 2008 年《国家学生体质健康标准》测试数据上报工作先进单位的决定	教育部体卫艺司

续表

序号	年份	题名	发布单位
936	2009 年	教育部办公厅 卫生部办公厅关于进一步加强和规范学生健康服务工作管理的通知	教育部办公厅、卫生部办公厅
937	2009 年	关于报送北京体育大学 2010 年普通高等教育招生计划的函	国家体育总局
938	2010 年	教育部 国家体育总局 共青团中央关于举办中华人民共和国第十一届中学生运动会的通知	教育部、国家体育总局、共青团中央
939	2010 年	全国高等学校体育教学指导委员会关于推荐 2010 年度国家精品课程有关事项的通知	全国高等学校体育教学指导委员会
940	2010 年	教育部关于表彰全国阳光体育先进县的决定	教育部
941	2010 年	教育部办公厅关于做好第十一届全国中学生运动会科学论文报告会暨第六届中国学校体育科学大会论文征集工作的通知	教育部办公厅
942	2010 年	教育部办公厅 国家体育总局办公厅关于推广实施《全国中小学生系列武术健身操》的通知	教育部办公厅、国家体育总局办公厅
943	2010 年	教育部办公厅 国家体育总局办公厅 共青团中央办公厅关于通报表扬第三届全国亿万学生阳光体育冬季长跑活动优秀组织单位的通知	教育部办公厅、国家体育总局办公厅、共青团中央办公厅
944	2010 年	教育部办公厅 国家体育总局办公厅 共青团中央办公厅关于开展第四届全国亿万学生阳光体育冬季长跑活动通知	教育部办公厅、国家体育总局办公厅、共青团中央办公厅
945	2010 年	关于印发《2011 年普通高等学校运动训练、民族传统体育专业招生管理办法》的通知	国家体育总局科教司
946	2010 年	关于召开 2010 年六所体育院校附属竞技体校发展研讨会的通知	国家体育总局科教司
947	2011 年	关于开展国家体育总局重点资助教材立项评审工作的通知	国家体育总局科教司

续表

序号	年份	题名	发布单位
948	2011年	关于开展国家体育总局重点资助教材立项工作的请示	国家体育总局科教司
949	2011年	关于推荐授予博士学位的服务国家特殊需求人才培养项目的函	国务院学位办
950	2011年	教育部关于印发《切实保证中小学生每天一小时校园体育活动的规定》的通知	教育部
951	2011年	关于印发“2011年全国高等学校体育教学指导委员会年度工作会议纪要”的通知	全国高等学校体育教学指导委员会
952	2011年	教育部办公厅关于举办2011′全国高校体育教育专业学生基本功大赛的通知	教育部办公厅
953	2011年	教育部关于举办心手相连、健康成长——2011年全国学生阳光体育展示活动的通知	教育部
954	2011年	教育部办公厅关于在义务教育阶段中小学实施“体育、艺术2+1项目”的通知	教育部办公厅
955	2011年	关于召开第十一届全国中学生运动会第二次秘书长会议的通知	教育部体卫艺司
956	2011年	教育部关于2010年全国学生体质与健康调研结果公告	教育部
957	2011年	教育部办公厅关于举办第九届全国大学生运动会科学论文报告会的通知	教育部办公厅
958	2012年	教育部办公厅关于开展第九届全国大学生运动会“校长杯”评选工作的通知	教育部办公厅
959	2012年	国务院办公厅转发教育部等部门关于进一步加强学校体育工作若干意见的通知	国务院办公厅（教育部、发展改革委、财政部、国家体育总局）

续表

序号	年份	题名	发布单位
960	2013 年	《中小学学校体育工作等级评估指标体系》《普通高等学校体育工作基本标准（征求意见稿）》公开征求意见的公告	教育部
961	2013 年	教育部 国家体育总局 共青团中央关于举办中华人民共和国第十二届学生运动会的通知	教育部、国家体育总局、共青团中央
962	2013 年	教育部办公厅关于印发《中华人民共和国第十二届学生运动会竞赛规程》的通知	教育部办公厅
963	2013 年	教育部办公厅关于组织开展学校体育工作专项督查的通知	教育部办公厅
964	2014 年	关于总结近三年学生体质健康变化趋势工作的通知	教育部体卫艺司
965	2014 年	教育部等六部门关于开展 2014 年全国学生体质与健康调研工作的通知	教育部、国家体育总局、国家卫生计生委、国家民委科技部、财政部
966	2014 年	教育部办公厅关于举办 2014′全国高校体育教育专业学生基本功大赛的通知	教育部办公厅
967	2014 年	关于报送“一校一品”体育特色建设情况的函	教育部体卫艺司
968	2014 年	教育部办公厅关于组织开展中小学校园足球工作专项调研的通知	教育部办公厅
959	2014 年	教育部关于印发《学生体质健康监测评价办法》《中小学学校体育工作评估办法》《学校体育工作年度报告办法》等三个文件的通知	教育部
970	2014 年	教育部关于印发《高等学校体育工作基本标准》的通知	教育部
971	2014 年	教育部关于印发《国家学生体质健康标准(2014 年修订)》的通知	教育部

续表

序号	年份	题名	发布单位
972	2014 年	教育部办公厅关于2014年《国家学生体质健康标准（2014年修订)》测试和上报工作的通知	教育部办公厅
973	2014 年	教育部办公厅关于做好全国青少年校园足球特色学校及试点县（区）遴选工作的通知	教育部办公厅

注：国家教委成立于1985年6月，撤销于1998年，存在13年。

后　记

本著作是在我的博士学位论文的基础上进行添补、修改与完善成型的。最后定稿之际，我不禁回想起这几年在繁重的体育教学任务背后，利用深夜、周末及寒暑假进行科研，无数个深夜守在电脑旁，潜心苦熬，日子就这样平淡无奇地度过。

望着拼搏后的成果，随之无限感激之情也涌上我的心头。这一著作的完成，凝聚着许多人的智慧和辛劳，承载着各路学者与前辈的帮扶，以及深厚的亲情和友谊。最后，要特别向我的家人表达深深的感激之情，感谢你们对我学术之路的全力支持！凡心所向，素履所往，生如逆旅，一苇以航！

幸有智（支）（知）者，非孤前往，不忘初心，一生酣畅！

2020 年 12 月于京西永定河畔居所